ALBATROS
VERLAG

GRATIS-BUCH MITNEHMEN
AUF WWW.BODKCROSSJNG.COM
EINSEHEN
NR: BCID;

ALBATROS

Der packende Roman »Die sieben Raben« von Johanna Tschautscher führt den Leser in eine faszinierende und gleichzeitig abstoßende Welt. Er führt dorthin, wo sich niemand mit dem Nichts vermischen möchte. Im Hintergrund steht dabei immer das Geheimnis, welches die Protagonistin nicht nur begleitet, sondern selbst verkörpert – jenes Geheimnis, welches vielleicht gar nicht gelüftet werden sollte. Der Roman handelt insofern nicht nur von Blutrache, Ehre und Korruption, sondern auch von der Vielschichtigkeit der Identität.

Johanna Tschautscher

Die sieben Raben

ALBATROS

1. Auflage 2007

Copyright © ALBATROS VERLAG, Wien, 2007
Alle Rechte an dieser Ausgabe vorbehalten

Lektorat: Heinz Baumüller
Coverillustration: Beni Altmüller
  »*Ein Leben verschwindet in der Geschichte*«
Autorinnenfoto: Andrea Födermayer
Coverdesign und Layout: Peter Bosch

gesetzt aus der Classical Garamond 10/13
gefördert aus Mitteln des Amtes der Oö. Landesregierung
und des Kulturamtes der Stadt Linz
sowie Arbeitsstipendien und Reisestipendien des BKA Wien

www.kulturag.com

ISBN: 978-3-85219-035-8

Die sieben Raben

Erster Teil

1

»Lauft zum Brunnen«, ruft der Vater, »holt Wasser, wir müssen die Nottaufe vorbereiten, euer Schwesterchen ist schwach, es soll nicht gottlos sterben.« Und die Brüder laufen zum Brunnen, mit einem irdenen Krug, sie lassen den Krug den Brunnen hinab und schöpfen Wasser. Aber als sie in aller Eile zum Hause ihrer Eltern laufen, da bricht der Krug entzwei und das Wasser fließt aus. Als der Vater das hört, verwünscht er seine Söhne: »Ach, wäret ihr doch alle Raben und müsstet in den Höhen kreisen!« Sofort schwirren über des Vaters Kopf sieben Vögel, es waren sieben Raben. Das kleine Mädchen überlebt. Es wächst heran, und als es größer wird, hört es von dem Unglück, das seine Geburt seinen Brüdern angetan hat. Es macht sich auf den Weg, in die Welt hinaus, um die Brüder zu erlösen.

Vor dem Fenster meines Zimmers stand ein alter Käfig aus Holz. Darin lebten, als ich klein war, zwei Grillen. Meine Mutter kaufte sie mir jedes Jahr zu Christi Himmelfahrt im Cascine-Park, beim festo del grillo in Florenz. Als ich sie das erste Mal bekam, war ich vier gewesen, an der Hand meiner Mutter gegangen, bekleidet mit einem weißen Kleid, wie das einer Puppe, befangen, der vielen Menschen wegen, die in dem Park zu lauter Musik getanzt hatten.

»Zwei Grillen, Mama.«

In meiner Hand war ein Käfig. Ich stellte ihn an der Verkaufsbude ab und öffnete die kleine Tür. Meine Mutter rief dem Bauern zu: »Zwei Grillen!« Salvatore, mein Vater, bezahlte die Grillen. Meine Mutter saß im Rollstuhl. Sie war krank. Mein Vater schob sie seit ich denken kann vor sich her und presste seine Lippen aufeinander. Ich kannte meinen Vater genau. Seinen dunklen Teint, die stark behaarten Arme, die dicken Augenbrauen, den tiefliegenden Blick. Meine Mutter drückte meine Hand, ich solle mich zu ihr wenden. Ich sah sie an. Ihr Lächeln forderte. Werde glücklich, sagte das Lächeln. Ich hielt meinen Käfig fest. Mein Vater setzte sich in Bewegung. Er nahm die Holzgriffe des Rollstuhls, und wir verließen den Park, in meiner Hand die Grillen.

Ich trug die Grillen mit eiserner Miene. Den Käfig hätte ich niemandem überlassen. An der Ecke des Parks stand ein Mercedes. Zwei Männer lehnten daran. Als sie uns sahen, kam uns einer entgegen, der andere öffnete den Kofferraum. Meine Mutter wurde ins Auto gehoben, der Rollstuhl hinten verstaut. Ich saß auf dem Rücksitz. Einer der Männer saß neben mir. Der Fahrer knallte den Kofferraum zu. Er stieg vorne ein. Die Scheiben des Wagens waren dunkel. Niemand sprach.

Zuhause stellte ich den Käfig in meinem Zimmer vor mein Fenster. Auf dem Fensterbrett saßen meine Puppen. Ihre Glasaugen waren kalt. Die Gesichter der Puppen aus grobem Leinen, ihre Lippen ein Faden. Ihre Trauer hatte sich vergrößert angesichts des Lebens in dem Käfig. »Was bringst du da«, und sanken noch tiefer in ihr verdorrtes Inneres zurück.

Meine Mutter hatte die Puppen gemacht. Den Herrn Smith und den Herrn Tono, die Dame Papagei und die Dame Regenschirm. Ich schob die Puppen auseinander und den Käfig zwischen sie. Meine Bewegungen hatten Bestimmtheit »Schaut hinaus, meine Grillen!« Ich nahm eine Bank, platzierte sie vor dem Käfig, kniete darauf und sah den Grillen zu. Die Puppen starrten die Grillen an. Die Grillen starrten die kalten Augen der Puppen an. Die Grillen streckten ihre Fühler zaghaft nach den Puppen aus. Aber die Puppen antworteten nicht. Die Grillen rieben ihre Flügel aneinander und sprachen, aber die Puppen reagierten nicht. Irgendwann verstummten die Grillen. Ich begriff es nicht. Warum hören sie auf? Ich wollte, dass sie zirpten. Ich suchte eine Kurbel, um sie wieder aufzuziehen. Da war keine Kurbel.

Meine Grillen starben nach einigen Tagen. Meine Kindheit bestand darin, auf den nächsten Mai zu warten.

»Zwei Grillen, Mama!«

Den Rest des Jahres kniete ich auf der Bank und sah über den leeren Käfig hinweg in einen kalten Garten. Blumen in kreisrunden Beeten voll schwarzer Erde. Ewig kurzer Rasen ohne Unkraut. Weiß gekiester Weg bis zum Gartentor. Vor einer Zypresse ein kaum erkennbarer Erdhügel. Das Grillengrab. Meine Augen in Erwartung des ewig gleichen Nichts. Die Ohren sensibel geworden auf Grund der anhaltenden Stille.

Die Puppen hatten sich an den Rhythmus gewöhnt. Ein paar Tage im Mai Eifersucht, dann der Grillentod. Nach einigen Stunden Trauer, meine Rückkehr zu ihnen, den Glasaugen.

Als ich acht war, drückte ich das erste Mal meine flache Hand gegen das kalte Glas des Fensters, das mich von dem Garten trennte, in dem ich etwas suchte. Es war Ende November, die Scheibe beschlug sich unter meiner Hand auf Grund der Wärme. Ich blies auf die Hand. Der Beschlag ließ sich mit den Fingern zu Mustern verschmieren. Ich tat es. Die Unbestimmtheit auf dem Fenster machte erstmals der Ahnung Platz. Ich war acht. Ich verliebte mich in die Ahnung. Ich legte von nun an meine Hand an die Scheibe und drückte meine Lippen an das Glas. Gefühle stiegen auf, einen undurchsichtigen Faden entlang von meinem Bauch bis zum Hals. Irgendwann kamen Bilder. Träume.

Ich hatte keine Freunde. Mein Vater war Anwalt und tagsüber in seinem Büro. Meine Mutter war krank. Die Beziehung der Eltern überstieg den Grad an Sterilität des Gartens und der Puppen. Etwas trennte sie. Etwas war groß und unüberwindbar. Nur eine Ordnung hielt sie zusammen. Die Tradition. Die Nasenflügel meiner Mutter waren immer weiß, obwohl sie sonst eine dunkle Haut hatte. Ein weißer Fleck teilte auch ihre Lippen. Ober- und Unterlippe an den mittleren Spitzen nicht durchblutet. Alabasterweiß. Ihre Hände immer kalt. Dennoch saß sie gelegentlich vor Näharbeiten. Änderungen für die Frauen der Advokaten, mit denen sich mein Vater traf.

Früher hatte sie Messkleider genäht, für die Ministranten von Monreale, dem Bischofssitz südlich von Palermo. Als Beweis der Dankarbeit bedeutender Familien, wie jener, aus der meine Mutter kam, erhielt der Bischof Geschenke. Die Handarbeit meiner Mutter kurz vor Ostern. Prächtige Fische und gemästete Schweine von der Nachbarsfamilie nördlich, Orangen und Feigen von Nachbarn südlich, Mandarinen, Eier, Olivenöl.

Bevor meine Mutter genäht hatte, hatte sie Gambe gespielt. Sie war zehn gewesen, als ihre Mutter, meine Großmutter Sophia Esperante, ihr ein Instrument geschenkt hatte: Viola da Gamba. Mit Saiten aus getrocknetem Ziegendarm.

Rita, meine Mutter, hatte sich die Finger geleckt, den Geschmack des Darmes aufgenommen und die Saiten an den Wirbeln gespannt. Rita hatte mit ihren Freundinnen im Garten des Familienbesitzes geübt. Es war ein Landhaus im Nordwesten der Insel, dreißig Kilometer vom Meer entfernt. Ein schönes Landhaus, ein verwachsenes, mit Orangen- und Mandarinenhainen, kleinen Teichen und steinernen Mauern, einem schmiedeeisernen Pavillon und unzähligen Schlupfwinkeln.

Jeden Sonntag drang sphärischer Klang über eine alte Steinmauer auf die Weiden der Schafe Trapanis. Dieses Instrument hat ihre Seele zum Schwingen gebracht. Es verband sie mit der Erde, dem Feuer, dem Leben und dem Tod. Giaches de Wert. »Du schläfst und der süße Schlaf umschmeichelt dich, du ruhst in duftenden Federn.«

»Ja, diese Töne rühren mein Herz«, summten die Mädchen »sie lassen meine Sinne erwachen und ich spüre mein Blut, es leuchtet unter meiner Haut und ewig wird es mich reinwaschen von allem Ungemach.«

Als meine Mutter mit Salvatore, meinem Vater, verlobt worden war, hatte meine Großmutter Sophia Esperante die Gambe zu Gunsten einer Nähmaschine verkauft. Die Zeiten waren hart gewesen, die Bauern, die sie jahrzehntelang unterdrückt hatten, rebellierten und die Großfamilien litten. Als Rita zu ihrem Instrument griff, stach sie sich. »Mein liebes Kind«, hatte ihre Mutter geseufzt, »Salvatore studiert noch, und du kannst wunderbar nähen.« Rita wurde mit Salvatore verheiratet und musste ihre künftige Familie ernähren.

Die Seele meiner Mutter suchte genau zu dieser Zeit nach einem geeigneten Ort die fehlende Schwingung der Gambe, die sie genährt hatte, zu verkörpern. Die Seele fand einen Platz. Im Unterleib. Natürlich. Ein Gewächs.

Als ich acht war, kam meine Mutter in ein Krankenhaus. Sie hatte Krebs. Krebs! »Mein Gott, wer hat dir das in den Leib gepflanzt! Ich war es nicht«, Salvatore, mein Vater war wütend und aggressiv. »Was ist das für ein Krebs?«
 Die Ärzte entfernten das Karzinom. Schneiden. Komplikationen nach der Narkose. Metastasen. Mutter war einige Monate im Spital.

An jenen verlassenen Vormittagen ging ich wie gewohnt zur Schule. Nach den einsamen Mittagessen machte ich Hausaufgaben, den Nachmittag saß ich in meinem Zimmer auf der Bank vor meinem Käfig und starrte aus dem Fenster in den Garten.
 Wenn eine Puppe vom Fensterbrett fiel, hob ich sie auf und legte sie an ihren Platz zurück. Die Puppen wussten um ihre Kälte, aber meine Zuwendung tröstete sie doch.

Eine Haushälterin wurde angestellt. Mutter war bereits zwei Monate im Spital und keine Besserung in Sicht.

Die Haushälterin sagte, ich wäre ein schönes Kind. Sie erkannte meine Einsamkeit und suchte nach einer Lösung: Ich könne doch einem Hobby nachgehen, Ballett, ihre Tochter würde in Ballett gehen, ein Mal die Woche den Körper in den Griff bekommen, man hätte niedliche Kleider und das Haar würde einem hinauf gesteckt während des Tanzes, weil ich doch so einen schönen Nacken hätte. Die blonden Locken, in diesem Teil Italiens ungewöhnlich, würden bezaubernd um den Kopfe tanzen, während sich meine Arme anmutig zu Musik bewegen würden. Ich hätte bestimmt Talent.

Ich hörte sie sprechen. Mit Tremolo. So, wie sie wahrscheinlich mit ihrer Tochter sprach. Es berührte mich nicht. Irgendwann verstummte die Haushälterin, so wie die Grillen verstummten, ich legte die Hand an die Scheibe meines Fensters und fühlte die Kälte. Das berührte mich mehr.

»Wann erscheinst du? Ahnung, die zum Traum geworden war. Traum, der zur Wirklichkeit wird, ich weiß etwas, ich weiß es doch! Wann erscheinst du? Meine Augen werden sehen. Meine Ohren hören, ich erwarte dich!«

Als Rita nach vier Monaten wieder nach Hause kam, besuchte uns meine Großmutter Sophia. Sie kam mit zwei dunklen Autos, in denen je vier dunkle Männer saßen. Junge Burschen, die die Koffer in das Haus trugen und dann wie Säulen in den Zimmern standen, jeder Raum war von nun an ein bedrohlicher Tempel.

Rita lag in der Mitte ihres leer geräumten Zimmers in einem alten Holzbett mit hohen geschnitzten Kopf- und Fußteilen. Rita hatte auf dieses Bett bestanden, obwohl es nicht praktisch wäre, laut Ärzte und Krankenschwestern.

Ich wagte mich nicht in diesen Raum, ging nie weiter als bis zur Tür, stand zaghaft am Eingang und sah zu dem Bett hinauf. Den vielen Kissen, der schlafenden Mutter, die, von Sophia täglich frisiert und mit teuren Nachthemden geschmückt nicht lebendiger war als meine Puppen. Aschgraues Gesicht, ihre Lippen ein feiner, blass gewordener Strich, an ihren Wangen Rouge, dünn aufgetragen, an manchen Tagen verschmiert, die Spitzen des Nachthemdes reichten bis an ihr Kinn.

Sophia saß neben ihr, mit einem strengen, engen Kleid, hager, sie wirkte energisch. Ihr Rücken immer gestreckt, ihre Schultern immer in der richtigen Position, als trüge sie ein ärmelloses Kleid und wollte die Schultern rund machen. Eine einstige Schönheit, eine Aristokratin. Ihre Augen waren unüberwindbar. Sie sah nie etwas umsonst an. Wenn ich an die Tür kam, stand sie auf, hob meine Mutter hoch, ungeachtet ob diese schlief oder nicht und schüttelte die Kissen hinter ihrem Rücken auf. Gehorsam. Ordnung. Autorität.

Die Kissen waren wie die Krankheit. Sie waren da, sie wurden gepflegt, sie wurden aufgeschüttelt. Meine Großmutter beherrschte die Kissen und jede körperliche Lage meiner Mutter. »Liege weich, richte dich auf, lege deinen Kopf nach links, ziehe die Hand an, erhole dich, Rita, mach Schluss mit der Krankheit, sei stark, wach auf, iss, trink diese Suppe!« Ihre Stimme war klar, entschieden und dunkel.

Sophia kam aus dem Süden. Die Männer, die sie begleiteten, trugen alle schwarze Anzüge, mit roten Hemden. Mitte zwanzig. Sie sprachen kein Wort. Die ganzen Wochen nicht. Tiefe Höhlen. Unbekannte, nasse Stollen. Sie gehorchten den Händen meiner Großmutter. Eine Zeichensprache, die ich nicht enträtseln konnte. Die Körper der Männer waren stark und energisch, ihre Augen konzentriert. Ihre Lippen ruhig, geschlossen, stumm. Niemals war Licht dort. Diese Gesichter verlangten nach keinen Antworten, nur nach Befehlen. Im Süden wären sie nicht ruhig gewesen. Im Süden hätten sie ihre Kumpanen gehabt, ihre Arbeit. Im Süden hätten diese Männer befohlen!

Hier aber herrschte meine Großmutter. Ihre Stimme war despotisch und jung.

»Du musst ihr das Haar färben«, sagte sie zu meiner Mutter und meinte mich. »Färbe ihr dieses Haar! Trägt sie schwarze Locken, so wie Salvatore, dann wirst du eines Tages nicht mehr an diese Schandtat denken und gesund werden. Kein Wunder, wenn dir dieses Verbrechen den Unterleib zerfrisst.«

Eine Schandtat? Ich war in der Tür gestanden. Welches Verbrechen? Ich hatte es gehört aber genauso wenig begriffen wie den jährlichen Tod der Grillen.

»Komm her, Savariella.« Die Stimme meiner Mutter war lieblich und voller Honig, sie ignorierte die Worte ihrer Mutter mit dem Recht einer Sterbenden und rief mich zu sich. Ich stand nahe dem Türpfosten, acht Jahre alt, mit blonden goldenen Locken, ein engelhaftes unschuldiges Gesicht und fragte mich, ob mein Haar die schwarze Farbe annehmen würde?

Ich ging zu ihr. Meine Großmutter und die jungen Männer kreisten um uns wie schwarze Monde. Woher waren sie gekommen, was wollten sie, wann würden sie gehen?

»Setz dich zu mir, mein Liebling«, Rita lächelte, der nahe Tod hatte sie weise gemacht. Aber eine Hoffnung war stärker und hielt sie am Leben.

»Du bist groß geworden, Savariella. Früher hast du dich zu mir ins Bett gelegt und ich habe dir Puppen gezeigt, weißt du noch? Die Dame Papagei, sind ihre Flügel noch bunt? Es sind nicht ihre Flügel, es sieht nur so aus, mein kleiner Liebling, es sind ihre Kleider, die im Wind spielen. Und die Dame Regenschirm, lässt sich der Schirm noch öffnen? Aber es ist kein Schirm, es ist ein wundervoller Hut, der sie vor der heißen Sonne schützt. Ich habe sie für dich gemacht, und du hast dich gefreut, mein süßer allerliebster Engel!«

Ich saß bei ihr am Bettrand. Rita sah zu Sophia, als würde sie um Erlaubnis bitten, nicht unterbrochen zu werden. Sophia kam näher, legte ihre Hand auf die meine, dort lag sie, ein System, das meine Unschuld fraß. »Erzähle«, gestattete Sophia.

»Du denkst, sie sind gekommen, um mich zu begraben«, erzählte Mutter, »aber hab keine Angst. Sie verkleiden sich und spielen, um mich zum Lachen zu bringen. Sie sind jetzt die Puppen, verstehst du? Meine Puppen! Sie wollen mich erschrecken, aber sie wissen, dass ich nicht sterben kann. All das Schwarz, mein Engel, sie spielen es sehr ernst und mit richtigen

Kostümen, sie denken, dass sie mir Angst machen können, sogar dein Haar wollen sie färben. Siehst du meine Hand?«

Ich sah die Hand. Sie lag auf dem Laken, lang und dünn, wie der Ast eines verdorrten Baumes.

»Meine Hand ist schwach und faltig, sie kann nicht einmal mehr eine Nadel halten, das ist, was man sehen kann, aber was man nicht sieht, ist die Kraft, die mich am Leben hält.«

Am Ende des Astes war eine ungeöffnete Knospe, ich lief davon.

Nach fünf Wochen, in denen sich nichts verändert hatte, in denen ich täglich bei meiner Mutter gesessen hatte, für ein paar Minuten, reiste Sophia ab.

Zornig und größer geworden. Der Zorn hatte sie aufgebläht. Rita war unter ihrer Pflege nicht gesund geworden! Rita hatte nicht ihre ursprüngliche Kraft zurück gewonnen! Rita hatte unter ihrer Herrschaft der Krankheit nicht getrotzt! Welch ein Ungehorsam. Sophia packte ihre Koffer. Vor dem Zaun fuhren langsam zwei Mercedes vor. Der Kies knirschte.

Rita triumphierte in der architektonischen Anordnung der Kissen, mit dem Wissen um eine mächtigere Kraft als Dunkelheit und lächelte schlafend, während die »Säulen« die Koffer zum Wagen trugen und sich anschließend von meiner Mutter mit einem Handkuss verabschiedeten.

Ich stand in der Haustür. Vor mir der weißgekieste Weg. Die schwarzen Sakkos der Männer flatterten im Wind. Sie trugen das Gepäck über den Kiesweg und warfen mir zum Abschied Blicke zu. Es war verboten, mich anzusehen, sie waren alle verstört. Ich war die Verkörperung eines überirdischen Ernstes und einer unschuldigen Seele.

Ich lief ihnen nach und stand plötzlich vor dem Wagen. Eine große dunkle Mercedeslimousine, und dahinter näherte sich in majestätischer Langsamkeit eine weitere. Die Männer öffneten die Kofferräume, mir erstarrte das Blut, irgendetwas geschah. Die Männer beluden die Wägen. Koffer für Koffer. Sophia wirbelte aus dem Haus, eilte harsch bis zum Zaun, stieg in das Auto und schleuderte die Türe zu. Lautes Echo zu mir zurück: Du bleibst wo du bist, abscheuliches Wunder du! Die Burschen starrten mich an, mein goldenes Engelshaar wehte im Wind. Die Türen flogen zu, die Motoren starteten.

Ich lief zurück, schnell, in mein Zimmer, rasch zum Fenster, um den Autos von hier aus nachzusehen! Der Holzkäfig fiel zu Boden, die Puppen auch, die kleine Tür des Käfigs sprang auf, die verdorrten Grillen fielen heraus, meine Mutter erschrak im Nebenzimmer, schrie auf, fragte: Was ist gefallen? Ich stellte mich auf die hölzerne Bank und starrte aus dem Fenster. Die Burschen saßen hinter getönten Scheiben und starrten zu mir. Sophia zwischen ihnen, ihre knöchernen Finger wiesen dem Fahrer den Weg. Der Zorn fuhr weg. Die Motoren schnurrten, mein Herz klopfte, ich wusste es, ich hatte es geahnt, ich hatte es geträumt, nun passierte es: Mit diesem Auto fuhr etwas fort, das meinen Träumen gehörte. Zaghaft, mit feiner Stimme sprach ich es aus: »Hier bleiben, aussteigen, sich zeigen!«

Ich flehte zart, ohne Regung, ein unerträglicher Ton, meine Hand am Glas, meine Lippen an der Scheibe.

Die Dunkelheit dieses Autos barg einen Raum, in dem ein Geheimnis lag! Ich begriff es, fühlte es! Ich wusste darum wie um die Richtigkeit der Grillen.

Ich gab Laute von mir, nicht die eines Kindes, nein, die, eines geschändeten Tieres. Der Speichel rann zwischen den Fingern hinab bis zu meinen Händen, umkreiste die Finger, dunkle tiefe Erwartung. Die Autos waren fort. Die Blicke der Männer auch, die knöcherne Macht der Großmutter floss fort.

Aber dann. Es war im Garten. Doch! Etwas war dageblieben! Nicht mit ihnen zurück gefahren. Etwas war ausgestiegen. Aus der Dunkelheit. Vielleicht die Dunkelheit selbst. Vielleicht Glanz. Wahrscheinlich das Geheimnis. Dort! Sieh doch, Mutter, dort!

»Dort im Garten, dort steht jemand!« Ich rief es ihr zu, ins andere Zimmer.
    »Savariella?«
    »Dort draußen im Garten! Auf der Wiese, dort, dort, dort«, es hatte die ganze Zeit im Auto gewartet, im Kofferraum eingesperrt, schnell aus dem Auto gesprungen, wollte dableiben ... da!
    »Savariella!«
    Ich hörte sie nicht, ich war entrückt, anders, glücklich.
    »Morgen gehst du wieder zur Schule, mein Kind. Du bist ein so gutes Kind. Du wirst nach Hause kommen und ich werde dir etwas Schönes kochen. Savariella? Was tust du denn, hörst du mich?«

Ein Junge stand in unserem Garten. Große braune Augen, geschlossener Mund, vollendet gewölbte Wangen, hellbraune Locken, volle Lippen, dreizehn

Jahre alt, ein Junge. Offene Jacke, schmutzige Hosen, in der linken Hand ein toter Frosch, in der rechten ein Messer.

Ein dreizehnjähriger Junge.

»Savariella!«
»Ja, Mama!«
»Der Käfig!«
»Ja, Mama.«

Der Käfig war heruntergefallen, die Tür aufgesprungen. Meine Mutter stand in der Tür hinter mir, auf wackeligen kraftlosen Beinen und starrte auf den Käfig:
»Stell ihn an seinen Platz!« Die Stimme meiner Mutter war panisch. »Mach ihn zu!«
»Ja, Mama ... dort draußen, Mama!«
»Stell ihn zurück, mach alles, wie es war, es ist nichts geschehen«.
»Dort draußen, Mama ...«
Meine Mutter lächelte. Ihr Lächeln war schlimmer als die knochigen Finger meiner Großmutter, ihr Lächeln war verwester als der Geruch in den Kissen ihres Bettes.

Ich wandte mich ab. Ich wollte in den Garten sehen. Den Jungen! Aber der Junge war fort. Nein! Nein! Nein!

Ich drehte mich zu meiner Mutter um, sie war bereits wieder im Bett, ein Geist.

»Mutter!«

2

Die Erscheinung kam jeden Sonntagmorgen, während Salvatore Rita in die Stadt ausführte und ich bis kurz vor Mittag allein im Haus war.

Rita hatte sich erholt. Nachdem Sophia gefahren war, aß sie wieder Rindssuppe und Nudeln. Sie konnte sich wieder selbst im Bett umdrehen und ihre Notdurft verrichten. Das Bett stand wieder an der Wand. Über dem Kopfteil hing ein Kreuz, die restlichen Wände waren leer.

Salvatore schob sie jeden Sonntag vier Stunden über die Plätze von Florenz. Zu Mittag aßen sie in einem teuren Restaurant, am Nachmittag besuchten sie in ein Museum. Sie verbrachten jeden Sonntag im gleichen Cafe und am Abend gingen sie ins Konzert. Gambenmusik. Die Werktage verbrachte Salvatore in seinem Büro in der Stadt.

Genau zu dieser Zeit, jeden Sonntagmorgen, vor meinem Fenster: Der Junge. In der linken Hand hielt er den toten Frosch. In der Rechten sein Messer. Er trug eine zerschlissene Hose, sein Haar war gelockt und schwarz und von rechts nach links frisiert. Mit dem Handrücken wischte er sich Schlamm von den Lippen, seine Zähne leuchteten weiß. Rund um den Jungen sah ich einen Garten, wild und voller Unkraut, hoch und trocken, das Gras kam aus dem Süden. Hin und wieder leckte er sich mit der Zunge Schlammschlieren von den Lippen, so stand er und wuchs, und hinter ihm wuchs Sonntag für Sonntag ein Gummibaum.

Als ich dreizehn war, drückte ich das erste Mal meinen Hals gegen das Glas und atmete lange ein. Der Junge war gewachsen, achtzehn Jahre alt geworden. Die Augen des Jungen hatten begonnen mich zu suchen. Und sie hatten mich jedes Mal gefunden. Ich atmete den Jungen durch das Fenster hindurch ein, aber irgendwann floss er hinaus, ohne dass ich es bemerkt hätte. Es waren Löcher in meinem Körper, durch die ständig etwas verloren ging, was ich gerne lange genug betrachtet hätte, um es verstehen zu können.

Als ich fünfzehn war, zog ich meine Bluse aus und drückte meine nackten Brüste gegen das kalte Glas. Ein Mann stand draußen im Garten. Er hatte dunkles langes Haar bekommen, war schön geworden, groß, seine Arme bewegten sich, als würden sie tanzen. Er lachte, seine Stimme klang tief und vertraut. Stolz erschien er mir, kräftig. Unter seiner Haut spannten sich junge Muskeln.

Schließlich spürte ich eine seltsame Veränderung zwischen meinen Beinen. Etwas wurde groß und nass. »Siehe, wie ich tanze!« Sang er. Ich sah es, ich hatte darauf gewartet, ich könnte das Fenster öffnen, den Käfig zur Seite stellen, die Grillen frei lassen, bei ihm sein!

Aber hinter dem Glas war das Meer! Es hätte mich verschlungen. Hinter meinem Fenster war die Freiheit. Ihre Wellen eroberten mein Land, aber erreichten mich nicht. An vielen Tagen stand er bis zu den Hüften im Wasser, bis die Flut fiel, und er durchnässt vor mir war. Die Hosenbeine an den Schenkeln angeklebt, erwartungsvoll.

»Meine Großmutter kommt aus dem Süden!« rief

ich ihm zu.

»Ja«, sagte der Mann, »wir kommen aus dem Süden!« Ich sah sein Gesicht. Es war wütend und hatte Kraft. Es war eine Welle inmitten der Hitze. Die Welle hatte ein Ziel. Mich! Der Saft zwischen meinen Beinen netzte zart die Schenkel.

»Savariella, das Essen ist fertig!«

Die Haushälterin kochte sonntags für mich. Auch sie nannte mich Savariella, ohne zu ahnen, wie sehr sie in den Fluch dieses Namens einstimmte.

»Ja, ich komme.«

Ich verließ die Bank vor dem Fenster.

»Eines Tages erfüllst du dich, Ahnung«, flüsterte ich.

3

Kurz bevor ich siebzehn wurde, blieben Salvatore und Rita an einem Sonntag zu Hause.

»Sie muss es erfahren.«

»Nein, lass sie Salvatore, sie kann nichts dafür, warum willst du sie quälen?«

»Komm her!«

Mein Vater sprach nie mit mir. Wenn, dann befahl er.

»Was ist, Vater?«

Mein Vater hatte seinen eleganten Anzug an, meine Mutter trug den Familienschmuck. Aber mein Vater führte meine Mutter an diesem Sonntag nicht aus. Warum?

»Hol ein Schreibheft«, befahl Salvatore.

Ein Schreibheft! Ihr wisst nicht, was hinter dem Fenster auf mich wartet! Warum geht ihr nicht aus? Was wollt ihr?

»Ein Schreibheft!«

»Salvatore, was hast du vor? Du weißt, warum ich noch lebe. Nur ihretwegen!«

»Schweig! Rita! Mein Name ist Salvatore Calvaruso und ich habe viel zu sagen, über die Mafia, denn ich war ihr Mitglied ... hast du das?«

»Vater!«

»Notiere es!«

»Es aufschreiben?«

»Wort für Wort!«

»Ja, Vater.«

»Zeige es mir!«

Ich zeigte ihm das Heft. Ich hatte es geschrieben: Mein Name ist Salvatore Calvaruso...

»Und weiter! Schreibe es auf.«

»Ja ...«

»Mach schon.«

»Mafia.«

Was für ein Wort.

Vor dem Fenster mein Meer, mein Junge, mein Traum.

Mafia.

4

Mein Vater führte Rita an den folgenden Sonntagen nicht aus. Dieser Vater saß mit mir einen ganzen Tag im Esszimmer und diktierte. Und ich schrieb.

Salvatore Calvaruso, Sohn von Don Calogero Calvaruso, 1925 in Trapani geboren, 1942 Schulabschluss, 1943 Heirat mit Rita Esperante, Tochter des Patrone Giacomo Esperante und der Fürstin Sophia Esperante, 1943 bis 1948 Jurastudium in Palermo, 1944 die Geburt Mauritius, Rita ernährt die Familie mit Näharbeiten, 1946 Geburt Pietros, 1947 Geburt Maras, 1948 schließt Salvatore sein Jurastudium ab, Geburt Peppos, Salvatore wird Angestellter im Städtischen Wasserwerk. 1952 Geburt der Zwillinge Luigi und Mimmo. Salvatore wechselt den Beruf. Finanzprokurist beim Finanzamt, kurz darauf, 1963 wird Antonino geboren.

Fakten, Zahlen, Namen, Adressen, Daten, historische Zusammenhänge, kriminelle Geschehnisse.

Ich hatte Geschwister.

Was ist das für eine Geschichte? Was erzählt die Puppe, zu der mein Vater geworden war? Ich begriff es nicht. Cosa Nostra. Und der Junge, der Mann, in meinem Garten, meine Schenkel, der Saft ... gab es Zusammenhänge? Welche?

»Am fünften Geburtstag Antoninos, hast du das ...«
　»Ja, Vater«,
　»Also am 4. Oktober 1968 backt Rita Feigentorte. Die Familie sitzt erwartungsvoll rund um den Tisch, Rita trägt die Torte herein.«
　»Antonino ... mein Bruder?«
　»Konzentriere dich! Die Kerzen auf der Torte brennen, Wachs tropft auf das Feigenmus. Der kleine Antonino hat an diesem Tag den Vorsitz, er möchte die

Lichter ausblasen, so wie er es bei seinen Geschwistern gesehen hat, er möchte sich etwas wünschen und sehen, wie der Wunsch in Erfüllung geht. Ein ordentlicher Tag, wir waren immer ordentliche Menschen!«

Ich war siebzehn. Und ich gehorchte. Hinter mir der Junge hinter dem Fenster, bis zu den Hüften im Meer.
»Aber das Telefon läutet. Ich hebe ab ... hast du das?«
»Ja, das Telefon ...«
»Buona siera, Dottore, sage ich, wir feiern Antoninos Geburtstag, unseres Jüngsten, ein stolzer Bursche, aus dem wird noch etwas, eine Pracht von Entschlossenheit und Mut. Außerdem Dottore, Sie wissen ja schon, ich habe in Rom inskribiert, Medizin, ich wollte immer schon Arzt werden! ... hast du das?«
»Ja.«
»Ihre Frau, Signor Calvaruso, sagte der Arzt, hat Unterleibskrebs. »

Rita schrie auf.
»Halt die Klappe.«

...suchte die Seele einen geeigneten Ort, die fehlende Schwingung der Gambe zu rächen...

Rita sank in ihrem Rollstuhl zusammen, Salvatore fuhr fort.
»Der Arzt sagt es mir unverfroren am Telefon: Ihre Frau hat Unterleibskrebs. Ich schreie sie an: Schlampe! Rita lässt die Torte fallen. Ich zertrample sie. Das Mus auf dem Fußboden. Ich schlage sie, Rita, die mir das antut, ich verlasse das Haus.«

5

Nun wusste ich es. Das wollte er mir sagen. Höre, Savariella, Sonntag für Sonntag. Ich starrte ihn an, ihn, der mich zerstören wollte. Mit diesen Geschichten. Mit dieser Vergangenheit. Rita saß verlassen in ihrem Rollstuhl und ihre Verlorenheit breitete sich aus.

»Die Torte Antoninos am Boden«, sagte sie und ihre Stimme pfiff »das Mus an meinem Kleid, die Kerzen zerbrochen, die Lichter ausgegangen ...« Salvatore brachte ihr ein Taschentuch, wischte den Speichel von ihren Mundwinkeln und verließ das Zimmer. »Antonino weigerte sich zu fühlen«, sagte sie und verlor sich in der Grausamkeit der Erinnerung. »So etwas kann nicht geschehen, verstehst du mein Kind, dachte Antonino! Er saß unter dem Tisch und dachte, es müsse etwas geschehen sein, worin er keine Rolle spielen würde. Denn das, was geschehen war, könnte nichts mit ihm gemein haben. Er hatte Geburtstag! Und kurz bevor er sich etwas wünschen hätte dürfen, wurde die Torte zerstampft!«

6

Der Junge in meinem Garten hatte einen Namen bekommen.
Antonino Calvaruso. Mein Saft ein Ziel.

Ich war davongelaufen. In mein Zimmer. Ich saß still vor meinem geordneten Schreibtisch, auf dem die Schulhefte lagen. Das Buch, also die Abschrift der

Geschichte der Mafia, hatte ich im Wohnzimmer gelassen. Dreißig Seiten aufgezeichnete Vergangenheit. Rhetorische Misshandlung. Es sollte im Wohnzimmer bleiben. Zumindest die nächsten sechs Tage, bis zum nächsten Sonntag.

Meine Hände lagen in meinem Schoß. Die Schenkel unter dem Nachthemd regungslos. Schon lange keine Regung mehr. Nicht nur die Schenkel, auch der übrige Körper. Mein Blick leer. Nur in der innersten Drüse, entlang dem dunklen Gang zum Muttermund, ein schwaches Licht. Die Drüse produzierte Flüssigkeit. Als sie meine Wäsche erreichte, kam Rita. Ihr Rollstuhl passte nicht durch die Tür, sie saß zusammengesunken im Eingang zu meinem Zimmer.

»Savariella, du wirst bald achtzehn und schließt die Schule ab. Salvatore und ich möchten dir etwas schenken. Ein Konto, mein Kind. Nächste Woche gehen wir zur Bank und eröffnen ein schönes Konto.«

»Mutter! Was ist eben geschehen? Was habt ihr mir erzählt? Ich habe einen Bruder?«

»Und hier, meine Liebe, ein Kleid. Ich habe es für dich genäht. Du sollst mit uns kommen, in das Konzert, jeden Sonntag abend.«

Was erzählt die Puppe, zu der meine Mutter geworden war? Was erzählte der Vater?
»Ich habe sieben Geschwister?«
Rita schwieg. Kein Mitleid. Keine Erklärungen. Kein Schutz.

7

Statt Mitgefühl brachte mir Rita ein langes, cremefarbenes Kleid. Aus Brokat, mit Rüschen, schulterfrei. Mein Haar sollte mit einem weißem Schal nach hinten gebunden und an der Stirne gekürzt werden. Kurzwelliges Engelshaar sollte den Haaransatz zieren. Die märchenhafte Verkörperung einer Vergangenheit, die nie passiert war.

An einem Sonntag gingen sie mit mir ins Konzert. Ein Gambenkonzert.

8

Das Konzertpublikum war überaltert. Wir hatten Plätze in den vordersten Reihen. Musik aus dem 16. Jahrhundert. Orgel, Gamben, Harfen, Cembalos. Ein Kammerorchester, zwei Sängerinnen. Sopran und Mezzosopran. Mein Haar war golden, es glänzte und roch. Die Lippen voll, verlockend gewölbt. Das Kleid, nach unten hin weit, streifte den Boden. Ich saß in rotem Samt direkt neben dem Gang. Das Kleid reichte in den Gang, man musste ihm ausweichen.

Das Konzert begann. Hervorragende Künstler aus ganz Europa. Musik, als wären die Lippen voll, aber würden nur spitz küssen. Vierhundert Jahre zurückversetzt. Bleierne Seligkeit. Die Sängerin artikulierte deutlich. Sie sang vom Abendstern, dem Schicksal und dem Schmerz.

Rita weinte.

Sie holte ein Taschentuch aus ihrem Kleid und schnäuzte sich ohne Scham. Ich hatte sie noch nie zuvor so gesehen.

Die Sängerin sang weiter: Ich sterbe nicht, nein, ich sterbe nicht, denn meine Seele wird in dir sein.

Starker Ausdruck, hohes Timbre.

Für uns ist der Tod nicht pfeilbewehrt, du Hort der flüchtigen Freuden einer von Irrtümern verdorbenen Welt.

Ritas Tränen waren aus Silber. Ich wollte die Tränen in einen Käfig sperren und zusehen, wie lange sie glänzen würden. So lange wie das Leben der Grillen?

Die Menge applaudierte. Rita flüsterte ... eine von Irrtümern verdorbene Welt...

Plötzlich stand ein Bursche neben mir, ein Page, er hielt einen riesigen Bund Blumen in der Hand. Ich war verstört, sollten die Blumen mir gehören? Von wem? Wie sollte ich mich verhalten? Ich stand auf. Der Bursche überreichte mir einen ansehnlichen Strauß Hyazinthen! Alle Augen auf mir. Die Musik war verstummt.

Die Leute gafften. Salvatore hatte den Kopf gesenkt, er implodierte gerade. Ich sah mich hilflos um, von wem die Blumen sein konnten, wollte diese Szene beenden, jemandem zunicken, mich setzen und den Kopf senken! Ich fand niemanden und ich nickte niemandem zu. Die Blumen wurden zum Gefängnis. Wie hinauskommen?

»Giovanni de Macque – Capriccio sopra rè, fa, mi, sol.« Das Orchester setzte einen Schlusspunkt, beendete die

Blumenszene mit einem fulminanten Orgelwerk. Ich setzte mich, der Page ging. Die Gedanken der Zuseher bei der Musik. Nur mehr die Hyazinthen überdimensional in einer Vase, neben mir am Gang.

Rita weinte still. Die Hyazinthen verkörperten ihre Jugend. Ich hatte die Blumen an Ritas Stelle bekommen, ich wusste es nicht, sie wusste es! Ihre silbernen Tränen trockneten auf einer jungen rosa Haut. Ihre Lippen erwarteten einen Kuss. Sie war neunundfünfzig, aber sie sah aus wie neunundzwanzig. Salvatore nahm Ritas Hand, ohne sie anzusehen und verlangte eine Erklärung.

»Sie sind von mir«, Rita schnäuzte sich laut und aufsehenerregend.

»Von dir?« Salvatore wandte sich angewidert ab, aber seine Stimme war sanft, die eines Dons. »Was denkst du dir dabei? Denkst du, es ist leicht, nicht aufzufallen, denkst du, ich trage umsonst diese mittelmäßigen Krawatten?«

Rita handelte mit einer kühnen und absolut souveränen Gewissheit. Sie schnäuzte sich wiederholt entsetzlich und nützte die Abscheu Salvatores, der sich tief beschämt in die andere Richtung wandte, um nach einer Loge rechts oben zu sehen, ohne von Salvatore gesehen zu werden.

Was war dort oben? Ich folgte ihrem Blick. In der Loge saß ein alter Herr, gelocktes weißes Haar, gebrochene Miene. Rita lächelte voll intensivster Leidenschaft. Der Mann in der Loge antwortete mit einer kaum sichtbaren Geste seiner Hand. Ein Wink! Dann sah der Mann mich an. Seine Augen schmal, die Lider schlaff, begannen zu zucken und er drehte sich schwer getroffen fort. Ein Mann neben ihm, ein korrekter, jugendlich wirkender Mann, legte die Hand auf die Schulter des alten Herrn, höflich nach seiner Befindlichkeit fragend. Der alte Mann zog sein Taschentuch aus dem Sakko und trocknete seine Augen. Der junge Mann reichte ihm ein frisches Tuch und sah nach der Ursache der Tränen. Er sah zu uns. Er sah zu mir! Ich wandte rasch den Blick ab. Die Gamben hoben zu neuem Spiel an. Der junge Mann sah noch einmal zu mir, er registrierte das Ungewohnte.

Was war geschehen?

Mein liebes Leben, so ist es also wahr: Was ich begehrt, genieße ich, und mit diesem Genuss besänftige ich den bitteren Grund meines Leidens« – G. de Wert, »Cara la vita mia.«

Das ganze Konzert, für wen war es gemacht? Die Hyazinthen in einer überdimensionalen Vase neben mir am Gang. Getrocknete Tränen, aber ungetrockneter Schmerz in Rita. Der Ruf nach Rache in Salvatores Brust. Sehnsucht von der Loge direkt hinein in die Seele meiner Mutter! Der alte Mann sprach zu ihr, ohne sich Worte zu bedienen: »Meine geliebte Rita! Du sagtest, sie wäre schön, aber sie ist, was ich bisher nicht wusste, was es bedeutet: Der Freispruch!«
 »Mein geliebter Lorenzo, sie besänftigt den bitteren Grund unseres Leidens bis in alle Ewigkeit. Schütze sie. Schütze unser Fleisch und Blut!«

Lorenzo di Scopello, der Mann in der Loge, der Liebhaber meiner Mutter, die nur zwei Mal in ihrem

Leben zur Frau geworden war: Als sie mit Lorenzo geschlafen hatte. Lorenzo di Scopello, dessen Haar in seiner Jugend blond gewesen war, gelockt, mein leiblicher Vater!

Ich bin das Kind ihres Ehebruchs. Abscheuliches Wunder. Ursache des Krebses. Der Grund, warum meine Mutter noch lebte. Die Kraft, die sie am Leben hielt. Ihr stiller Trotz. Der stärker war als alle südliche Tradition. Stärker als meine Großmutter Sophia.

Die Blumen waren von Lorenzo. Meinem Vater! Der mich dort, in diesem Konzertsaal, das erste Mal sah. »Du sagtest sie wäre schön, aber sie ist, was ich bisher nicht wusste, was es bedeutet: Der Freispruch.«

9

Ein Taxi brachte uns nach Hause. Salvatore saß zwischen Rita und mir. Sein Gesicht war verändert. Der Schmerz erhöhte ihn. Er berechtigte ihn zu allem! Salvatore war wütend. Sie hatten ihn gekränkt. Die Blumen, das ungebührliche Schnäuzen, die Aufmerksamkeit des ganzen Saales. Wer bist du, Salvatore Calvaruso? Sohn des Don Calogero Calvaruso, Fürst der Famiglia Trapanis, Beschützer der Latifundien meiner Großmutter Sophia Esperante, Unkrautvernichter und Schädlingsbekämpfer im weitesten Sinne, politischer Rechthaber, praktischer Ratgeber, Helfer, Verteidiger, Gesetz und Exekutive in einem, unter dem allgegenwärtigen Vorzeichen der Ehre? Wer bist du, Salvatore Calvaruso, Vater von sieben Kindern, die ich nicht kenne, angesehener Anwalt, Ehemann einer krebskranken Frau?

Die kleinen Ganoven nannten ihn die Waschmaschine, weil er das Geld der Mafia-Familien wusch, die durch den Drogenhandel reich geworden waren. Er, abgeschoben nach Florenz, in eine Anwaltskanzlei, verbannt von der Insel, der Erde! Auf Grund welches Ereignisses? Er, der Jurist mit den höchsten Provisionen. Er, der Berühmte, wer rühmte ihn?

Salvatore war reich. Er konnte es nicht zeigen. Salvatore war Gott, aber er konnte sich nicht fühlen. Und das ist ein bösartiger Schmerz.

Das Taxi fuhr vor unserem Haus vor. Salvatore stieg aus, vergaß auf Rita, ich holte den Rollstuhl und schob sie ins Haus. Salvatore verschwand in seinem Zimmer. Ich brachte Rita zu Bett, das erste Mal in unserer Geschichte. Ich legte ihren knochigen Körper in das mit Kissen gesäumte Bett und deckte sie zu. Sie lächelte, sie hielt meine Hand, sie dachte an Lorenzo, an meine Rettung!
    Salvatore hingegen brütete über seiner Rache. Sie hatten ihn gekränkt. Sie hatten ihn gedemütigt. Sie hatten über seine Autorität hinweg gehandelt.
    Wer bist du wirklich, bist du Salvatore Calvaruso?

Auf dem Weg ins Büro arbeitete er daran, für ein wenig dumm gehalten zu werden und zog sein linkes Bein nach. Das war seine öffentliche Tarnung. Auf dem Weg nach Hause gab er sich Mühe, völlig am Ende zu wirken. Wenn er zu Hause war, begann die Würze seines Lebens. Er hatte ein Büro, einen gynäkologischen Stuhl, ein Ultraschallgerät, ein Elektronenrastermikroskop und einen Computer. Das Büro war voll mit medizinischen Büchern. Er untersuchte Rita fast jeden Abend, studierte den Verlauf ihres Krebses und schrieb jede Veränderung auf. Er wäre immer gerne Arzt geworden, aber seine Familie brauchte einen Anwalt. Nun war er Anwalt, aber seine Frau brauchte einen Arzt!

»5. Mai 1980. Das immunologische Geschehen ist gestört. Die potentielle Fähigkeit zur Beseitigung von Tumorzellen fiel völlig aus. Vermehrung der Fremdzellen auf 300 Prozent.«

Am 5. Mai 1980 kam der erste Lastwagen mit Drogen über die von Salvatore seit Jahren vorbereitete Route ereignislos an sein Ziel. Die Ware wurde gegen schmutziges Geld getauscht, fuhr durch die Anwaltskanzlei meines Vaters und kam als Guthaben auf einer Bank in Rio de Janeiro sauber gewaschen ans Tageslicht zurück.

Was tat er, Salvatore Calvaruso? Salvatore schrieb alles auf. Mit medizinischen Codewörtern. Dann diktierte er es mir. Er fühlte sich gut dabei. Schlau. Es war der Ausdruck seiner Rache. Die Rache Ausdruck seines Schmerzes: Ich, Salvatore Calvaruso, genannt die Waschmaschine, das Zentrum der kriminellen Bewegungen, abgeschoben nach Florenz, schiebe meine Frau, Rita Esperante, geborene Ehebrecherin, über die Plätze von Florenz, ohne gegrüßt zu werden. Ich werde niederschreiben, was ich weiß, und eines Tages werden alle vor mir zittern! Ich zeichne es auf, ohne dass ihr bemerkt, wie gerissen ich Euch verrate.

»9. Juli 1980. Vollkommener Haarausfall auf Grund der Chemotherapie.«

9. Juli 1980. Das Guthaben in Rio de Janeiro kommt in kleinen Portionen auf die Konten von Strohmännern in Mailand und fließt gewaschen auf Konten nach Palermo.

Salvatore spielte Arzt für Rita und Gott über mich. »Sie leidet, wie ich leide. Wie ihre zarte Haut vibriert, wenn ich ihr erzähle, dass Antonino, den sie liebt, seinem Bruder, Pietro, die Finger abhackt!«

Wie er das Diktat genoss! Wie er mir nachsah, wenn ich Sonntag für Sonntag in meinem Zimmer verschwand, schwer misshandelt, unter schwerstem Druck.

10

Als schließlich die Hyazinthen in meinem Zimmer standen, starrte ich nicht aus dem Fenster, sondern auf den Strauß. Die Blumen verwelkten genauso, wie die Grillen gestorben waren. Ohne Aufsehen zu erregen.

Ein paar Monate später bekam ich ein eigenes Konto. Zu diesem Zweck gingen Rita und Salvatore mit mir in die Banca Gentine in Florenz. Wir wurden freundlich bedient, der Sekretär des Bankdirektors persönlich brachte uns Kaffee, während Salvatore drei Millionen überwies. Die Gründung eines soliden, legalen Kontos. Der Grundstock für ein Studium.

»Was willst du machen, Savariella?«

Rita hatte sich schön gemacht. Sie saß im Rollstuhl, war geschminkt und roch nach süßem Parfum. »Willst du an die Uni? Willst du nach Paris, oder nach

Madrid? Willst du Kunstgeschichte studieren? Oder Musik? Sollen wir dir eine Werkstatt einrichten, willst du vielleicht malen?«

»Ich möchte Autos fahren.«

»Kind!«

»Mercedes! Ich möchte sie reparieren können. Mechanikerin – und Chauffeurin.«

Salvatore war damit einverstanden. Warum das Getue! Ein ehrenwerter Beruf, fort mit der ungebührlichen Sauberkeit, fort mit dem Glanz. Fort mit der abscheulichen Vollkommenheit. Das Blond wird zusammengebunden, an den Nacken, nach hinten mit ihm, unter eine Kappe, mit Öl verschmutzt. Schwarz.

Also studierte ich nach dem Schulabschluss Kunstgeschichte in Florenz und lernte Autos zu fahren. Chrysler, Mercedes, Jaguar, Fiat, Jeep, Oldtimer, Lastwägen, Tankautos, Traktoren, amerikanische Limousinen, gepanzerte Limousinen. In den Werkstätten stand ich neben den jungen Burschen und sah zu, wie ihre Hände schmutzig wurden. Ich begriff ohne Mühe die inneren Zusammenhänge jedes Fahrzeuges. Ich wusste, dass französische Dieselmotoren die besten Maschinen wären und hörte zu, wie die Burschen über die Kinderkrankheiten der hochgezüchteten Mercedesmotoren fluchten.

11

Wieder ein Jahr später wurde ich Chauffeurin. Angestellte der Banca Gentine. Persönliche Fahrerin des Bankdirektors, mit zwanzig Jahren. Ich fuhr wie eine Göttin.

Rita brachte mich an meinem ersten Morgen zur Tür. Ihr Rollstuhl kam nicht weiter als bis zum Türstock. Sie gab mir einen Brief. Ihre Hände zitterten: »Für den Bankdirektor.« Seltsam berührt sah sie mir nach, wie ich über dem weißen Kiesweg durch das Gartentor ging.

Camillo Fragante, der Sekretär des Bankdirektors, holte mich von der Bushaltestelle ab und öffnete mir die Tür zur Bank. Ich fing an diesem Tag um neun Uhr an. In der Bank arbeiteten hundertfünfzig Leute. Etwa zwanzig unten im Kassenraum. Menschen kamen und sahen kurz nach mir, dann arbeiteten sie weiter. Als Camillo mit mir durch die Schwingtür ging, öffnete sich die Lifttür an der starken Innenmauer des Gebäudes und heraus traten zwei Pagen, in deren Mitte Dottore Lorenzo di Scopello, der Bankdirektor.

Das Gambenkonzert! Der alte Herr in der Loge! Das Taschentuch, die silbernen Tränen Ritas, die Hyazinthen, der Herr! Ich erkannte ihn!

Die Angestellten an den Schaltern zupften Blusen und Hemden zu Recht und erwarteten einen kontrollierenden Blick, aber Dottore Scopello war nicht wegen ihnen gekommen. Er kam mir entgegen. Er nahm meine Hand, grüßte umständlich und küsste mir die

Hand! Vor 50 Personen!

»Dottore!«

Camillo war tief erschrocken. Natürlich war ich ungewöhnlich schön, aber deshalb gleich...

»Kommen Sie, Signorina.«

Lorenzo führte mich fort. Er hatte meinen Arm unter dem seinen eingehakt und ging, eng an mich gedrückt, zum Lift.

»Dottore? In das Untergeschoss führt kein Lift.«

»In das Untergeschoss? Ja, natürlich.«

Lorenzo ging mit uns zur Treppe. Er nahm jede Stufe wie eine Berührung, er führte mich die Treppe hinunter, als hätte ich ein schweres Kleid an und hohe gläserne Schuhe.

Wir erreichten den Keller. Dort näherten wir uns der Garderobe und ein paar altmodischen Spinden.

»Hier, Signorina Calvaruso, Ihr Spind, Camillo, hast du die Uniform?«

»Sie hängt im Kasten, Dottore, hier ist der Schlüssel.«

»Hier, Signorina, der Schlüssel.«

Lorenzos alte Augen waren nass. Er gab mir keinen Schlüssel, er gab mir sein Herz.

»Sie beginnen Ihre Arbeit kurz vor sieben vor meinem Haus in Fiesole. Sie bringen mich zur Bank und tragen meine Sachen ins Büro. Kurz vor zwölf bringen Sie mich in die Stadt, zum Essen. Sie nehmen das Parkhaus. Sie warten im Wagen bis der Pieps ertönt und bringen mich zurück zur Bank. Wenn ich Gäste habe, holen Sie sie vom Flughafen oder von der Bahn. Den Dienstplan macht Camillo, mein

Sekretär, Sie kennen einander bereits. Am Abend, so ich Gäste habe, bringen Sie mich zur Oper oder in das Konzerthaus, gelegentlich ins Theater. Anschließend essen wir oft im Antico Fattore. Sie warten und bringen uns nach Hause. Sie tippen das Ende ihrer Arbeitszeit in den Computer, Camillo richtet ihren weiteren Dienstplan danach. In dringenden Fällen ruft er bei Ihnen an ...«

Der Bankdirektor wurde weich wie geschmolzenes Eis. Ich war durch den Blick seiner Augen gefangen. Genau so festgehalten wie durch die Blumen im Konzertsaal. Ich gab ihm den Brief von Rita. Er presste meinen Arm unter den seinen, öffnete den Brief und wandte sich von mir ab.

»Mein lieber Lorenzo. Beschütze sie! Ich werde sterben, Lorenzo. Mein Fleisch ist verseucht. Eine fremde Information hat sich darin breit gemacht. Das Eigene wird zum Nährstoff für das Entartete. Ich hätte mich verteidigen können. Aber meine Familie hatte meine Gambe verkauft, genau zu der Zeit, als ihr Klang mich hätte verführen müssen. Hin, zur Liebe! Wir hätten uns lieben müssen, Lorenzo. Unsere Seelen hätten sich aneinander gerieben bis sie geglänzt hätten. Die Reibung hätte den Schmutz fortgewaschen. Aber wir waren feige. Feige, die Lethargie gegen den Zorn zu tauschen. Feige, die Traditionen in Frage zu stellen: Wir hatten Savariella. Wir nährten uns ganz von ihrer Unschuld. Ich bin blind, Lorenzo, der Zucker zerstört meine Augen, aber heute sehe ich. Ich sehe Savariella über eine Brücke gehen! Lass sie nicht wieder zurück an das von Ungeziefer überschwemmte Ufer ihrer Familie. Ich werde sterben, Lorenzo, du wirst mir folgen, aber nicht bevor du ihr ein Erbe hinterlassen hast.«

»Wenn Sie heute Abend noch nichts vorhaben, Signorina ...« sagte Lorenzo, und seine Stimme zitterte, »... dann kommen Sie doch bitte mit in die Oper, zwei Herren aus Barcelona begleiten mich, es wäre uns eine Ehre.«

Camillo starrte den Dottore ungläubig an. Ein Piepser meldete sich, Camillo entschuldigte sich und ging ein paar Schritte zur Seite. Lorenzo und ich standen alleine vor dem Spind.

»Ich werde veranlassen ... dass Sie einen größeren Kasten bekommen ... Signorina ...« Es klang wie Savariella, er sang es, die Musik seiner Stimme küsste mich, jede Silbe war eine Umarmung. »Ich habe gehört, Sie studieren?«
Ich wurde verlegen, wollte mich entschuldigen, berichten, dass ich lieber Autos reparieren würde.
»Nehmen Sie ihre Bücher mit in den Wagen. Es gibt immer wieder Zeiten, in denen Sie warten müssen. Studieren Sie nur, der Sitz ist bequem. Camillo piepst rechtzeitig, Sie setzen ihre Mütze auf und fahren vor. Lassen Sie sich Essen bringen, oder essen Sie in der Bank. Camillo isst auch in der Bank, wenn ich ihn nicht zu Mittag brauche. Neben meinem Büro ist eine kleine Bibliothek. Setzen Sie sich dort hin, und lesen Sie ... es ist Ihr erster Tag.«
Für Lorenzo war es die Ewigkeit.

Camillo kam zurück.
»Dottore!«

Der Bankdirektor musste gehen. Die Geschäfte riefen. Er war ein junger Liebender, er verliebte sich nachträglich in die Zeit, die er und Rita nie hatten.

12

Ich wusste nichts.
Nur, dass ich den Bankdirektor im Konzerthaus gesehen hatte. Dass er womöglich der Grund für die Tränen meiner Mutter gewesen war. Aber ich wusste nicht, dass er sie kannte, nicht, dass er mein Vater war!

Zu Mittag fuhr ich ihn in das Coco Lezzone. Ein Restaurant mit klassischer toskanischer Küche in bester Qualität. Der Cameriere brachte mir auf einem Tablett Bistecca alla fiorentina und Panzanella in die Parkgarage.

Am Abend fuhr ich die Herren in die Oper.
»Kommen Sie doch«, sagte Lorenzo, »jemand anderer bringt den Wagen in die Tiefgarage, ziehen Sie sich im Séparée um.«
Er hatte die Einladung ernst gemeint.
»Nein, Dottore, das kann ich nicht annehmen.«
»Wir haben es vereinbart, Sie haben doch hoffentlich ...ihr Kleid mit.«
»Mein Kleid?«
»Sie haben Kleider!«
Er meinte das mit dem cremefarbenen Brokat, das Engelshaar, das Wunder, er wollte neben mir sitzen, vier Stunden lang. Er wollte ihn spüren, den Freispruch und mit Rita schlafen, einen ganzen langen

Abend lang.

»Ich habe Kleider, Dottore, aber ...«

»Dann ziehen Sie es doch an!« Er zog mich ruckartig mit sich. Ich stolperte.

»Dottore!«, rief ich.

Lorenzo nahm mir den Schlüssel aus der Hand und reichte sie dem jungen Ordner von der Oper.

»Kommen Sie!«

»Ich habe kein Kleid mit, Dottore!

»Kein Kleid?«

Das war eine Ohrfeige.

Ich holte mir den Autoschlüssel zurück, der junge Ordner fühlte sich überflüssig und ging mit einer höflichen Geste, ich stieg in den Wagen, startete, fuhr los.

»Kein Kleid!«

Lorenzos entblößte Gefühle auf den Stufen vor der Oper. Ich ließ ihn zurück und brachte den Wagen in die Garage.

13

Am nächsten Tag holte ich Lorenzo pünktlich um sieben auf dem Domplatz ab. Er sagte kein Wort. Er stieg ein, ich schloss die Trennwand zwischen uns und fuhr ihn zur Bank. Vor dem Gebäude wartete Camillo, ich parkte vorschriftsmäßig, stieg aus, öffnete dem Bankdirektor die Tür und nahm seine Tasche. Camillo überwachte den ersten Tag. Lorenzo sah auf die Uhr.

»Wie machen Sie das nur, es ist Viertel vor Acht? Welcher Tag ist heute?« Lorenzo klopfte auf seine Uhr, als wäre sie stehen geblieben.

»Freitag, Dottore.«

»Ist am Freitag weniger Verkehr?«

Ich öffnete ihm die Tür zur Bank und begleitete ihn bis in sein Büro. »Danke, mein Kind«, sagte er, nahm die Tasche, stand selig und bewegungslos in der Tür und lächelte mich an, ohne nur einmal zu zwinkern. Ich hatte keine Ahnung, was vor sich ging. Ich dachte, ja, ich bin schön.

Camillo gab mir im Sekretariat den Dienstplan des heutigen Tages. Einen Zettel, der in einer dunklen Mappe mit einer großen Klammer befestigt war. Darauf stand wann und wo ich zu sein hatte und wie viel Zeit für die Strecke war.

»Halten Sie sich an die Geschwindigkeitsbeschränkungen!«, sagte er, ohne mich anzusehen.

»Das tue ich!«

»Sie fahren zu schnell. Fünfzehn Minuten schneller als ich, ich untersage Ihnen zu rasen, Signorina.«

Er war Ende Dreißig, korrekt gekleidet ohne steif zu wirken, er trug einen lässigen Anzug mit einem orangefarbenen Hemd und wirkte smart darin.

»Ich fahre nicht zu schnell.«

»Fahren Sie nicht an Ihrer Grenze, Sie müssen nichts beweisen.«

»Ich kenne Florenz, das ist alles.«

»Ich kenne Florenz auch, aber ich habe es nie in dieser Zeit geschafft, schon gar nicht freitags.«

Camillo war vor mir Chauffeur gewesen.

»Kennen Sie die kleine Brücke über den Rizzo?« fragte ich ihn.

»Welche Brücke?«

»Das sind 15 Minuten.«

Ich nahm den Dienstplan und wollte gehen.

Camillo war nicht an diese Knappheit gewöhnt.

»Signorina Calvaruso?« Seine Stimme war sicher und tief.

Ich drehte mich zu ihm um, die goldenen Locken glänzten im Licht der Kristallleuchter des Sekretariats, meine Schultern drehten sich, mein Blick war klar. Camillo konnte nicht ausweichen, meine Anmut traf ihn. Er war kurz verlegen. Seine Stimme wurde leise.

»Er wird Sie nicht mehr belästigen. Dottore Scopello. Aus irgendeinem Grund hat er einen Narren an Ihnen gefressen, aber wenn er Sie weiterhin so bevorzugt, werden Sie ein schweres Leben bekommen in der Bank.«

»Ja.«

»Ich habe es ihm empfohlen. Es liegt nicht an Ihnen.«

Er wollte gehen.

»Signor Fragante!«

Ich wollte ihm erklären, was ich wusste. Camillo wandte sich mir zu.

»Ich war in einem Konzert, Signor Fragante, Dottore Scopello hat mir vor einem Jahr Blumen geschenkt.«

»Ja, ich weiß«, sagte Camillo, »ich habe die Blumen besorgt.«

Natürlich. Warum hatte ich es nicht bemerkt! Auch er war in der Loge gesessen! Der andere Mann, mit dem Taschentuch.

»Zeigen Sie mir am Wochenende die Brücke«, sagte er »Ich muss wissen, ob sie sicher ist.«

Er war der perfekte Sekretär.

14

Ich fuhr Lorenzo drei Jahre lang. Camillo inspizierte die Brücke. Er befand sie als sicher. Jeden Sonntagmittag trafen sich Camillo und ich von nun an auf dieser Brücke. Er nannte mich Giovanna. Ich nannte ihn Camillo. Wir besprachen den Dienstplan der kommenden Woche. Camillo verhielt sich immer korrekt, seine Pläne waren stets genau überlegt. Montags hatte ich immer frei. Um Prüfungen abzulegen, Vorlesungen zu besuchen oder Bücher auszuborgen. An den übrigen Tagen holte ich Lorenzo um sieben Uhr zu Hause ab. Zwischen acht Uhr morgens und zwölf Uhr saß ich in der Bibliothek der Bank. Der Vater von Lorenzo hatte sie eingerichtet, als er die Bank gegründet hat. Eine gut sortierte Bibliothek, auch viele Zeitschriften und Zeitungen aus aller Welt. Ich las nichts.

Aus irgendeinem Grund war ich gegen alles immun. Nichts betraf mich. Weder die große Bewunderung des Bankdirektors, noch das wachsende Interesse Camillos. Auch nicht das Tagesgeschehen oder Tratsch, Sport, die Mode oder die Politik. Auch die Bücher nicht. Diese Immunität übertrug sich auch auf die große Limousine, die ich für Lorenzo fuhr. Ich und dieses Auto, eine Einheit, gleich einer kugelförmigen Gegenwart. Nichts konnte geschehen. Ampeln, Mittelstreifen, die Rechtsregel, alles war außer Kraft, Vorschriften gab es nicht. Ich fuhr wie körperlos, vielleicht durch Häuser hindurch und war deshalb so schnell. Auch schien mir nichts fremd an einem Auto. Das vegetative Funktionieren und Gehorchen war mir seit über zwanzig Jahren bekannt. Ich lebte es.

Die Bücher, Zeitschriften, Zeitungen und Journale der Bibliothek starrten mich monatelang vergebens an.

Lorenzo arbeitete im Nebenzimmer. Die Sekretärin brachte ihm und mir regelmäßig Kaffee und war freundlich und diskret. Zu Mittag brachte ich Lorenzo in die Stadt zum Essen. Ich putzte das Interieure und die Fenster in der Garage. Wir fuhren zurück zur Bank und ich aß in der Kantine. Camillo aß jeden Freitag mit mir und besprach mit mir die vergangene Woche. Nach der Arbeit fuhr ich mit dem Bus nach Hause, duschte, staubte den Käfig ab, ordnete die Puppen neu, sah aus dem Fenster und wartete. Kein Meer, keine Welle, kein Junge - und schlief ein.

Wenn es der Dienstplan erlaubte, bat ich Camillo, an die Uni fahren zu können, auch wenn nicht Montag war. Das für Rita. Sie liebte es, wenn ich mit einem Buch über Kunstgeschichte unter dem Arm nach Hause kam und sie flüchtig auf die Stirn küsste. Nach den Prüfungen besuchte ich immer die Werkstätten von Mercedes und Chrysler, die Burschen erzählten mir Neues über Radlager, Kardanwellen und Gummidichtungen und freuten sich, wenn ich wieder einmal mit der Limousine kam und sie überholen ließ. Ich tat das oft. Und immer öfter fuhr ich mit dem Dienstwagen der Bank durch die Waschstraße. Ein Erlebnis besonderer Art.

In einer Waschstraße wusste ich meine Sehnsucht nach dem Meer für Minuten gestillt. Ich fühlte die Geborgenheit der völligen Abgeschiedenheit. Wie in der Welle selbst betrachtete ich den Schaum, der vor mir wie Gischt über die Scheiben rann. Niemand würde mich hier beobachten. Hier konnte ich etwas von dem erleben, was ich später Seele nennen würde. Hier, in dieser Waschstraße löste sich ein unsagbarer Druck. In diesem Lärm und dieser Ordnung der Bürsten, Schläuche, Düsen und dem langsamen Ziehen der Zahnräder, dem unruhigen Zucken des Wagens, vergaß ich meine ausdruckslose Gegenwart. Ich war wie in der Natur der Sachlichkeit und Logik. Keine Vergangenheit, Sonntage, Mafiageschichten, Lorenzos, dürre Hände einer Mutter, herrische Stimme einer Sophia - ich schwebte im Meer und fühlte mich doch durch eine Scheibe geschützt! Wenn meine Hände am Glas lagen, berührte ich indirekt den Schaum und spürte wieder den Saft zwischen meinen Beinen. Die Flüssigkeit, die die Innenwände der Vagina produzierten, floss vergleichbar schnell wie der Schaum an der Außenwand der Fenster. Ich erkannte die Zärtlichkeit der weißen Seifenblasen. Ich brachte sie mit meiner Flüssigkeit in Verbindung, deren vegetatives Funktionieren außerhalb meiner Reichweite im Unbewussten lag. Ich konnte nichts gegen diese Flüssigkeit tun. Ich hatte mir voraussehend frische Wäsche in die Waschstraße mitgenommen. Und während ich mich umzog, dachte ich darüber nach, warum französische Dieselmotoren erst nach zweihunderttausend Kilometern entjungfert sind und warum ein CX-Citroen erst bei hundertsechzig wirklich zu schweben beginnt.

Abends begleitete ich die Herrschaften immer öfter in die Kultur von Florenz. Lorenzo bestand darauf. Am Liebsten besuchte Lorenzo die Oper. Camillo fand einen Ausweg. In Uniform! Ich saß neben Lorenzo und gewöhnte mich an seine Hand auf meinem Schenkel. Die Uniform stand zwischen mir und Lorenzo wie das ewige Glas zwischen mir und einer konstruktiven Leidenschaft. Ich hatte keine Ahnung, dass Lorenzo mein leiblicher Vater war, und spürte auch nichts. Er küsste mir wiederholt und oft die Hand. Er hakte sich bei mir ein, bestellte jede Pause Champagner und fragte mich aus. Er bestand darauf, dass ich sprach und fragte so lange, bis ich zumindest zwei Sätze herausbrachte. Immer noch verband mich ein steriles Wissen mit der Welt, ich strahlte Unschuld aus, war aber vielleicht nur kalt.

»Du fährst mich schneller als Camillo, viel schneller, wie machst du das nur?« Er flirtete in der ersten und der zweiten Pause von Manon Lescaut von Puccini mit mir und aß Erdnüsse.

Ich wusste es nicht. In der Tat sparte ich mittlerweile zwanzig Minuten Fahrzeit ein. An Stelle einer Antwort schlug ich das Programmheft auf und las mit monotoner Stimme: »Komm, komm ganz nah zu mir, ich will dich fühlen, ja so ja so, nun küss mich, du bist bei mir. Ich kann dich fühlen. Oh Gott.« Lorenzo konnte die Erdnüsse nicht hinunterschlucken, nahm das Programmheft aus meiner Hand, barg meine Hand in der seinen und führte mich zurück in die Loge.

Diese Immunität und diese Begabung zur Unschuld und Reinheit waren kein Geschenk. Alle Ereignisse des Tages wurden zu Gegenständen, die verstauben konnten. Sie reihten sich nicht. Nichts fügte sich. Die Ereignisse im Konzert, die Berührungen in der Oper, die Anspielungen Camillos, der Handkuss des

Direktors in der Bank blieben Punkte, die ich keinen Sätzen zuordnen konnte. Die Erinnerungen an den Garten und den Jungen wurden zäher, je mehr ich in die Waschstraße fuhr, und ich stellte mich bewusster Sonntag morgens ans Fenster und suchte den Schatten der schwarzen Locken. Das Unbewusste wurde zur verdeckten Spur in meiner Seele. Ein Fresko. Ich schaufelte es frei, starrte in den Garten! Der Junge stand hinter hohen Wassersäulen. Er schwamm ohne Bewegungen durch zu führen, sein Haar hing aufgelöst im Salzwasser. Wieder trennte uns eine Glaswand. »Wann erfasse ich dich!«

15

Salvatore und Rita führten offiziell ein ruhiges Leben. Sonntags, während ich mit Camillo auf der Brücke stand, gingen sie neuerdings zur Kirche. Rita trug eine Blindenschleife und eine dicke schwarze Brille. Sie saß noch im Rollstuhl. Salvatore führte sie nachmittags wie immer aus.

Inoffiziell verwaltete Salvatore jährlich durchschnittlich achtzig Milliarden Lire. Salvatore war reich. Aber er konnte es nicht zeigen. Er war Angestellter einer kleinen Firma, die er leitete, obwohl er drei Vorgesetzte hatte. Strohmänner.

In Sizilien wäre er der gewesen, zu dem man geht! In Florenz aber war er der, den man bewundert: Für seine Liebe zu seiner Frau!

Güte, Ausdauer, Geduld. Dieser Mann führt seine Frau aus. Über die Plätze von Florenz, in alle Museen, obwohl sie bereits halb blind ist. Er gibt alles, seht seine billigen Krawatten, die Krebstherapie muss sehr teuer sein.

Salvatore war ruhiger geworden, seit er alles mit medizinischen Ausdrücken niederschrieb und mich damit quälte. Seine Aufzeichnungen wurden immer ausführlicher und detaillierter. Ich erkannte die Zusammenhänge und wusste, was ein »Eileiter« ist. Ich wusste auch, was ein »Blutgerinnsel« ist. Es war die Inhaftierung eines Mafiosos und die Gefahr, dass dieser aussagen könnte. Salvatore ahnte nicht, dass ich es wusste. Er genoss, wie die Grausamkeit mich brach und dass ich bis spät in die Nacht verstört in meinem Zimmer saß und mir gelegentlich selbst weh tat. Salvatore lauerte an der Tür und wollte hören, wie ich gelegentlich stöhnte, wenn ich mir wieder in die Hand biss, die Finger in der Schublade zu brechen versuchte oder mit einem Messer in meine Fingerkuppen stach.

Weil ich nichts spürte!

Auch nicht Abscheu, Grauen, Verzweiflung der unseligen Grausamkeiten wegen, die ich Sonntag für Sonntag von ihm hörte. Und so ritzte ich mit dem Messer die Haut meiner Unterarme, um, wenn das Blut kam, an den Schmerz denken zu können. Den Schmerz, den ich nicht fühlte! Salvatore genoss meine Verzweiflung und spielte mit dem Gedanken, mit seinem ganzen Wissen eines Tages zur Presse zu gehen. Oder zur Justiz. Er fühlte sich mächtig mit diesem Lebenslauf, den ich für ihn schrieb.

Drei Jahre lang.

16

Camillo hatte versucht, mich auszuführen. Wir hatten die Diensteinteilung an einem Sonntagmorgen auf dem Weg nach Pisa erledigt. Er fuhr mich mit einem alten Jaguar, Baujahr 68. Ein grandioser Wagen. Ein Erbstück. Der Innenraum war kariert und an manchen Stellen mit fremdriechendem Leder bespannt. Der Innenraum wollte mir sagen: Es gibt eine Insel, die sich England nennt. Es gibt Geschichten, die andere Menschen erleben. Es gibt Dinge, die du nicht kennst. Die Welt ist viel größer als die Grausamkeit und Gefühlskälte deiner Existenz. Es gibt Menschen, von denen du noch nie gehört hast, sie haben dieses Auto entworfen, gebaut, gefahren, poliert, verschenkt. An Camillo Fragante, den Sekretär des Bankdirektors, mit eindeutigen Absichten der Chauffeurin gegenüber.

Wir besichtigen den schiefen Turm und fuhren anschließend noch ans Meer. Ich fühlte mich nicht wohl, weil ich die Strecke Florenz-Pisa über die kurvige Autobahn, 300 Kilometer gefahren worden war. Camillo fuhr schnell und souverän. Aber mir war dennoch übel geworden. Ich bestand darauf, die Strecke selbst zurückzufahren, aber Camillo erlaubte es nicht.

»Wir sind am Meer, Giovanna. Es ist Sonntag, wir arbeiten nicht. Du hast frei. Weißt du, was das bedeutet?«
»Nein.«
»Ich weiß, du hast nie frei.«

Wovon hat man frei? Von sich selbst? Von der Arbeit? Gedanken? Von den anderen?

Camillo versuchte, mich zu küssen. Ich empfand nichts.

»Warum bist du so kühl. Hattest du schon einmal einen Freund?«

»Du bist mein Freund, Camillo. Du bist doch mein Freund?«

Camillo wechselte das Thema.

»Du fährst die Strecke jetzt in vierzig Minuten ... hast du eine neue Brücke gefunden?«

»Ich kenne die Ampeln. Wenn ich die erste bei Rot überfahre, sind das acht Minuten.«

»Du fährst bei Rot über Kreuzungen?«

Camillo schrie auf. Er zog sein Jackett aus, warf es in den Sand und zertrat es! Ich wusste nicht, ob er sich freute oder mich feuern würde.

»Du missachtest Regeln!«

Es war eine entscheidende Erkenntnis für ihn. Ein neues Kapitel in seinem Leben. Er war glücklich. Nur dass ich es nicht begriff. Glücklich auf Grund einer Missachtung einer Ampel.

»Ich sagte, halte dich an die Verkehrsregeln. Ich bin dein Vorgesetzter!« Er lachte. »Aber du missachtest Regeln!«

Ich verstand die Situation nicht und rechtfertigte mich:«Du sagtest, halte dich an die Geschwindigkeitsbeschränkung.«

»Du kannst also Regeln brechen!« Für Camillo war das der Beginn der Zukunft mit mir. »Stelle mich deinen Eltern vor, ich möchte sie kennen lernen!«

Ich hatte Eltern? Meine Mutter hieß Rita, mein

Vater Salvatore, das ist alles!

»Ist dir nicht gut?«

»Ich möchte fahren, Camillo, ich muss sonntags pünktlich zu Hause sein. Es ist der einzige Abend, der meiner Familie gehört.«

»Du bist blass, Giovanna, was hast du? Ist dir nicht gut?«

»Es ist Sonntag, Camillo.«

»Na und?«

Wie hätte er wissen sollen, was sonntags geschah. Wir gingen zurück zum Auto. Beim Wagen klopfte ich monoton und minutenlang auf das Dach des Jaguars, bis mir Camillo die Schlüssel zuwarf. Der Schlüssel in meiner Hand war wie die Aussicht, bald in eine Waschstraße zu kommen. Ich stieg ein. Camillo saß neben mir und lächelte mich glücklich an. Seine Hand lag auf meinem Schenkel. Ich fühlte es nicht. An Stelle dessen trat ich voll auf das Gaspedal. Der Wagen brachte 190 auf den Tachometer. Camillo ließ mich rasen. Er starrte mich begierig an, aber würde warten. Camillo war sehr glücklich. Er versuchte nach diesem Tag lange nicht mehr, mich zu küssen. Er hatte etwas erfahren und konnte warten. Auf den Augenblick, wo ich eine größere Regel brechen würde.

17

Zu Hause setzte ich mich an den Tisch, es war neun Uhr abends und wartete, bis Salvatore aus seinem Büro kam und sich mir gegenüber setzte. Am heutigen Tag schritt er majestätisch in den Raum. Angst stieg in mir hoch.

Antonino, mein Bruder, hätte Pietro, meinem ältesten Bruder vor einer Woche die Kniescheibe zerhackt, weil Pietro eine Marionette gebaut hätte, die wie Antonino aussah, aber den Schwanz nicht hochbrachte. Diese Szene hätte Pietro vor einer ansehnlichen Zahl von Freunden auf der Insel in einem kleinen Marionettentheater der Hauptstadt gespielt. Antonino wollte Pietro darauf hin die Eier abreißen, aber seine Leute hätten ihn daran gehindert und gesagt, die Kniescheibe wäre genug. Salvatore ergänzte und schilderte detailgenau den Hergang der Mißhandlung, und schließlich hob er, ohne den Tonfall zu wechseln an, über eine neue Naturkatastrophe zu sprechen. Es waren mittlerweile über vierhundert Seiten.

»18. Juni 1970. Ein Vulkanausbruch in Kolumbien. Die Wasserversorgung zusammengebrochen. Das Land braucht dringend Hilfslieferungen.«

18. Juni 1970. Amerikanische Ärzte transplantieren in einer lateinamerikanischen Klinik erfolgreich eine gekühlte Leber. Der Bedarf von Organspendern verlangt nach einem neuen Markt. Nieren, Herze, Oberschenkelknochen, Gesichtshaut. Offizielle Ergebnisse lassen zu wünschen übrig. Immer wieder fehlt es an Lebern. Immer wieder an Nieren. Ein Schwarzmarkt entsteht. Die Gewinne sind vielversprechend. Salvatore hat seine Finger im Spiel. Ich wusste nicht genau wie. Ich war dreiundzwanzig zu dieser Zeit, ich schrieb alles auf, manches verstand ich, alles nicht. Mir graute.

18

Am 17. November 1995, es war Sonntagnachmittag, Camillo und ich hatten am Vormittag den Dienstplan besprochen und uns wie immer förmlich verabschiedet, bekam ich zu Hause einen Anruf.

»Savariella, der Sekretär.« Rita rollte zu mir, sie brachte mir das Telefon. Sie sah besorgt aus. Ich nahm den Hörer.

»Ruf mich um sechs Uhr Abends an, es könnte sein, dass wir dich heute Nacht brauchen. Nimm Bücher mit, es könnte lange werden«, sagte Camillo.

»Heute ist Sonntag, Camillo, du weißt, meine Familie ... kann nicht jemand anders ...«

»Nein.«

Ich verbrachte die Nacht in der Limousine. Vor dem Lokal in der Altstadt war Halteverbot. Die Polizisten kannten den Wagen. Weil es Sonntagabend war, hatte ich meine Aufzeichnungen mitgenommen, natürlich, und las darin. Salvatore würde sein vorbereitetes Diktat am Montagabend nachholen.

Lorenzo war krank geworden. Er ging mit seinem Arzt und seiner Krankenschwester ein letztes Mal, bevor er eine Reise in ein kaltes Land antreten wollte, aus. Ich sollte ihn gleich in der Nacht zum Flughafen fahren, er würde in einem Hotel am Flughafen übernachten und die erste Maschine nehmen. Kanada. Ein Genesungshotel. Zwölf Wochen.

Um zwei Uhr Nachts stiegen der Arzt, die Krankenschwester und Lorenzo ins Auto. Um Vier Uhr standen

Lorenzo und ich vor dem Hotel am Flughafen. Die Maschine ging um 09:50 am nächsten Morgen. Ich stieg aus, läutete dem Portier und holte die Koffer.

»Danke, Savariella.«

Ich erschrak!

»Woher kennen Sie diesen Namen, Dottore?«

Lorenzo war kurz verlegen.

»Ihre Mutter hat ihn gerufen, als sie Sie zum Telefon geholt hat.« Hatte sie das wirklich getan? Seine alten Augen ruhten gelassen auf mir. Wahrscheinlich wollte er, dass ich es wusste. »Camillo fragte mich, ob ich diesen Namen schon einmal gehört hätte, eine merkwürdige Abkürzung für Giovanna, nicht wahr?«

Ich antwortete nicht.

Der Portier öffnete. Er wusste Bescheid, Camillo hatte es organisiert. Ein Page kam, begrüßte uns und gab mir einen Zimmerschlüssel. Der Portier nahm die Koffer und verschwand.

Wir standen im Foyer, aus der Ferne Musik aus dem Nachtradio der Bar. Die Bar war noch geöffnet. Ich wollte Lorenzo eine schöne Reise wünschen und mich verabschieden. Lorenzo aber holte seine Brieftasche aus dem Sakko und begann einen Scheck auszufüllen.

»Eine kleine Aufmerksamkeit. Sie fahren mich schneller, sicherer, souveräner.«

»Nein, Sie müssen mir nichts geben, ich bitte Sie, ich verdiene gut bei Ihnen.«

»Nehmen Sie es.«

»Sie wissen, Camillo wird böse, wenn Sie mich verwöhnen.«

»Camillo ist nicht da, wer soll es ihm erzählen?«

Lorenzo rollte den Scheck zusammen, nahm meine

Hand in die seine, formte sie zu einem Zylinder und steckte den Scheck hinein.

»Ich bin ein alter, dummer Mann. Vielleicht komme ich nicht zurück von meiner Erholung. Ich habe Sie ins Herz geschlossen, warum soll ich es verheimlichen? Grüßen Sie mir Ihre Familie, warum nur habe ich es bisher versäumt, sie kennen zu lernen. Sie leben so zurückgezogen.«

»Erholen Sie sich, Dottore.«

»Nehmen Sie sich frei, fahren Sie aufs Land, in die Berge, in die Karibik. Kaufen Sie sich doch ein Auto! Sie testen Mercedes, habe ich gehört, nehmen Sie das Geld und kaufen Sie sich was Sie wollen. Ich bitte Sie Savariella, werden sie glücklich! Wie geht es Ihrem Studium?«

»Dottore, es ist vier Uhr, Sie müssen schlafen. Die Reise ist lang. Sie zittern Dottore, ich rufe einen Pagen, er soll Sie auf Ihr Zimmer bringen.«

Lorenzo ließ sich plump in einen Fauteuil fallen.

»Setzen Sie sich zu mir!«

Er nahm seinen Hut ab. Sein Arm war nach mir ausgestreckt. Auf seiner Stirn standen Schweißperlen. Das Haar kräuselte sich in feinen grauen Locken. Er sah wie ein Kind aus. Uralt.

»Sie müssen schlafen, Dottore, es geht Ihnen nicht gut, wollen Sie wirklich morgen fliegen, vielleicht an einem anderen Tag, ich rufe Camillo an!«

»Nein, heute setzen Sie sich zu mir. Ich schlafe im Flugzeug, kommen Sie!«

Das Weiß seiner Augen war grau und an den Rändern gelblich. Er hatte vor, mir etwas zu sagen.

»Bitte, Giovanna!« Er deutete auf den Platz neben sich. Aber für mich war dort kein Fauteuil. Dort stand eine zerbrechliche Vase. Darin unnatürliche Blumen,

Wasserpflanzen!
Ich setzte mich nicht.

»Dann kommen Sie auf einen Schluck in die Bar. Sie haben jetzt zwölf Wochen Ruhe von mir. Was werden Sie tun? Halten Sie sich Camillo vom Leib. Ich habe ihn mit Arbeit eingedeckt, er wird Sie nicht belästigen, Savariella, kommen Sie doch, ich trinke Strohwein mit Ihnen, der ist so süß wie alles an Ihnen.« Er stand auf. Mit schweren Schritten schleppte er sich durch das Foyer. Er schwankte hin und her und murmelte vom Sterben, der Liebe und der Lethargie. Dann taumelte er an die Wand. Ich lief zu ihm. »Dottore!«

»Savariella! Werden Sie glücklich, werden Sie glücklich.«

Er schloss die Augen. Ein Page stand neben uns und half uns. Er rückte einen Stuhl ran und setzte Lorenzo hinein. »Auf Wiedersehen Dottore«, sagte ich, »ich bin sicher, Sie kommen gestärkt von Ihrer Reise zurück!«

Ein weiterer Page kam, ich steckte ihnen Geld zu und sagte, sie sollen vor dem Zimmer stehen bleiben. Ich ging. Wie hätte ich begreifen können, wovon er sprach.

19

Ich fuhr die Limousine in die Bankgarage und zog mich in der Garderobe um, legte die Uniform feinsäuberlich in den Spind und holte meine Sachen. Einen kurzen, karierten Rock mit einer weißen Bluse, flache Schuhe und einen breiten Schal. Es war fünf Uhr früh. Als ich beim Spiegel vorbeiging, sah ich eine Frau darin, aber ich wusste nicht, wer sie war. »Vergnüge dich, kaufe dir einen Mercedes!« Wer bist du? Fragte ich den Spiegel. Der Spiegel antwortete nicht. Wie heißt du? Fragte ich, aber die Frau in dem Spiegel wusste es nicht.

Ich nahm den ersten Bus nach Hause. Der Bus hielt um sechs Uhr zehn an der Haltestelle Minioti. Es war November. Meine Beine waren schwer, ich bewegte sie langsam. Trance. Ich stieg aus dem Bus aus, um schlafen zu gehen. Die anderen stiegen aus dem Bus aus, um in den Villen der Reichen aufzuräumen.

Die Sonne ging an diesem Morgen im Westen auf. Ihre Flammen waren so nah, dass man sie sehen konnte. Am Horizont loderte rotes Licht. Ich ging darauf zu. Ein Feuerwehrauto kam mir entgegen, darin saßen müde, schmutzige Männer. Die Sonne wagte sich hinter mir nicht aus ihrem Loch. Sie könnte den Brand vielleicht neu entflammen. Ein Brand, hier, im Wohnviertel?

Ein weiteres Feuerwehrauto kam mir entgegen, es fuhr laut an mir vorbei, dahinter kam ein Jeep. In beiden Fahrzeugen schmutzige Männer. Dann Sirenengeheul, ein Polizeiwagen von hinten, er raste an mir vorbei.
    Ein Brand. Feuer zerstört Eigentum. Feuer tötet Menschen. Tränen. Schmerz. Ich hatte die Wörter gespeichert, so wie ich alles gespeichert hatte in der Ansicht, das wäre alles was die Welt zu bieten hätte. Ich ging. In meiner schweren Tasche lagen die Aufzeichnungen und ein Pfirsichkuchen von Rita.

    »Es wird heiß werden, heute.«
    »Ja.«

»Ziemlich heiß.«
»Ja, denke ich auch.«

Ein Mann sprach mit mir, er ging neben mir her und ich bemerkte, dass er sich an meine Schrittlänge anpasste. Nach ein paar Metern hatte er es geschafft. Der Rhythmus unserer Schuhe auf dem Asphalt war zwischen uns wie Harmonie. Der Mann lachte darüber und verschwand plötzlich.

Blitzartig drehte ich mich um.

Der Mann hatte schwarze Locken! Er war groß, jung, vielleicht dreißig. Über ihm kreisten Vögel.

»Antonino!«

Der Mann lachte. »Ich habe mich an deinem Grundton gestimmt«, rief er. Er lachte so tief und so glücklich, wie starke Brandung. Er war so frei und ich war so leicht!

»Ja, ich weiß«, rief ich zurück, »bleibe da!«

Antonino warf seinen Kopf zurück. Die Vögel grüßten ihn und erwarteten ihn in der Luft. Er verschwand laufend hinter einer Ecke, die Vögel zogen ihm kreischend nach.

Plötzlich wurde es heiß. Mein Rücken brannte, der Nacken, der Himmel hinter mir färbte sich orange, ich drehte mich um, ich stand vor unserem Haus.

Ich stand vor unserem brennenden Haus.

Vor dem lodernden Haus meiner Eltern lag eine verkohlte Leiche. Ein Feuerwehrmann trug eine weitere Leiche durch das, was einmal eine Tür war. Flammen schossen aus den oberen Stockwerken, irgendetwas musste neu entflammt sein. Der Feuerwehrmann beeilte sich und legte die Leichen nebeneinander. Er rannte nach vor, er riss seine Maske vom Gesicht. Ein Kollege gab ihm zu trinken und legte den Arm um seine Schultern. Der Feuerwehrmann setzte sich in die offene Tür seines Wagens und starrte ins Nichts. Ein anderer Mann sprang aus dem Wagen, mit Maske und Sauerstoffgerät. Vorne stand die Haushälterin. Sie trug wie gewöhnlich ihre schwere Tasche, sie brachte ständig Putzmittel und Lappen aus Mikrofaser. Für die Fenster, die vor ihren Augen schmolzen.

Sie weinte. Ein Polizist stand neben ihr und wusste nicht, wie er sie trösten sollte. Ihre Hände vor dem Gesicht redete sie sich den Schock von der Seele. Ein zweiter Polizist ging auf sie zu und stellte ihr eine Frage. Sie nahm die Hände vom Gesicht, schluchzte, beantwortete die Frage mit lautem Heulen.

Ich wollte hingehen, an ihrer Stelle die Fragen beantworten, sie trösten, das tun, was ich einmal gesehen hatte, was man in solchen Situationen tut. Trost spenden! Ich empfand keine Trauer.

Nachbarn standen im Nachtgewand an den Fenstern und starrten auf die blauen Flammen. Ein künstliches Feuer. Benzin oder Kerosin, es sollte nach Brandstiftung aussehen. Es sah wie Brandstiftung aus. Überall Menschen, erschrockene Augen, Fassungslosigkeit, Schock. Gefühle, Getuschel. »Was wohl geschehen wäre.« Die Haushälterin hielt immer noch ihre Tasche in der Hand. »Es waren doch so gute Leute. Der Mann, immer für seine Frau da.« Ich stand dicht hinter ihr. Der Feuerwehrmann mit der Maske war im Haus verschwunden. Am Dach brach ein weiterer Teil ein. Über ein Funkgerät kommunizierte der Kommandant mit seinen Leuten im Haus. Zwei neue Feuerwehrwagen fuhren heran, sie luden Geräte ab und sprühten Schaum auf die Flammen. Das Feuer wurde niedriger, es erstickte. Aber es stank. Die Polizisten drängten die Schaulustigen zurück.

»Halten Sie Abstand.«

Ich wurde zurückgedrängt. Schritt für Schritt, kleine Schritte rückwärts bis an den Zaun des nächsten Hauses auf der Straße gegenüber.

Die Haushälterin stellte zitternd und unvorhergesehen ihre Tasche ab, griff sich ans Herz. Der Polizist neben ihr stützte sie. Die Haushälterin schrie auf und brach zusammen.

Ich drängte mich durch die Menge, angezogen von diesem seltsamen Schauspiel, das ich als Begriff Schmerz in meinem Gehirn gespeichert hatte und wollte zu ihr. Der Polizist, der uns zurückhielt versperrte mir den Weg.

»Halten Sie Abstand, Signorina, Sie können hier nicht durch.«

»Sie verstehen nicht, ich bin –.«

Noch bevor ich sagen konnte, wer ich war, dass es mein Haus war und meine Erinnerung, meine Grillen und meine Puppen, dass diese beiden verkohlten Leichen meine Eltern waren ... noch bevor ich meine Identität preis geben konnte, kam der Feuerwehrmann mit der Maske und dem Hitzeschutzanzug aus den lodernden Flammen des Hauses, in dem ich einmal gewohnt hatte: Mit einer dritten Leiche im Arm.

Mit einer dritten Leiche im Arm.

»Auch das noch, oh du unglückselige Welt, oh du ungerechte, herzzerreißende Welt, die Kleine, die Kleine, welch grausamer Tag!« Die Haushälterin verstummte ruckartig und kippte nach hinten. Sie wurde ohnmächtig.

Ich starrte mich an. Tot.

Dort lag ich. Vor dem Haus meiner Eltern. Der Feuerwehrmann legte mich neben die Leichen meiner Eltern. Ich trug ein Kleid, das meine Mutter genäht hatte, die unteren Spitzen waren nicht verkohlt, der Rest kohlrabenschwarz. Die Haushälterin wurde auf einer Trage in einen Krankenwagen gebracht. Sie blinzelte, ihr Körper zuckte, sie stieß Worte hervor: »Wozu soll das alles gut sein, sie haben so zurückgezogen gelebt, der Mann, ein guter Anwalt, war immer für sie da, hat Medizin studiert, untersuchte den Krebs, dachte, er könnte klüger werden als die Ärzte, was ist das nur für eine Welt ... und jetzt auch noch die Kleine!«
   Der Sanitäter schloss den Wagen, Blaulicht wurde eingeschaltet, keine Sirene, der Wagen setzte sich in Bewegung, suchte sich seine Bahn durch die Massen, der Krankenwagen an mir vorbei, ich, an den Zaun des Nachbarhauses gedrückt, den ich noch nie zuvor berührt hatte.

Ich heiße Savariella, oder Giovanna, ich heiße Rosalia oder Calvaruso. Ich bin tot.
   Die Vergangenheit verbrennt zu Asche. Das Fenster geschmolzen.
   »Antonino!«
   Kein Meer. Die Zukunft bröckelt ab.

»Es wird heiß werden, heute.«
 »Ja.«
 »Ziemlich heiß.«
 »Ja, denke ich auch.«

Du bist gerannt, Antonino. Wohin?
 »Ich habe mich an deinem Grundton gestimmt.«
Wunderbare Vögel kreisten über seinem Haupt und begleiteten ihn wie die leichtflügelige Schleppe eines Königs, Segel im Wind. Du hast ein Reich, Antonino!
»Ja, ich bin ein Prinz!«

Was werde ich tun. Wohin werde ich gehen? Ich studiere irrelevante Künstler, die die Wirklichkeit beschreiben. Die Kunst hat mir nie etwas bedeutet. Ich liebe Autos. Mein Beruf: Chauffeure. Waschstraßen erregen mich. Ich bin empfindungslos gegenüber einem Kuss. Die Beine sind lang, die Locken blond, meine Zähne strahlen. Mein Vater hieß Salvatore, meine Mutter Rita.

Ich gehe.
 Das ist der Instinkt der Beine. Sie tragen mich. Ich verstecke mich hinter meinem Schal. Es ist der Instinkt der Identität. Lorenzo ist in Kanada, ich habe zwölf Wochen frei, was werde ich tun, ihn wieder fahren, was werde ich jetzt tun?

20

Ich fuhr mit dem nächsten Bus zurück in die Bank zu meinem Spind. Niemand hatte mich in der Menschenmenge vor unserem Haus erkannt. Ich war

morgens immer aus dem Haus gegangen und abends zurückgekehrt, ohne jemanden getroffen zu haben; ich hatte nie jemanden eingeladen und mich hatte nie jemand eingeladen. Niemand hatte mich gekannt.
Offiziell war ich tot.

Es war 7 Uhr 30. Die Bank noch leer. Im Spind hing meine Uniform. In der Uniform der Scheck von Lorenzo. In meiner Tasche die Abschrift und ein altgewordener Pfirsichkuchen, den Rita gebacken hatte. Für mich. Natürlich. Ich werde frühstücken und zur Arbeit gehen. Ich werde zwölf Wochen in der Bibliothek warten. Der Direktor wird zurückkommen und ich werde ihn fahren. Ich werde mir ein Zimmer nehmen und einen Fiat kaufen. Ich werde Pfirsichkuchen backen.

In der Parkgarage stand das Auto. Eine Mercedes Limousine, S Klasse mit 380 PS, gepanzert. Innenraum sechs Quadratmeter. Funk. Bordcomputer. GPS, Kühlschrank, Internetanschluss. In dem Auto ein paar Kunstbücher, ich hätte in den nächsten Tagen eine Prüfung ablegen sollen über die historische Bedeutung des Sandsteins für die Entwicklung zu einer höheren Kultur.

Ich öffnete die Tür des Wagens und stieg ein. Die Tür fiel mit einem vertrauten Geräusch zu. Ich tönte die Scheiben. Der weiche Samt der Innenverkleidung dämpfte den Schall. Ich kauerte mich eng an die weiche Verkleidung und zog die Beine an.
Ich war tot!

Qual. Schmerz. Folter. Erregung. Freude. Lust. Nein, ich hätte diese Dinge nicht von einander unterscheiden können. Mein Herz schlug heftig. Ich hörte es in meinem Kopf. In meiner Tasche lag die Abschrift. 30 Jahre Mafia. Ich schlug die Abschrift auf. Wahllos.

»19. März 1990. Zwei Eier reifen, dringen in die Bauchdecke vor und verursachen heftige Krämpfe.« Am 19 März 1990 brachte Mara, meine Schwester Zwillinge zur Welt. Wie ihre Geschwister kamen sie in das Heim nach Rumänien. Dort würde man sich um sie kümmern. Dort würde man sie eines Tages verkaufen. Kinderhandel.

»23. März 1990. Die Eier sterben ab, der Körper löst sie auf, der Krebs Ritas ernährt sich davon.« 23. März 1990. Die Zwillinge werden an Nadeln gehängt und wegen einer staatlich verordneten Blutplasmagewinnung ausnahmsweise ausreichend ernährt. Der Regierungschef Rumäniens ist ein Wahnsinniger. Er pumpt sich Blut von Neugeborenen in seinen Körper. Jeden Tag einen Liter!

»18. November 1992. Vulkanausbruch in Kolumbien Das Rote Kreuz fragt nach Blutspenden. Hilfslieferungen werden organisiert. Den Menschen fehlt es am Nötigsten. Der Staub liegt schwer in der Luft, seit Tagen ist die Sicht erschwert, grauer Staub, grauer Star ...« Augen.

Plötzlich begriff ich es. Irgendetwas Schändliches würde geschehen, mit Augen. Wann?

»Salvatore ist tot«, dachte ich. Warum war er gestorben? Von den eigenen Leuten getötet? War er daran, auszupacken? Zur Presse zu gehen. Zur Justiz?

Salvatore, du wolltest einen Auftritt! Wolltest in den Zeitungen stehen? Oder dich im Fernsehen sehen?

»18. November 1992. Hilfslieferungen. Kolumbien. Grauer Staub.« Augen!

21

Es war sieben Uhr fünfundvierzig. Ein Auto fuhr in die Parkgarage ein. Die ersten Angestellten tauchten auf. Sie würden mich nicht sehen, die Scheiben waren getönt. Trotzdem sank ich nach unten. Ich versteckte mich und beobachtete die Sekretärin. Sie nahm ihre Tasche und ging in die Bank. Heute würde sie noch alles erledigen und dann auf Urlaub gehen. Der Direktor war nicht da. In zwei Wochen würde sie zurückkommen.

Ich könnte tot sein. Mein Instinkt sagte, untertauchen. Die, die ich gewesen war, war verbrannt. Damit der Anspruch Ritas »gutes Kind.« Damit die Vergangenheit unserer Familie und die Rolle, die ich in dieser Vergangenheit spielte. Ich wusste nicht genau, um welche Rolle es sich handelte. Ich hatte Geschwister. Sie lebten im Süden. Aber warum wuchs ich in Florenz auf?

»Vergnüge dich, Savariella, fahre in die Karibik, in die Berge, werde glücklich, werde glücklich, werde glücklich ...«

Was ist Glück? Ist es die Kehrseite des Irrtums?

Hätte er mich nicht Savariella genannt, ich wäre nach Pisa gefahren, hätte eine Fähre genommen nach Calvi, von dort eine Fähre nach Marseille, von dort eine Fähre durch Gibraltar in den offenen Ozean. Ich wäre am Atlantik gewesen und ein Sturm wäre gekommen. Die Matrosen hätten geflucht und zu Gott geschrieen, er möge sie retten. Ich wäre an Deck gekommen und hätte den Matrosen gesagt, sie müssten mich vom Schiff werfen, da ich in den Bauch des Wales müsste, damit der mich an das richtige Land spucken kann. Auf eine Insel in der Karibik: »Gehe dorthin wo du hingehörst, erinnere dich wer du bist. Du bist frei.«

Ich hätte mir Bußkleider angezogen, schöne bunte Kleider und hätte am Strand der Karibik getanzt. Ich hätte den Irrtum umgekehrt und gelebt. Ein junger Bursche hätte sich in mich verliebt. Ich hätte nie Kinder bekommen. Ich wäre ein Leben lang damit zufrieden gewesen, auf eine andere Erde gefallen zu sein.

Aber der Scheck für Savariella steckte in der Rocktasche meiner Uniform. Ich nahm den Rock heraus und griff in die Tasche. Ich rollte das Papier auseinander. Ich zitterte.

Ein Junge steht in meinem Garten und starrt mich an. Es ist ein verwilderter Garten, er gehört zu einem Landhaus im Süden. Der Junge ist dreizehn Jahre alt, in der linken Hand einen toten Frosch, in der rechten ein Messer. Zwei Männer kommen. Sie heben den Jungen hoch. Die Männer tragen ihn fort. In eine andere Ebene. Sie quetschen ihn zwischen Ehre und Macht. Sie setzen ein anderes Vorzeichen vor den Jungen. Aus einem tanzenden Jungen wird eine tanzende Marionette.

Ich nahm den Bus und fuhr nach Pisa. Ich besuchte den schiefen Turm, kaufte eine Wegwerfkamera, fotografierte mich selbst, betrachtete das Foto, erkannte mich nicht, warf die Kamera fort, nahm einen Bus und fuhr ans Meer. Ich dachte an Camillo. Vor vier Wochen hatte er mich hier geküsst. Ein Zug brachte mich nach Mailand. Auf dem Platz vor dem Dom pickten keine Tauben Maiskörner auf, das taten Raben. Ich flüchtete nach Verona. Ich war noch nie in Verona gewesen und fand die Arena nicht. Bei jeder Tankstelle suchte ich eine Waschstraße. Ein Auto, dachte ich, ich brauche ein Auto. Nach ein paar Tagen kehrte ich nach Florenz zurück. Die Plätze, Häuser und Gassen lagen unverändert in der Sonne, aber ich erkannte sie nicht mehr.

Ich ging auf den Friedhof.

22

In der Aufbahrungshalle standen drei Särge.

Die Haushälterin hatte das Begräbnis organisiert. Drei Särge aus edlem Holz. Salvatore, Rita, Giovanna. An der Rückwand der Halle stand eine lange Bank, davor hing ein Vorhang, den man zuziehen konnte. Vielleicht, um ungesehen weinen zu können. Ich versteckte mich hinter dem Vorhang. Nach einer Stunde trat jemand ein. Die Person erreichte die Särge. Es war die Haushälterin.

Dort stand sie. Sie trug ein graues Kostüm und einen kleinen schwarzen Hut. Sie hatte eine schwarze Tasche. In der Tasche waren kleine Blumenkränze aus Plastik. Sie legte sie auf den Särgen ab.

Ich stand immer noch hinter dem Vorhang. Über mir das Licht eines bunten Glasfensters, vor mir der Tod. Die Haushälterin bekreuzigte sich. Ihre Lippen bewegten sich mechanisch. Die Haushälterin zog ein Taschentuch heraus und weinte. Sie schnäuzte sich laut, betete, bekreuzigte sich und tupfte die Tränen von den Wangen. Das rosa Taschentuch hatte weiße Spitzen. Sie legte es sorgfältig zusammen, schob es in die Tasche zurück, schloss die Tasche, so wie sie ihre Gefühle schloss. Sie stand auf.

Ich drückte mich an die Wand. Die Haushälterin sah zum Kreuz hinauf, bekreuzigte sich, drehte sich um, drückte die Tasche an ihren Körper und ging. Ihr Blick halb gesenkt, sie versank in Gedanken. Sie stand neben mir. Ich hinter dem Vorhang. Sie schloss die Tür. Es wurde still. Vor mir drei Särge.

Langsam ging ich nach vor. Schräg fiel Licht von den bunten Oberlichten der kleinen Totenhalle. Die Deckel der Särge waren zu. Niemand verabschiedete uns. Niemand weinte um mich. Camillo, hast du nicht davon erfahren? Bist du mein Freund? Nein. Du bist der Sekretär, ich bin die Chauffeurin.

18. November 1992. Ein schwerer Vulkanausbruch in Kolumbien. Hilfslieferungen.

Heute ist der 17. November 1995. Mein Sterbetag.

Seit drei Jahren wird für die Erdbebenopfer in Kolumbien gesammelt. Am 18. November 1995 kommen erneut »Hilfsgüter« über die von Salvatore vorbereitete Route in das Krisengebiet. Hilfsgüter gegen den grauen Staub. Ende der Aufzeichnungen. Ich kenne das Datum. Es ist morgen. Ich habe Angst davor. Unendliches Grauen.

Ich hob den Deckel eines Sarges auf. Über der Leiche lag ein schwarzes Tuch. Wer verbarg sich darunter? Salvatore! Ich schlug das schwarze Tuch zurück. Ein verbrannter Körper. Zurechtgemacht. Mit Anzug. Über dem Gesicht lag ein weiteres schwarzes Tuch, darunter die verbrannte Haut.

Ich öffnete den zweiten Sarg. Rita. In gleicher Weise hergerichtet.

Der dritte Sarg. Ich wusste nicht, warum ich es tat, ich öffnete den Deckel. Ich sah mich an. Ich trug das cremefarbene Kleid, natürlich, es war mir zu groß. Unter dem weißen Tuch über dem Kopf war kein Gesicht, ich war ordentlich verbrannt. Neben dem Kopf lag ein weißes Kuvert. Darauf stand: Mein Name.

Ich nahm das Kuvert.

Der Irrsinn der Situation zwang mich zu Boden. In meinen Händen der Umschlag. Ich öffnete ihn. In dem Kuvert steckte eine Fahrkarte für ein Kreuzschiff in die Karibik.

Ich schloss das Kuvert. Ich stand auf, steckte das Kuvert ein, nahm es und fuhr. Aber nicht auf Kreuzfahrt. In Richtung Sizilien!

Zweiter Teil

1

Ich war bis an die Küste gekommen und wartete auf die Fähre.

Vor mir das Meer. Eine gewaltige tektonische Veränderung hatte vor Jahrtausenden Sizilien vom Festland abgetrennt. Das Meer schob sich zwischen die Erdplatten. Die Straße von Messina, ein paar Kilometer Wasser. Entfernt, am Horizont vor mir, im diesigen Licht: Die Insel.

Die Fähre tauchte bei der Hafeneinfahrt auf. Am Oberdeck warteten Autos. An der Reling standen Reisende, ihre Köpfe starrten auf das Land. Die Fähre legte an, das Horn ertönte, die Rampe öffnete sich. Es quietschte. Männer kamen und befestigten die Rampe mit Seilen am Kai. Die ersten Motorräder flitzten heraus, erlöst, von der Überfahrt, Auto für Auto fuhr aus dem Schiffsbauch, eine halbe Stunde lang.

Auf dem Kai wartete die neue Autoschlange. Menschen in Sommerbekleidung fotografierten das Ereignis. Süditalien Mitte November. Gemäßigter Reiseverkehr. Touristen freuen sich auf Sizilien. Den Ätna besuchen, hoffen, dass er zumindest rauchen würde. Ich stand mit meiner Tasche zwischen ihnen und dachte an die Legende des Riesen Colapesce.

»Sizilien ruht auf drei Pfeilern, drei Säulen, die tief im Meer verankert sind. Eine bei Marsala, eine bei Syrakus, die dritte südlich von Messina. Einer der Pfeiler ist brüchig. Die Insel ist in Gefahr, in das Meer zu stürzen. Aber der friedliebende Riese Colapesce ist tief in das Meer hinabgetaucht, um das Gewicht der Insel auf seinen Schultern zu tragen. Da steht er nun, der Riese, und zittert zuweilen unter der Last.«

Die brüchige Stelle liegt südlich von Syrakus, genau dort, wo unsere Fähre anlegen wird.

Das Fährpersonal lotste erneut Autos ein. Die Fährmänner hatten Pfeifen im Mund und koordinierten die Einfahrt sicher und professionell. Auto für Auto. Die Pkws nach unten, die Kombis nach links. Ein paar Laster, Wohnmobile. Dann ein schriller Pfiff. Die Autos sollen wenden. Rückwärts einfahren. Die Arme der Fährmänner fungierten als Zeiger. Wenden, links, rechts, stopp, aussteigen, an Deck gehen. Niemand bleibt im Schiffsbauch. Vorschrift. Die Fähre tauchte tiefer ins Meer ein. Dutzende Tonnen Fracht.

Ich stand am Kai. Hinter mir hupte jemand. Ein klappriger Laster mit offenem Laderaum drängte sich vor. Erboste Zwischenrufe aus der Autoschlange. Auf der Ladefläche des Lasters standen Schafe. Die Tiere blökten, sie hatten Angst. Die Kinder gafften dem Laster nach. Der Fahrer des Lasters war klein, hatte ein von der Sonne gegerbtes, dunkles Gesicht, enge, tiefliegende Augen, ein unrasiertes Kinn, auf dem schwarze Flecken waren. Ich kannte das.

Die Schafe dachten an den Riesen Colapescen. So wie ich. Würde der Riese die neue Last ertragen? Würden diese neuen Fahrzeuge ihn endgültig ermüden und die Insel, samt dem Ätna, in das Meer stürzen?

Der Fahrer drängte sich seitlich an den Autos vorbei vor und kam an der Rampe an. Er wendete ohne Rücksicht auf die Wohnmobile, die vor ihm an der

Reihe waren, er verstellte die Auffahrt. Aufregung! Die Touristen in den Autos fuchtelten mit den Händen und die Fährmänner fingen zu fluchen an. Ihre Pfeifen gingen unentwegt. Aber vergeblich. Der Fahrer des Lasters deutete, er wolle unbedingt noch auf das Oberdeck! Natürlich wegen der Schafe.

»Jetzt? Wo bereits alles versperrt ist! Was soll das?«
»Aber die Schafe!«
»Nein«, schrieen die Fährmänner, »die Auffahrt ist bereits zugeparkt!« Der Fahrer blieb, mit dem Kopf leicht auf und ab nickend, stoisch bei seiner Absicht und wartete darauf, bis die Wirklichkeit, die außerhalb seines Verstandes war, ein Einsehen hätte. So, wie er immer gewartet hatte und so wie die Wirklichkeit immer ein Einsehen gehabt hatte. Autistisch. Absolut introvertiert. Ich kannte das. Die Fährmänner streckten hilflos die Hände in die Luft und fluchten die derbsten Schimpfwörter.

Im Inneren des Schiffsbauchs plötzlich ein Rumoren. Autos quetschten sich dicht aneinander, ein Gerangel und ein Quietschen, die Auffahrt über die Serpentinen bis auf das Oberdeck wurde wie durch ein Wunder frei. Irgendjemand hatte das im Inneren der Fähre organisiert. Ein Irgendjemand, den niemand gesehen hatte. Ich hatte seine Pfiffe gehört. Ich kannte das. Ich kannte das! Der kleine Laster fuhr in den Schiffsbauch ein und fand durch die Pfeifen des unbekannten Fährmanns seinen Weg hinauf auf das Oberdeck. Dieser Fährmann hatte dunkle Locken und seine Bewegungen waren die eines Tänzers. Er kam nach vor, stand im Schatten der Rampe und winkte: Alles in Ordnung.

Ich stellte die Tasche ab. Zwischen mir und dem Fährmann gab es eine Verbindung, genau so, wie zwischen dem Fahrer des Lasters und dem Fährmann.

»Es wird heiß werden heute.«
»Ja.«
»Ziemlich heiß.«
»Die Sonne steht hier zu Mittag fast im Zenit.«
»Natürlich!«

Die letzten Fußgänger drangen in den Schiffsbauch ein. Die Rampe wurde leicht hochgefahren. Der Laster mit den Schafen kam am Oberdeck an. Der Fahrer stieg zufrieden mit einer Bierdose aus, setzte sich auf seine Motorhaube, starrte auf das Meer und trank. Auch das kannte ich. Das Schiffshorn. Taue wurden gelockert. Der Schiffsmotor angeworfen. Die Fähre entfernte sich vom Kai. Ich stand an Land, zwischen meinen Waden die Tasche, die Fähre löste sich vom Festland, ein Meter, fünf Meter, acht. Die Fähre glitt auf das Meer hinaus. Plötzlich ein Pfiff.
»Signorina!«
Der Fährmann mit den schwarzen Locken stand oben über die Reling gelehnt. »He, Signorina!« Seine Stimme war laut und tief. Der Himmel azurblau, die Sonne hinter ihm, ich sah seine Kontur, ich kenne ihn!
»Signorina, he, wollen Sie noch mit?«
Er meinte mich. Den Grundton.
»Ich will mich an dir stimmen!« schrie er. »Ja, ich weiß!«
Das Schiffshorn wurde lauter, die Fähre legte ab.
»Halt, da ist noch jemand!«

Der Steuermann kam wütend aus der Kommandobrücke, deutete: »Idiot, halt die Schnauze.« Antonino deutete: »Zurück. Maschinen stopp!« Meine Tasche an den Waden zwischen meinen Beinen, in meiner Wäsche sammelte sich Flüssigkeit, wie an einem Faden rann ein Tropfen die Innenseiten meines Schenkels hinunter.

Der Steuermann, ein kräftiger Seemann, griff sich auf den Kopf, deutete Arschloch, ging auf die Brücke zurück und würde zurückfahren. Die Maschinen drehten die Schiffsschraube langsam in die andere Richtung. Das Schiff glitt verzögert auf das offene Meer hinaus, bald würde es stillstehen, dann zurück zum Pier fahren.

Zu mir.

Ich wartete. Der Fährmann an der Reling wartete auch. Es war alles perfekt. Das Schiff kam auf mich zu. Zwanzig Meter von mir entfernt die Rampe, halb heruntergelassen, sechs Meter hoch, aufgerichtet wie der Phallus eines Riesen.

»Signorina ...!« Es klang wie Savariella, »Wollen Sie noch mit?"

»Ja!«

Ich nahm meine Tasche und ging. Das Wasser aufgewirbelt, schwarz unter mir. Blaue Riesenquallen glitten sanft auf und ab, siebzehn Meter.

»Gehe«, sagte eine Stimme, »siebzehn Meter ist nur ein kleiner Schritt für dich«, »Ja«, antwortete ich, »du hast recht«, und ging. Ein Aufschrei. Die Menschenmenge stürmte an die Reling. Mit einem leichten Federn trat ich auf der Rampe auf. Siebzehn Meter.

»Nun bist du da«, sagte die Stimme, es war die

Stimme des Giganten Colapesce.

»Ich bin da.«

Schön war er, der Gigant, er badete im Hafenbecken, vom Schiff aus sah ich seine volle Größe, sein kahl geschorener Kopf war bis zu den Ohren im Wasser, er lag im Hafen wie in einer zu kleinen Badewanne, seine Knie so groß wie Beiboote.

»Einen Rettungsring! Schnell, diese Signorina ist vom Kai abgesprungen ...«, die Menschenmenge an der Reling kam in Bewegung. »... Wahnsinn ... diese Signorina, ist siebzehn Meter gesprungen ... aber was, es war nur ein kleiner Schritt ... hast du das gesehen ... siebzehn Meter vom Pier entfernt ... mindestens ... du täuscht dich, das sieht von hier ganz anderes aus ...«

Antonino suchte mich. Er war von Sinnen. Antonino zweifelte an seinem Verstand. Der Steuermann sollte ihm Auskunft geben.

»Hast du das gesehen?«

»Ja«, sagte der, »ein unglaublicher Sprung.«

»Das war kein Sprung«, rief Antonino, »so weit kann niemand springen.«

»Wer ist das?« fragte der Steuermann.

»Keine Ahnung.«

»Am besten wir erschießen sie.«

2

Ich stand auf der Fähre. Ich brauchte ihn nicht suchen. Er stand vor mir. Seine Locken halblang, bis zur

Schulter, seine Augen braun, wie in meiner Erinnerung, sein Atem heftig, natürlich er hatte gerade getanzt, seine Arme wie die Schwingen eines Manta. In seinem Mund eine Pfeife.

Er verwandelte sich in eine Möwe, sprang auf die Reling und hob die Schwingen. Er schwebte über dem Wasser, kreischte wie ein Rabe und stieß hinab. Er tauchte hinunter in das Meer. Den Riesen Colapesce kannte er, er fragte ihn beiläufig, da sie gute Freunde waren, ob er Hilfe brauchen würde. Der Colapesce verneinte: »Nein, es geht schon, die Insel war schon einmal schwerer«, seit ein paar Jahren könne er sich wirklich nicht mehr beschweren. Also gut, denkt Antonino, dann bin ich doch ein freier Mann, ich gehe zurück und finde sie!

3

Peppo, mein Bruder, war der Idiot in dem kleinen Laster. Natürlich, ich kannte ihn. Er brachte eine Ladung Schafe auf die Insel. Normalerweise bringt er Schafe von der Insel auf das Festland, aber Antonino sagte ihm, mache es heute umgekehrt. Und warum? Weil Peppo sterben sollte.

Antonino hatte gesagt: Peppo, heute ist dein Tag, ich hoffe du hast noch nichts vor heute. Du hast doch nichts dagegen?

Nein, nein, hatte Peppo gedeutet, Peppo spricht nicht, nur mit seinen Händen, aber er versteht alles, Peppo deutete also: Das kommt mir ganz gelegen.

Weißt du, ich verdiene zu wenig, hatte Antonino gesagt, und du auch. Irgendwann muss es ein Ende haben.

Ja, hatte Peppo geantwortet, du hast Recht. Heute soll es ein Ende haben.

Weißt du, hatte Antonino gesagt, es kommt ein Fischfangboot, ein rostiges, das hat eine Fischmehlmaschine an Board, ein Netz hebt uns hoch und dann geht alles sehr schnell. Wenn du willst, gebe ich dir vorher noch Medikamente. Die schluckst du, sobald du im Wasser bist, dann spürst du nichts mehr.

Ja, Peppo hatte genickt, das wäre ihm angenehm.

Plötzlich geriet alles auf der Fähre in helle Aufregung. Der Steuermann stürmte aus der Kommandobrücke. »Antonino! Dein Bruder, schnell, er ist ins Wasser gefallen.«

»Verdammt«, schrie Antonino. Er war gerade wieder aus dem Wasser getaucht, hatte seine weißen Möwenflügel auseinandergebreitet, war aufgestiegen zu mir auf das Schiff, wollte auf der Reling landen, sich in Antonino zurückverwandeln und mich küssen.

»Verdammt«. Die Menschenmenge an der Reling schrie hysterisch. »Ein Mann ist ins Wasser gefallen. Was für ein Tag. Zuerst die Signorina, jetzt dieser Mann.«

»Antonino!« schrie der Steuermann, »spring ihm nach, hol ihn zurück!«

»Verdammter Idiot«, krächzte die Möwe und verwandelte sich vor mir in einen Raben. »Verdammter Idiot, warum springst du?«

Aber wie hätte Peppo wissen können, dass sich Antonino gerade verliebt hatte und dass er nicht mehr sterben wollte. Wie hätte er wissen sollen, dass er unter diesen Umständen nicht hätte springen sollen. Auch wenn er kein Idiot gewesen wäre, hätte er das nicht wissen können. Dass Antonino sich gerade verliebt hatte und dass er nicht mehr gewillt war unterzutauchen. Dass alles nur ein Plan Antoninos war, damit dieser für eine Zeitlang von der Bildfläche verschwinden konnte. Aber da Peppo den Plan nicht kannte und es nicht wissen konnte, sprang er, so wie sie es ausgemacht hatten. Peppo rutschte von der Motorhaube seines Lasters, trank dabei sein Bier leer, schwang sich über die Reling und sprang ins Wasser, so wie sie es ausgemacht hatten.

Der Rabe vor mir nahm Menschengestalt an, warf zwei Rettungsringe in das Wasser und schwang sich vor mir auf die Reling. Die Dunkelheit des Raben und das Licht der Möwe spielten gleichzeitig auf seiner Haut
»Wer bist du?« Fragte er mich.
»Mein Name ist ...«
»Warte auf mich!«
Antonino sprang.

Antonino trieb im Wasser, er schwamm dort, wo er Peppo im Wasser vermutete. Antonino tauchte auf, aber ohne Peppo gefunden zu haben. Das Schiff entfernte sich von der Unglücksstelle, die Menschenmenge wurde hysterisch, sie verlangte, dass die Maschinen gestoppt würden! Antonino tauchte noch einmal unter und schließlich hatte er seinen Bruder gefunden, er tauchte mit ihm auf. Die Menschenmenge jubelte. Antonino brachte ihn zu einem Rettungsring und versuchte, Peppo an den Rettungsring zu bekommen. Plötzlich kam Nebel. Aus dem Nebel fuhr ein Fischfangboot heraus. Unsere Fähre war schon über hundert Meter von der Unglücksstelle entfernt. Warum ist da Nebel? Ein Fischfangboot, für Thunfische, ein großes Schiff, schwer zu manövrieren, das hatte ein Schleppnetz am Tau. In dem Netz waren Thunfische, Peppo und Antonino verfingen sich in dem Netz, bekamen kaum noch Luft, überall diese dicken Leiber, diese zappelnden Kolosse. Antonino schrie: Nein, ich habe es mir anders überlegt, lasst mich los ... Eine gewaltige Winde hob sie hoch. »Ich will nicht sterben«, aber es hörte ihn niemand, denn es wurde eine Maschine eingeschaltet. Und die war laut. Die Fracht wurde hochgehievt, Mensch und Fisch in den Trichter einer Maschine entladen. Da wurde es sehr laut.

Durch ein schiefes Rohr kamen die Männer wieder heraus. Fischmehl, für den Export.

Es war vollkommen still auf der Fähre. Alle Passagiere an der Reling. Nur das Brummen des starken Dieselmotors.

4

Als wir am Hafen südlich von Syrakus anlegten, standen immer noch alle an der Reling. Kollektiver Schock. Überall wimmelte es von Polizisten, überall wurden Zeugen verhört. Alle machten die gleiche Aussage: Zwei Männer sind von Bord geflogen, ein Netz hat sie zusammen mit Thunfischen aufgenommen und zerhäckselt.

Ich lehnte am heißen, schwarzen Schornstein der Fähre, unten die Menschen, ihr Entsetzen, ihre

Hilflosigkeit. Über mir kreisten Möwen auf der Suche nach Essensresten. Sie stießen ihre Rufe aus, ich verfolgte ihren Flug. Die Sonne stand über mir, die Möwen, die im Gegenlicht zu schwarzen Vögeln wurden, krächzten, wie riesige Raben.

Irgendwann wurde es still. Die Menschen hatten ihre Aussagen unterschrieben, die Polizei ihre Sirenen ausgeschaltet und irgendwann waren die Raben verschwunden. Irgendwann war das Oberdeck des Schiffes leer gewesen und der Himmel über mir voll mit zitternd heißer Luft. Aber dann rührte sich etwas Tierisches. Die Fähre, mit Wachs überzogen, unwirklich, nur der Laster mit den Schafen genau in der Mitte des Oberdecks. Die Schafe, ratlos, manche blökten.

Ich wollte sie auf einer Weide aussetzen, am Rande eines Bachs. Ich wollte zusehen, wie sie fraßen. Gras, aus dieser Erde. Der Schornstein hinter glühte. Ich stieß mich mit den Handflächen am heißen Schornstein ab ohne die Hitze wahrzunehmen, ging auf den Laster zu, stieg ein, der Schlüssel steckte, ich fuhr los.

Antonino war tot. Vor meinen Augen gestorben so wie die Möwen im Gegenlicht.
 Ich kannte das. Ich kannte es von den Fröschen, die Antonino gefangen hatte. Vor meinen Augen mit rostigen Nägeln am Baum meiner Kindheit gekreuzigt. Ich hatte es gesehen. Ich kannte es, ohne es je benannt zu haben.
 Ich fuhr die Serpentinen im Innenraum der Fähre hinunter, vor mir das Licht, das durch die offene Rampe fiel, ich fuhr durch das Loch, hinunter bis zur untersten Schwelle, der Laster wippte, ich erreichte

den Kai. Die Schafe drückten sich dicht aneinander. Sie hatten Angst. Ein paar Tage zuvor waren sie noch auf einem kleinen Schiff gewesen, zusammengepfercht wie boat-people, die nach Europa wollen. Hoffnung auf ein besseres Leben, saftige Weiden, Wasser, ein bisschen Land haben, Sicherheit, dass es im Winter regnet, Gras, sich vermehren, mehr wollten sie nicht – die Schafe.

Vor mir war der Landungsplatz. Ausgestorben, nach dem großen Schock selbst unter Schock. Die Häuser leer, die Fenster offen, leichte Vorhänge wehten im Wind. An der Ecke einer Hausmauer lehnte ein Mann. Er hatte die Arme verschränkt. Er rauchte. Alles war still. Nur der Rauch bewegte sich gespenstisch. Der Mann groß, zäh, seine Nase war verbogen und an einem Ohr fehlte die Hälfte. Neben ihm stand ein Laster. Der selbe Laster, wie der, in dem ich saß. Aber seine Ladefläche war leer. Der Motor lief. Ein feines Schnurren. Der Laster war gut geölt.

    Mein Laster stand vor ihm wie ein Zwillingsbruder und wartete. Der Motor schnurrte auf gleiche Weise. Der Mann nahm seine Zigarette aus dem Mund und kam auf mich zu.

»Wohin willst du?«
  »Zum Friedhof.«
  »Zu welchem?«
  »Zu irgendeinem.«
  »Ist jemand gestorben?«
  »Ja, meine Liebe.«
  »Komm, ich zeige dir den Weg.«

Ich folgte ihm.

5

Wir fuhren in das Landesinnere. Zwei Stunden. Staub wirbelte von den Straßen auf und hüllte mich in seine Geschichte. Könige wechselten, der Staub nicht.

Ich fuhr. Das Einzige, worauf ich mich verstand: Fahren.

Vor ein paar Stunden war ich nur tot gewesen. Das war angenehm gewesen. Aber dann hatte ich eine Reise begonnen. In Richtung Sizilien. Die Fähre erreichte ich nur durch einen Sprung. Und ich hatte ihn gesehen. Antonino! Vor einer Stunde schien nur ich tot gewesen zu sein, jetzt war es auch meine Liebe.

»Es wird heiß werden heute.«
»Ja.«
»Wäre Peppo nicht ins Wasser gefallen, ich hätte dich geküsst.«
»Ja, ich weiß.«

Meine Liebe starb mir vor den Augen.

»Wohin willst du?«
»Zum Friedhof.«
»Ist jemand gestorben?«
»Ja, ein Frosch, gekreuzigt an einem Baum.«
»Komm, ich zeige dir den Weg.«

6

Holprige Straßen abseits der offiziellen Verkehrswege. Enge, verschlungene Feldwege, der Mann fuhr vor mir mit einem klapprigen Kleinlaster. Ich fuhr ihm nach, mit dem Laster eines Mannes, der eben zerhäckselt worden war. Meine Sinne waren zugeklebt mit Staub. Ich erfuhr die Vergangenheit meiner Kinderzeit durch die Bilder der Staubwolke, die der Laster vor mir verursachte. Seltsame Erscheinungen, genau so unwirklich wie die Erinnerungen an meine früheste Kindheit. Ich schloss die Augen, meine Ohren folgten dem Brummen des Lasters vor mir, in dem ein Mann saß, dem ich vertraute. Eine Stimme erhob sich. Es war jene meiner Mutter, als sie noch jung war und auf dieser Insel lebte.

»Savariella, komm setz dich herauf zu mir, du bist noch so klein, dein Gewicht tut mir nichts, meine Beine sind lahm, vom vielen Liegen, komm schnell her, mein kleiner Schatz. Siehst du diese Puppen? Sie sind seltsam, nicht wahr. Diese hier hat einen Regenschirm, oder ist es eine Fledermaus? Diese hat bunte Federn, oder ist es das leichte Kleid, das im Wind spielt? Diese hat eine Blume, oder ist es ein Hut? Wie nennen wir die neuen Puppen? Wir nennen sie Dame Papagei. Dame Regenschirm. Ach mein Liebling, komm zu mir, ich will dir eine Geschichte erzählen. Du süßes, ewiges Leben du, du Kehrseite aller Medaillen, du ewiges Licht, du, die du keine Schatten wirfst, ich erzähle dir eine Geschichte, eine ganz, ganz lange Geschichte.«

7

Der Mann vor mir bog auf eine enge Schotterstraße in ein kleines dorniges Wäldchen ein. Ein Schild zeigte die Skizze einer Ruine, darunter stand ein alter Name:

Chiesa San ..., der Rest der Schrift war verwittert. Der Mann brachte mich zu einer Kirche aus dem fünfzehnten Jahrhundert, inmitten eines Wäldchens. Neben der Straße eine Baumreihe und Dornenbüsche. Die Stacheln kratzten am Lack. Neben der Baumreihe die steile Küste zum Meer hinunter. Wir folgten dem Waldweg. Fünfzehn Minuten später öffnete sich eine Lichtung.

Hohe Zypressen. Knorrige Kiefern. Dazwischen ein Platz mit einem Durchmesser von zehn Metern. Wir hielten direkt vor dem Tor der Kirche. Das Dach fehlte, aus dem oberen Geschoss wuchsen dunkelgrüne Pinien. Daneben der Kirchturm. Rechts die Ruinen eines Bogens. Stufen führten zu dem Bogen hinauf. Auf den Stufen wuchsen Brombeeren.

Der Mann stieg aus.

»Der Friedhof.«

Auf seinen Lippen spielte ein verrücktes Lächeln.

»Du denkst, es ist jemand gestorben, aber es ist nicht wahr!«

»Aber es ist doch wahr. Auf der Fähre! Ein Mann ist gestorben.«

»Er fiel ins Wasser, aber ob er gestorben ist, woher willst du das wissen, hast du

Gesehen, wie er starb?«

»Nein. Also ist es nicht wahr? Was ist dann wahr?«

Der Mann lachte und die Wahrheit wurde zur Variablen. Was ist wahr? 18. November? Kolumbien? Grauer Star? Misshandlungen? Kinder? Ist das wahr? Mein Vater damit verstrickt? In meiner Tasche die Aufzeichnungen. Versagte internationale Politik? Versagte polizeiliche Ermittlungen? Netze. Meine

Brüder irgendwo darin verfangen? Süditalien, Schiffe, Afrika, überfüllte Boote, Schafe, Mafia, mein Vater, sieben Brüder?

»Komm, ich zeige dir den Weg.«

Ich ging zu ihm. Die Wahrheit. Es war niemand gestorben. Aber er war doch gestorben. Wo war ich?

Der Mann ging mit mir durch das Tor. Im Inneren der Kirche lag alles im Halbdunkel. An der Wand Malereien. Satte Farben im Licht einer schräg einfallenden Sonne. Es stank. Eine Fliegenschar flog von einem Kadaver auf. Der Kadaver mitten in der Kirche neben einem Betstuhl. Die Maden bewegten das Aas. Hunderte Würmer. Dahinter lag eine frisch geschlachtete Ziege in der Lache ihres Blutes. Das Blut glänzte, an den Wänden Spritzer. Der Mann vor mir lachte.

Ich hielt meine Hand vor das Gesicht und wollte hinaus. Kurz bevor ich die Tür erreichte, spürte ich seinen festen Griff. Der Mann hatte nur drei Finger, aber die waren stark genug, mich zu halten.

»Ziegendarm«, sagte er.

Er führte mich an den Kadavern vorbei zu einer Tür. Die Tür quietschte, wir mussten den Kopf einziehen, dahinter führte eine Treppe hinauf auf das Dach. Licht drang von oben zu uns. Wir stiegen die steinernen Stufen hinauf. Die Mauer entlang, ein hölzernes Geländer. Voller Blut. Fliegen begleiteten uns hinauf zur Sonne.

Das Dach der Kirche war im hinteren Teil noch erhalten. Auf dem Glockenturm drehte sich ein Wetterhahn.

Der Hahn stand auf einem Kreuz. An jedem Ende des Kreuzes hingen Därme. Die Därme flatterten im Wind wie frisch gewaschene Wäsche. Sie rochen nach Musik.

Ich kannte das.

Am Boden stand ein Kübel mit Wasser. Auch darin blutiges Gedärm. Ich sah die Zunge meiner Mutter, die die Därme feucht machte. Ihre Finger flochten einen Knoten in das Ende der Darmschlinge.

Der Mann ging zu dem Kübel, fischte mit einem Stock einen langen Darm heraus. Der Mann steckte das Ende des Darmes in seinen Mund und blies hinein. Der Darm blähte sich wie eine dicke Seifenblase auf. Er zog mich zum Turm, gab mir den Stock und hängte den Darm auf das Kreuzende Richtung Norden und machte am Ende des Darms einen Knoten. Sein Gesicht leuchtete in der Sonne. Der Mann war ein Gedicht in einem leichten Nieseln. Er drehte sich zu einer unhörbaren Musik voller Poesie. Der Mann hob einen Olivenzweig vom Boden auf. Er stand unter dem Wetterhahn. Seinen Kopf nach hinten geneigt nahm er einen getrockneten Darm, spannte den Darm vom Kreuz aus bis hinunter zu seinen Zehen und wurde so zu einem Instrument. Er führte den Olivenzweig als Bogen am Darm entlang und spielte. Er war ein Klangkörper.

»Viola da Gamba.«

Ich rannte davon. Eine Darmschlinge wickelte sich um meinen Fuß, ich versuchte sie abzuschütteln, aber wurde sie nicht los. Ich zerrte die Schlinge die Treppe hinunter, verwickelte mich in eine neue Schlinge, stürmte zur Tür hinaus, die Schlingen hinter mir her, an den Schlingen hatte sich der Kopf der Ziege verwickelt, ich zog den Darm und den Ziegenkopf bis zu meinem Laster, die Schafe blökten, der Laster dieses Mannes stand gewendet, ich nahm den Laster des Mannes, schnell, der Schlüssel steckte, ich startete, schlug die Tür zu, die Tür zerschnitt den Darm, ich ließ den Mann, den Darm, den Ziegenkopf hinter mir.

Der Mann stürmte aus der Kirche, mit dem Olivenzweig in der Hand, mir nach. Ich sah ihn im Rückspiegel. Der Mann riss beide Arme in die Höhe und schrie. Ich hatte Angst. Er lachte wie eine Karikatur. Er stieg in den Laster von Peppo und raste mir nach. Ich gab Vollgas. Er holte mich ein.

8

Auf der Landstraße fuhr er ruhig neben mir her. Kurz vor einer Kreuzung machte er große Handbewegungen, ich begriff nicht, er kurbelte das Fenster hinunter und schrie, der Lärm der Motoren übertönte seine Stimme. Er war glücklich. Er hielt eine Kassette in der Hand und deutete mit den Händen auf die Konsole in der Mitte des Lasters. Ein Kassettenrekorder. In dem Rekorder steckte eine Kassette. Der Mann deutete, ich legte die Kassette ein.

O del bel oriente, Anonym.
... ich sterbe nicht, nein, denn meine Seele wird in dir sein. Du Hort der flüchtigen Freuden einer von Irrtümern verdorbenen Welt breitest deine weichen und schönen Federn aus und fliegst ins Reich der Sterne ...

Die von Irrtümern verdorbene Welt! Das Gambenkonzert. Die Tränen Ritas. Der Mann in der Loge. Die Hyazinthen!

»Wer bist du?«, schrie ich ins Nichts und nahm den Fuß vom Gaspedal. Der Laster schnurrte am Straßenrand. Der Mann wollte zu mir in die Kabine. Ich zitterte am ganzen Körper. Plötzlich saß er neben mir. Ich kannte ihn. Dann schlief ich ein.

9

Ich erwachte in einem antik möblierten Zimmer eines Landhauses. Das Bett war frisch überzogen. Auf einem Tisch flackerten drei Kerzen. Daneben standen säuberlich gereiht Teller, Gläser und Besteck. In einer Schüssel Kaktusfeigen, in einer Kanne ein dunkler, starker Espresso ohne Zucker und Milch. In einer Schale Marzipan in Zitronenform. Ich frühstückte immer Marzipan mit starkem Kaffee. Woher wusste er es! Ich aß. Gleich darauf kam der Mann.

»Wer bist du?«
  »Ich bin dein Bruder.«
  Ich glaubte ihm nicht.
  »Du bist hier in Sicherheit.«
  »Vor wem?«
  »Vor den Mördern.«
  »Vor welchen Mördern?«
  »Vor den Mördern unserer Eltern.«
  Ich erschrak.
  »Ich will weg.«
  »Unsere Eltern sind tot.«

»Bist du der Mörder?«
»Nein.«
»Wie heißt du?«
Der Mann lachte. Er stellte sich vor mich hin und ahmte meine Mutter nach.

»Komm, setzt dich auf meine Beine, es tut mir nicht weh, du bist so leicht, sieh in die Kamera, mein kleiner Schatz, du bist leicht wie ein Engel, du bist doch ein Engel?« Er wartete. Ich sagte nichts. »Wer bin ich?«, fragte er.

Die Kamera!
»Pietro?«

»Glaube nie, was du siehst, bevor du es nicht von beiden Seiten betrachtet hast«, sagte er und ahmte wieder meine Mutter nach. »Glaube nicht an die Dunkelheit, bevor du nicht gewartet hast, bis die Sonne kommt. Glaube nicht, was die Sonne dir erzählt, bevor du den Schatten nicht angehört hast.«

»Pietro!«
»Ich habe alles gefilmt. Willst du es sehen?«
Der Bruder mit dem Marionettentheater, dem Antonino die Kniescheibe zerhackt hat, das Ohrläppchen geschändet.

»Du hast alles gefilmt?«
»Deine Zeugung, du abscheuliches Wunder du!«

Ich lief weg.
»Nein, bleib, Savariella.«
Mein Name ist ...
»Komm mit.«

10

Er führte mich in ein anderes Zimmer und zeigte mir mein erstes Wunder. Im Nebenzimmer waren Acht-Millimeter-Filmspulen. Daneben stand auf einem Stativ ein Abspulgerät und an der Wand davor hing eine Leinwand. Dieses Zimmer war fast leer. An den Wänden nur ein paar alte Regale und überall Spuren von Möbeln die einmal hier gehangen oder gestanden waren. Ein hoher Hocker und ein hohes Pult.

Ich kannte das. Das Haus meiner frühesten Kindheit. Eine alte Erinnerung. Träume. Ahnungen.

Das Fenster ging Richtung Norden und war mit dunklem Efeu verwachsen. Eine zarte Clematispflanze rankte sich zwischen dem Efeu hoch. Davor öffnete sich ein verwilderter Garten. Der Garten mit dem Gummibaum. Direkt vor dem Fenster stand eine Bank auf drei Beinen.

»Setz dich.«

Ich tat es. Die Bank fiel um. Pietro stellte sie an ihren Platz zurück.

»Nicht hierauf, hier ...« Pietro holte einen Stuhl. Er ging nach hinten, er setzte sich so, dass er mich beobachten konnte.

Das Band lief an. Es war fünfundzwanzig Jahre alt. Die Ziffern liefen rückwärts ab, drei, zwei, eins, null, erstes Bild des Wunders.

Rita, meine junge Mutter: Sie lag in einem Krankenbett in einer einfachen Stube. Der Raum war niedrig, genauso wie das Zimmer hier, in dem wir uns befanden. Es war das selbe Zimmer. An der Wand neben dem Krankenbett sah ich auf der Leinwand einen kleinen Tisch, darauf die Nähmaschine. Unter dem Tisch die

Pedale, mit denen die Maschine mechanisch angetrieben worden war. Auf einem kleinen Regal vor der Nähmaschine das Zubehör. Auf einer Stange hinten im Raum hingen Ministrantenröcke. Wunderschön bestickt, mit Spitzen.

Ein kleines Mädchen kam bei der Tür herein. Zwei Jahre alt.

Das bin ich. Ich hatte tatsächlich Locken wie ein Engel.

»Komm nur herein, mein kleiner Schatz.« Sagte meine Mutter. Es war die Stimme die zu mir gesprochen hatte, als ich in dem Laster saß. Ich setzte mich auf das Bett. »Komm her!« Meine Mutter streckte mir die Hände entgegen. Ich krabbelte das Bett hoch und legte mich auf Ritas Beine. Ich lag am Bauch, den Oberkörper aufgestützt und sah ihr zu. Sie hatte Puppen in der Hand. Neben ihr im Bett lagen noch andere Puppen. Eine Puppe hatte einen schwarzen Mantel und ganz wirres Haar. Meine Mutter nahm die dunkle Puppe in ihre Hand. Sie hatte einen hässlichen Kopf und sehr böse Gesichtszüge.

»Das ist der dunkle Herr Tono, er sieht hässlich aus, er hat so ein bitter böses Gesicht und so eine schmutzige Haut, seine Locken sind die eines Wolfes und seine Augen die einer Hyäne und in seinem Mund fehlen Zähne.«

Meine Mutter hatte mir die Vorderseite der Puppe gezeigt. Ich starrte in das Gesicht des Herrn Tono. Ich sah die fehlenden Zähne und das schmutzige Haar, ich fürchtete den Mantel, denn er zeigte weder Hände noch Arme.

Rita drehte die Puppe um.

»Aber siehst du, was er da hinten hat? Der Herr Tono? Er hat Arme unter seinem Mantel und an den

Armen sind Hände und in den Händen trägt er eine Blume.«

Rita nahm dem Herrn Tono die Blume aus den zart genähten Fingern und gab sie mir. Ich nahm die Blume entgegen wie einen Schatz. Ich drehte sie zwischen meinen Fingern, legte mich auf den Rücken, hielt sie über mir, sah zu, wie die Blüte durch den Schwung wie zu einem Propeller wurde, führte die Rose mit geschlossenen Augen zu meiner Nase, roch an der Blüte, legte sie auf meine Lippen und lachte.

Ich sah dieses Bild vor mir. Ich erinnerte mich nicht an die Wirklichkeit.

»Nun sieh her«, fuhr meine Mutter fort, »siehst du diesen freundlichen Herrn Smith?« Einen eleganten, lustigen Herrn, mit kariertem Sakko und blondem, schön frisierten Wollhaar. »Er hat so einen lustigen Hut, der Herr Smith, und in seinem Mund stecken Bonbons, auf seiner Hose tanzen kleine Clowns und seine Nase ist groß und rot wie ein kleiner Ball und seine Augen lachen dir zu.«

Rita drehte die Puppe des Herrn Smith um.

»Aber siehst du, was er in seiner Hand hat? Der liebe, gute Herr Smith? Ein Messer!«

Das Messer funkelte. Hinter ihrem Rücken trug diese Puppe ein Messer mit einer echten Klinge. Meine Mutter wurde ernst.

»Glaube nicht, was du siehst, bevor du es nicht von beiden Seiten betrachtet hast. Glaube nicht dem Schatten, bevor du nicht in der Sonne warst, glaube nicht der Sonne, bevor du den Schatten nicht angehört hast.«

Der Fluch begann hier. Die Abtrennung meiner Körperlichkeit von der Seele, die Imaginationen, die Sublimationen, alles begann hier, im Bett meiner Mutter, an Hand dieser Puppen. Ich, das abscheuliche Wunder. Wunder Gottes? Wunder der Summe der Geschichte? »Ich bin die unschuldige Schwester.« Das ist nicht wahr! Fort mit der Wahrheit. »Wir brauchen das Wunder«, hauchte der Mann neben mir, ohne seine Lippen zu bewegen. »Die Massaker, der Schmerz, wiege das Versagen auf, entwirre die korrupten Zusammenhänge mit einem Wunder!«

Der junge Pietro hinter der Kamera, vor zwanzig Jahren, vor mir auf der Leinwand, legte den Apparat zur Seite, so, dass das Objektiv noch auf Rita und die kleine Savariella gerichtet war. Er ging vor die Kamera, sein Rücken war halb im Bild, er ging zu Herrn Smith, nahm das Messer und schnitt sich damit in den Finger. Sofort sammelte sich Blut an der Klinge und tropfte auf das Bettlaken. Der junge Pietro zeigte uns lachend den Finger. Und er zeigte der Kamera lachend den Finger, sein Lachen war irre, genauso irre, wie er in der Kirche gewesen war, nur dass er zu diesem Zeitpunkt noch alle Zähne hatte. Das kleine Mädchen sprang vom Bett und ging schleunigst zu dem Bruder. Sie nahm die blutende Hand und steckte den blutenden Finger in den kleinen, wundersamen Mund. Das kleine Mädchen schluckte!

Ich sah mich das Blut schlucken.

Der Pietro, hier in diesem Zimmer, an der Wand, in der Ecke, der mich wie geisteskrank ansah, kam auf mich zu. Und ich, das große Mädchen auf einem einfachen Stuhl, ich sah Pietro an. Er kam nach vor und blieb stehen und plötzlich hielt er ruckartig inne.

Das kleine Mädchen auf der Leinwand zog den Finger aus ihrem Mund: Der Finger war heil!

Pietro streckte mir seine Hand hin. An der Hand waren zwei Finger und drei Stummel. Er zog sein Hemd aus, überall waren Narben, er zeigte mir seine Kniescheibe, entstellt, entstellt. »Stecke mich in deinen Mund!« sagte er. »Stecke mich in deinen Mund, stecke mich in deinen Mund!«

Draußen blökten plötzlich Schafe. Ich sprang auf.
»Die Schafe!«
Ich lief durch eine Tür hinaus in den Garten. Der Garten war verwildert. Kakteen, Orangenbäume und Oliven zeugten von einem früheren Reichtum. Weiter hinten ein riesiger Gummibaum. Hinter der großen Steppe, ein Teich. Der Garten meiner Kindheit.

Die Schafe blökten heiser. Sie riefen mich. Die Schreie brachten mich auf einen schön gepflasterten Platz, in der Mitte eine Eiche. Unter ihren mächtigen Zweigen ein gemauerter Stall mit einer hohen Tür. Die Scheunentüre offen. Überall standen Schafe. Auf dem Platz, im Eingang, an die Holztüre gedrückt. Weiße, reine Wolle vor dunklem, schwarzbraunen Zedernholz der Stalltüre. Wie waren die Schafe vom Laster gekommen?

Auf dem Platz brummte der Laster. Die Ladefläche war halbleer, über eine steile Rampe fiel ein Schaf auf die Erde. Dem Schaf fehlte ein Bein. Es hinkte stumm, der Schmerz hatte ihm die Stimme verschlagen. Auf der Ladefläche Blut, abgehackte Schafteile, Vorderbeine, ein ganzer hinterer Schenkel, noch ein Schenkel, ein Magen, Gedärm! Auf der Ladefläche standen Schafe bis zu den Knöcheln im Blut. Apathisch, vergewaltigt, irgendjemand hatte ein Messer.

Ein Mann stand am Laster. Sein Hemd durchnässt von Schweiß, ich roch Salz, den Geruch von Muscheln, die tief am Meeresgrunde leben. Die Spritzer des Blutes vermischten sich auf dem Hemd mit dem Salz des Meeres und es entstanden bizarre Muster am Stoff. Über dem Hemd trug der Mann einen dunklen Umhang. Er hatte schwarze Locken, blaue Augen und seine Bewegungen waren die eines Tänzers. In der linken Hand ein totes Tier, in der rechten ein Messer ... Herr Tono, Herr Tono, Herr Tono!

»Antonino!"

11

»Du schlachtest Schafe? Du entfernst ihnen Organe? Du lebst?« Ich stand vor dem Laster. Unter Schock. Meine Beine zitterten, ich war leichenblass und fror. »Antonino! Antonino! Antonino!«

Plötzlich spürte ich Pietro hinter mir. Seine Schultern berührten meinen Kopf, er war gerannt und ich spürte seinen Atem an meinem Nacken. »Ich habe dir doch gesagt, dass er nicht gestorben ist.«

»Antonino!« Ich drehte mich zu Pietro um. »Ist er nicht tot? Ist er nicht in das Wasser gesprungen? Hat ihn nicht ein Netz gefangen? Wurde er nicht in einer Fischmehlmaschine zerhäckselt?«

12

Ich rannte davon.

Antonino sah mich laufen. Er fragte sich, wer das war. Er erkannte mich, er brauchte mich, sieh mich an, verlangte er! »Du bist es«, rief er. Sein Messer leuchtete rot wie die Blüten der Rose, die Herr Tono hinter dem Rücken trug, ein kurzer Ruck, er sprang. Antonino sprang vom Laster und wollte mir nachlaufen. Aber Pietro hielt ihn mit seinen drei Fingern fest. Stark: »Du Idiot, warum bist du nicht untergetaucht. Ich habe alles geplant, du warst tot, warum bist du zurückgekehrt? Alle haben es geglaubt, alle haben die selbe Aussage gemacht: Zwei Männer sind ins Wasser gefallen, ein Netz hat sie aus dem Wasser gefischt, aber leider wurden sie in einer Fischmehlmaschine zerhäckselt..«

»Wer ist sie?«
  »Sie ist niemand!«
  »Wer ist sie!«

»Wenn Karatsch dich sieht, erschießt er dich.«
  »Karatsch ist scheiße.«
  »Karatsch gehört das Territorium und du bist ihm im Weg.«
  »Ich schlachte Karatsch.«
  »Du bist ein Vollidiot und du kannst nichts dagegen tun. Du bist einem Kartell in die Quere gekommen. Das Kartell will dich töten. Du hättest untertauchen können, aber was tust du? Du kommst hier her und suchst in den verdammten Schafen dein verdammtes Rauschgift!«

»Ich brauche Geld. Für sie! Ich werde sie heiraten! Wer ist sie?«

Rauschgift!
Wenn du gewieft bist, handelst du nicht mehr mit Rauschgift. Aber Antonino war zu viel im Kino gewesen, er wollte in der Mafia groß werden und fragte sich, wie man das macht. Er dachte, ja, so mache ich es. Wie man heute groß wird, davon verstand er nichts, also schmuggelte er über die kleine Route Rauschgift.

Ich kannte das. Vom Diktat. Sonntagabend. Nun erlebte ich es. Ich starrte ihn an. Ich steckte in einem Rosenbusch. Ich hatte mich darin versteckt. Überall zerkratzt. Rauschgift. Alles lag klar vor mir: In der unterirdischen Welt der Elendsviertel verkaufte er es über die kleinen Dealer. Er übernahm die alte Strecke, die auch sein Großvater benutzt hat. Das Geschäft lief nicht gut, er nahm eine Stellung auf der Fähre an. Nach außen hin sagte er: »Die Stelle nehme ich an, so wie die Bosse in Amerika Pizza-Lieferanten sind. Wegen der Steuern.« Aber das war nicht so. Er nahm sie an, weil er vom Drogengeschäft nicht leben konnte. Eines Tages kam ihm ein Kartell in die Quere. Das Kartell brauchte die Route für »Hilfslieferungen« nach Kolumbien. Grauer Star. Augen. Organhandel. Sexhandel. Waffen. Giftstoffe. Von wo aus wohin? Schiffe, Boote, Schafe … Antonino blieb stur. Er hing an seiner Route. Er wollte sie nicht hergeben. Immerhin war es die Route seiner Familie. So spielte er sich groß auf und nahm sich zu wichtig. Das Kartell bot ihm eine ansehnliche Summe, damit Antonino seine billigen Geschäfte lässt und die Route nicht gefährdet, aber Antonino wurde frech. Auch begriff er die Arbeit des Kartells nicht. Er denkt: Wie kann man mit Hilfslieferungen reich werden?

»Wer ist sie?«
»Sie ist niemand.«
»Ich brauche Geld. Sie wird meine Frau werden.«

Pietro schlug ihm hart in den Magen, mit der knochenharten Kante seiner flachen Hand. Antonino krümmte sich vor Schmerzen, aber sein Hass machte ihn stark, er zückte sein Messer und rannte auf Pietro los.
»Siehst du nicht, welch Idiot du bist?« schrie Pietro, dem dieses Messer nicht mehr Angst machte. »Lass dein dreckiges Rauschgift wo es ist, verschwinde bis ich dir eine Nachricht bringe. Ich schicke dir eine Fahrkarte für ein Kreuzschiff in die Karibik. Sie wird da sein. Ihr werdet euch lieben. Bis dahin tauchst du unter!«

»Wo ist sie?« Antonino schlug seine Flügel auseinander und jagte auf Pietro zu.
»Verschwinde, du Idiot!«
Antonino warf sich auf Pietro, dieser fiel hart zu Boden, Antonino war wahnsinnig geworden und im Begriff, den Bruder zu töten.

»Antonino!« rief ich.

Ich stand in der Dornenhecke, umhüllt mit roten Blüten, zerkratzt, überall feine Tropfen Blut, meine Wäsche zwischen den Beinen klitschnass. Antonino starrte mich an. In der Linken seinen Bruder, in der Rechten ein Messer. Ich ging zu ihm. Das Nachthemd zerriss in den Dornen, Fetzen davon blieben darin hängen, meine Beine waren entblößt.

»Antonino!«

Antonino stand auf. Er erhob sich von dem Körper des Bruders und ging in Trance auf mich zu.

»Du bist Fährmann, Antonino!« sagte ich, und meine Stimme war die eines Engels.

Antonino starrte mich an. Ich liebte ihn. Gleich würde ich bei ihm sein. Antonino wurde weich. Pietro hinten am Boden starrte uns an, griff sich in die Hosen, begann zu reiben, Tränen in den Augen.

»Mein Gott!« schluchzte Pietro, »Antonino und Savariella, wie schön könnte die Liebe sein.« Er hantierte zwischen seinen Beinen herum. »Antonino, deine Mutter sagte, du wärest ihr schönster Liebling.« »Halt die Schnauze.« »So ist es auch«, er meinte es ernst. Wixen und Tränen. »Warum bist du nicht in die Karibik gefahren, du dummes Ding! Antonino wäre aufgetaucht und ihr hättet Euch gesehen. Du hättest schöne Kleider getragen und Antonino hätte sich in dich verliebt. Ihr hättet Euch am Strand im Sand geliebt und ich hätte Euch gefilmt.«

In diesem Augenblick bildete der Samen Pietros auf seiner Hose einen feuchten Abdruck.

»Irrtümer, die ganze Welt ist voll!«

Er streckte seine Hand in den Himmel.

»Wer bist du? Bist du Savariella?«

Ich war still.

»Wer bist du?« fragte Antonino.

Ich schloss die Augen. Ich erwartete es. Die Begegnung, ohne Glas.

»Weißt du es nicht?« fragte ich.

»Wer bist du?«

»Erinnerst du dich nicht?«

»Wer bist du?«

Ich öffnete die Augen.

»Kannst du dich erinnern, Antonino, wer du warst, als du noch wusstest, wer ich bin?«

Ein Mensch stand vor mir, aber hinter dem Menschen erhoben sich dunkle Flügel. Die Fragen reichten weit bis vor den Fluch. »Wer bist du?« Antonino spannte die Flügel hinter sich auseinander, um mir zu gefallen. Die schwarzen Flügel schlugen mächtig auf und ab, der Klang ihrer Bewegungen erinnerte an ein großes Rauschen. Er bewegte sie wie der König der Raben, sie hoben ihn über das Nichts in der Welt. Auf diese Weise aber erinnerte er sich nicht, wer er war, bevor er dunkle Flügel bekommen hatte.

»Ich kenne dich, Antonino Calvaruso«, sagte ich, »ich trage die Erinnerung an dich in mir.«

Seine Schwingen waren breit und erzeugten Wind. Über ihm kamen die Vögel, sie erwarteten ihn und lockten ihn fort. Kräftige Flügelschläge hoben ihn sanft weg von der Welt. Majestätisch glitt er hinauf in die andere Dimension. Der Rabe hob ab. Ich hörte das volle Rauschen seiner mächtigen Flügel.

»Wer bist du!« krächzte er und der Wind trieb ihn weg von mir, hinauf zu seinen Gefährten. »Wer bist du?« »Wo musst du hin, wo wohnst du?« Ich rief ihm nach:

»Erinnerst du dich nicht, wer du warst, bevor dein Vater dich verflucht hat?«

13

Als ich erwachte, lag ich in einer Dornenhecke.

Überall auf mir Blut. Blut von den Spritzern der Schafe, Blut aus meiner Haut, auf Grund der Dornen. Ich stand auf, streifte das Nachthemd zurecht, es war bis zum Bauch zerrissen, ich ging zurück zum Haus.

Alles war still und leer. Auf dem Vorplatz des Stalls stand der Laster mit den toten Schafen. Auf dem Boden schmolzen Eiswürfel. Über mir flogen zwei Hubschrauber. Die Rotorblätter wirbelten Staub auf und drückten die Wipfel der Bäume nieder. Ich hörte sie nicht. Trotzdem hielt ich mir die Ohren zu. Die Hubschrauber flogen mit Kühltaschen fort. In den Kühltaschen waren Organe. Ich ließ die Hände an den Ohren, der Wind der Rotorblätter bewegte die Kronen eines tropischen Regenwalds, schwere Baumkronen bogen sich im steifen Wind. Eine Straße in einem Armenviertel irgendeiner Stadt wurde mit Sand und feiner Erde zugeweht. Kinder saßen an Straßenecken und wurden durch die Staubschicht unkenntlich. Kinder saßen an Straßenecken und wurden durch ein Beben gerüttelt, aber sie bewegten sich nicht; ich drückte meine Hände gegen die Ohren und hörte nichts. Die Kinder an den Straßenecken der tropischen Städte sahen nichts mehr, Staub hatte sich über ihre Augen gelegt, Augen, irgendetwas Schändliches würde geschehen, mit Augen!

Bilder. Sie kamen, ohne dass ich sie rief.

Ich war allein. Der Hubschrauber bereits fortgeflogen. Die Flügel der Raben auch, mit ihnen die Bilder.

Tod. Grausamkeit. Inmitten des Blutes von Schafen, oder Menschen? Wer war zerlegt worden? Wer missbraucht? Unheil geschieht. Ich ertrage es nicht. Ich jage es fort, es kommt wieder. Es verändert sich, es vermischt sich mit Träumen, Bildern, Phantasien. Wo bin ich? Ich bin hier. Ich kenne diesen Ort, ich habe hier gelebt, zwei Jahre lang, ich war zwei, als ich diesen Ort verließ. Grausamkeiten, Unheil, Gewalt. Mensch und Tier. Musik und Schrei. Rotorblatt und Rabenflügel. Hier, an diesem Ort war das eins. Ich nahm die Hände von den Ohren und sank ausgestreckt in das Blut. Aber als die Ohren wieder hörten, drang ein Laut zu mir. Ein melodiöses aber falsches Singen, ein Lallen wie das eines Betrunkenen. Plötzlich erschien ein Gesicht über mir. Verkehrt.

»Sieh an, sieh an, da ist jemand, der mir kochen kann, komm, du Schöne, geh in die Küche und koche mir Pasta. Ich bin Luigi, und du, meine Schönheit, du bist Savariella, mein Gott, du bist wirklich schön, caramba, und das hier in Sizilien.«

14

Es war Luigi. Mein Bruder. Sieben Brüder! Er war high. Er hatte Drogen gefunden. Die Schafe mit dem roten Kreuz auf dem Bauch hatten Drogen im Darm. Antonino war zurückgekehrt, um den Stoff zu holen, die Schafe fielen in seine Route, er wollte den Stoff holen, verkaufen, um Geld zu haben, für diese Frau, für mich.

Ich raffte mich hoch und ging zurück ins Haus, stolperte in die Küche, fand Nudeln. Ich wusste nicht was ich tat. Luigi, ein Bruder, er hat Hunger, »Koche mir«, ich kochte ihm. In einem Kühlschrank fand ich Parmesan und Parma-Schinken. Olivenöl. Es dampfte, es roch gut, es war heiß. Ich ging hinaus. Wo ist er? Dieser Bruder. Zurück zum Stall. Es sind zu viele.

Ich servierte es ihm auf einem riesigen Teller. Ich hörte ihn im Stall. Ich roch das Heu, Luigi lallte. Plötzlich wurde mir übel, von einem süßen Geruch, den ich nicht kannte. Rauschgift. Ich hatte den Teller in der Hand.

»Sieh dich um, meine Schöne«, Luigi lag irgendwo im Heu und summte, »das alles hier gehört dir. Pietro schenkt dir dieses Landhaus. Du sollst hier von Antonino gefickt werden, und Pietro will es filmen. Nimm es, nimm es, du reine Seele, rette uns doch, wenn du kannst, aber schlag dir nicht dein Näschen an. Zwischen dir und mir ist Glas. Und du hast keinen Schlüssel zu unserem Palast.«

Ich stellte den Teller hin. Sieben Raben. Früher war der Kies des Weges weiß gewesen. Jetzt war er schwarz, braun oder rot. Schafblut. Hinter den Olivenbäumen ein alter Gummibaum. Auf dem Gummibaum war früher ein Brett gelegen. Ein Baumhaus. Von Mimmo und Luigi, den Zwillingen. An dem Stamm weiter unten wurden früher Frösche gekreuzigt und mit einem Messer aufgeschlitzt. Von Antonino, dem Jungen, den ich liebte.

Luigi summte dreckige Lieder mit schmutzigen Texten. Er zog mich zu sich hinunter und drückte sein Gesicht an meine Wangen und starrte von unten in meine Augen. »Hier bist du geboren! Aber niemand weiß, wer dich gezeugt hat ... dieser Fick hat uns alle verflucht.« Er stieß mich fort. »Mein Gott, bist du schön, ich hätte nicht gedacht, dass sie recht haben, welch Verdammnis« Dann verstummte er. Ich lief zum Haus zurück. Von hinten hörte ich gieriges Schmatzen. Luigi schlang in sich hinein.

Das Haus war dunkel und verkommen. Die kleine, dreibeinige Bank vor dem Fenster hatte mich einmal getragen. Ich hatte auf ihr gekniet und hatte in den Garten gesehen. Ich hatte durch dieses Fenster den Jungen gesehen, mit den Fröschen. Ich hatte seine Arme gesehen, seinen Tanz, den des Meeresgottes. Ich suchte das vierte Bein der Bank, fand es in einer Ecke, es lehnte mit Spinnweben überzogen in einer Nische. Ich säuberte es und wollte es in die Bank einsetzen. Die Bank sollte wieder vor dem Fenster stehen, meine Hand wieder auf das Glas drücken, ich selbst wieder in den Garten sehen. Ich nahm das Bänkchen zwischen meine Beine, hielt es fest, hatte das vierte Bein in Händen und wollte es eben einsetzen ... plötzlich ein Hilferuf. Ein sehr grässliches Jammern. Es kam von draußen. Ich rannte hinaus. Ein Todesschrei aus dem Stall.

Luigi wand sich vor Schmerzen. Der Teller mit den Nudeln stand unberührt, wo ich ihn hingestellt hatte. Aber er hatte doch gegessen! Ich hatte doch sein Würgen gehört? Was hatte er gegessen?

»Willst du mich umbringen, warum bringst du mich um, was kochst du für Pasta! Hure!«

Luigi würgte, ich sah wie sich die Bauchdecke in periodischen Zuckungen auf und ab bewegte.

»Was hast du gegessen?«, schrie ich.

Die Pasta stand unberührt da.
»Was?«
»Pasta!«
»Keine Pasta, die Pasta ist noch da.«
Luigi bekam keine Luft mehr.
»Schafe«, schrie ich. »Innereien, Därme. Oh mein Gott.« Die Därme! In seinem Zustand isst man alles, was aussieht wie Spaghetti. Aber da waren Därme von zwanzig Schafen!

Ich drehte ihn auf den Bauch, legte ihn über eine Kiste, steckte ihm die Hand in den Mund bis zum Kehlkopf. Er erbrach. Drei Darmschlingen hingen aus seinem Mund. Ich nahm die Darmschlingen zwischen die Finger und zog daran. Sie glitten aus meinen Händen, voller Schleim und Magensäure. Ich band sie mir um das Handgelenk, Luigi atmete nicht, er wurde blau, seine Augen traten aus den Augenhöhlen. Ich hatte die Darmschlinge um das Handgelenk und sagte, »Sei ganz ruhig«. Ein Ruck und ich zog ein schleimiges Paket aus seinem Magen. Luigi sank nach hinten und röchelte. Dann kotzte er. Dreck und irgendwelchen Schleim. Ich wischte ihm die Kotze vom Mund. Wasser sammelte sich in seinen Augen, er kotzte erneut. Ja, so ist es gut. Luigi schloss die Augen. Er stammelte noch etwas, es klang wie caramba, er verlor das Bewusstsein.

15

Am nächsten Morgen brachte mir Pietro Frühstück.
»Liebst du ihn?«
»Ja, ich liebe ihn.«
»Antonino?«

»Antonino Calvaruso!«
»Warum bist du hier?"
»Wegen Antonino Calvaruso.«
»Wie heißt du?«
»Ich heiße Savariella.«
»Wenn das so ist, dann komm mit.«

16

Pietro brachte mich mit seinem Laster zu einer Tankstelle nach Vioncello, ein Dorf, nahe dem Meer. Die Straße war staubig, der Weg holprig, die Fahrt dauerte über eine Stunde.

»Die Insel ist unterteilt in Territorien«, Pietro erklärte es mir, er fuhr ruhig und langsam. »Die Tankstelle gehört zu einem anderen Territorium als dem der Mafia-Familie Antoninos. Die Familie hingegen, die für die Bewegungen auf der Tankstelle Schutzgeld kassiert, beschützt auch Karatsch. Antonino kann sich auf der Tankstelle nicht blicken lassen. Du bist dort sicher vor ihm?«

»Ich vor ihm?«
»Hier wird er dich nicht suchen.«
»Soll er mich nicht finden?«
»Ja, aber nicht hier.«

Tankstelle, Mechaniker, Karatsch. Ich kannte das. Ich kannte die Tankstelle vom Diktat.

»Ich brauche ein paar Tage, Savariella, bis ich ein neues Ticket habe. Für ein Kreuzschiff in die Karibik. Ihr werdet euch lieben.«

»Ja.«

»Antonino ist ein Idiot. Er will dich finden, aber vergisst dabei auf Karatsch. Karatsch will ihn töten.«
»Warum bleibe ich nicht im Landhaus?«
»Weil ich dich dort nicht beschützen kann.«
»Vor wem?«
»Vor den Mördern.«
»Ach so.«
»Ich bringe dich auf die Tankstelle. Ich bringe dich hin, du wäschst die Karren und wenn einer kommt und dir auf den Hintern greift, dann lässt du es dir gefallen. Du wirst ihnen gefallen und sie werden keine Fragen stellen.«
»Ja.«

17

Ich bekam einen hautengen Overall und begann jeden Morgen um Sieben. Ich polierte Autos und sah zu, wie die Hände des Mechanikers schmutzig wurden. Der Mechaniker war ein Riese. Er war ein Mörder. Er gehörte zu Karatsch. Mein Vater hatte es mir diktiert. Hier, in seiner blauen Uniform, hatte ich keine Angst vor dem Mechaniker. Die Art, wie er das Werkzeug hielt, machte mir klar, dass er nicht viel von Autos verstand. Er stand in der offenen Werkstatt und bastelte an einem alten Fiat. Ich sah ihm zu. Das Diktat sprach von vielen Leichen, getötet durch diese Hände. Wie ein Morsegerät spielte das Diktat die Fakten in meinem Bewusstsein ab. Der Mechaniker wusste nichts davon. Er ließ mich gaffen und schraubte eine Gummidichtung fest und dachte, er wäre ein Profi. Er starrte mich an und dachte, ich würde noch Ärger machen. Weil ich schön war.

Ich wartete auf die Fahrkarte in die Karibik.

Wenn ich die Autos polierte und mich weit über die Motorhauben beugte, freuten sich die Männer über meinen Hintern und ich dachte an Antonino. Wenn ich Wasser auf die Scheiben spritzte und Schaum entstand, wurde es zwischen meinen Beinen nass und ich war in einer Waschanlage und ich dachte an Antonino. Ich dachte an Antonino, an den Mann in meinem Garten, an sein Gesicht, seine Stimme, seinen Tanz. Ich dachte, ich würde warten, Pietro würde alles organisieren und ich würde ihn lieben.

Die Autos, die ich polierte, gehörten Sergei Mikkalelwitsch Karatsch. Karatsch hatte eine Autowerkstatt in der Hauptstadt. Fünfzig Kilometer weit weg. Karatsch kam gelegentlich auf die Tankstelle und ließ seine Karren reparieren. Alles Oldtimer. Der Mechaniker, der Riese auf der Tankstelle, hatte einen guten Ruf, was Oldtimer betraf. Er war spezialisiert auf Oldtimer. Der Einzige auf der ganzen Insel! Angeblich. Ich zweifelte an seiner Qualifikation.

Die Tankstelle hatte eine Waschstraße, die sich sehen lassen konnte. Sie war um einen Meter höher als die üblichen, ihre Drehschleudern wirbelten um vieles lauter und die Zahnradschiene am Boden führte die Fahrzeuge zwanzig Meter durch das Wasser. Die Lederriemen am Schluss der Anlage polierten den Lack über eine Länge von sechs Meter. Man vermochte von keinem Ende in die Anlage hineinsehen. Dort konnte ein Zug gereinigt werden!

Pietro brachte mich morgens zur Arbeit und holte mich abends ab. Er war oft um mich. Wenn er in seinem Laster Zeitung las und Zigaretten rauchte, dann ließen mich die Männer auf der Tankstelle in Ruhe. Wenn er unterwegs war, griffen sie mir auf den Hintern. Pietro beschützte mich. Ich wusste nicht genau vor wem.

Pietro hatte mir im Landhaus ein Zimmer eingerichtet. Sehr geschmackvoll. Das Licht, das zwischen den Blättern der Feigenbäume durch das Fenster fiel, verzauberte den Raum und es roch nach reifen Früchten. Im Nebenzimmer fand ich eine kleine Werkstatt. Pietro arbeitete dort an Marionetten. Eine davon war Peppo, mein Bruder, der auf der Fähre gestorben war, eine andere Luigi, mein Bruder, der beinahe an den Darmschlingen erstickt wäre, eine andere Puppe war Rita, unsere Mutter, eine andere Salvatore, der rechtmäßige Vater und so ging es fort. Pietro wiegte mich in den Schlaf durch das leise Hämmern und Feilen an den Gesichtern und Körpern der Puppen. Dieses Hämmern erzählte Geschichten. Ich genoss es wie Küsse einer Familie, die ich nie gehabt habe, wie Liebkosungen, die alle an mir abgeglitten waren.

Das ging zwölf Tage.

18

Pietro hatte einen Plan:

Antonino beruhigen, überzeugen, noch einmal »töten«. Ihm einen neuen Pass besorgen, mir einen Pass besorgen, ein Kreuzschiff buchen. Uns verschicken. Auf die Caymans. Irgendwann selbst nachkommen.

Uns filmen, wie wir uns lieben. Glücklich sein, weinen, wichsen, nicht mehr denken, keine Angst mehr haben.

»Ich werde dir heute Abend alles erklären, was du wissen musst, um ihn für immer lieben zu können. Du wirst erfahren, warum ihn das Kartell sucht und warum er untertauchen muss, damit du Ruhe gibst. Nachdem du es erfahren hast, nimmst du die Fahrkarte. Du gehörst nicht hierher. Sie würden dich schlachten.«
»Ja.«
»Deine Körperteile absägen, sie verschicken. Hilfslieferungen. Die Hubschrauber, Savariella, du hast sie gehört.«
»Ja.«
»Sie fliegen in die Veredelungsfabriken Südamerikas. Leber, Nieren. Eine andere Veredelung, du weißt es.«
»Ja, Hilfslieferungen.«
»Wenn du heute in der Mafia reich werden willst, handelst du nicht mehr mit Drogen.«
»Nein, mit Menschen.«

Wir saßen beim Abendessen. Er schlang in sich hinein, wenn der Mund voll war, sprach er. Organhandel. Er erklärte mir die Details von den Krankenhäusern. Die Tarnung der Ärzte und die Computerlisten. Das verdeckte Bestellsystem der Organe und die Flugrouten der Hubschrauber. Die ganze beschissene Logistik. Pietro hatte hervorragend gekocht und hervorragend gedeckt. Ich betrachtete seine Hände.

Zwei Finger fehlten. Die verbliebenen drei waren verkrümmt, ohne Zukunft. Das Ohr klebte dunkel und hart am Kopf, wie künstlich fixiert. Man hätte es küssen müssen, dann wäre es erwacht.

»Du bist immer noch tot, vergiss das nicht. Giovanna Rosalia Calvaruso ist bei einem Brand ums Leben gekommen.«
»Ja.«
»Du wirst eine kleine Autovermietung bekommen, auf den Caymans. Antonino besorgt die Kunden, du reparierst die Karren. Später kauft ihr euch eine Yacht. Antonino wird sie fahren, du wirst sie reparieren. Rita sagte, du würdest dir gerne die Hände schmutzig machen!«
»Rita.«
»Savariella und Antonino, so wie sich Rita und Lorenzo nie geliebt hatten. Hast du das kapiert?« Pietro schloss die Augen. Die Augäpfel bewegten sich. Er träumte. Von Rita. Und von Lorenzo. Pietro träumte von der Liebe.
»Ich liebe meine Mutter«, sagte Pietro.
»Ich weiß.«
»Du weißt nichts.«

Pietro ging in die Werkstatt. Ein kleiner Hammer befestigte die Arme einer neuen Puppe am Rumpf einer zierlichen Marionette. Eine Feile verfeinerte die Gesichtszüge. Ich hörte das Geräusch, es erzählte eine Geschichte. Sie klang lieblich, wie das zarte Beben einer Frau, die den ersten Samen ihrer Liebe erwartet. Rita, die Marionette, erwartete den Kuss von der Marionette, die Pietro schnitzte.

Rita! Rief eine Stimme. Rita!

Es war die Stimme der Marionette zwischen den Fingern Pietros. Pietro schnitzte ihr einen Mund und die Puppe versuchte sofort zu sprechen. »Rita!«, aber es fehlten die Lippen, die Stimme klang stumpf, wie die eines zahnlosen Alten. Pietro nahm einen Pinsel, tauchte ihn in rote Farbe und zog die feine geschnitzte Kerbe nach, er malte wunderschöne Lippen. »Rita«, sagte die Puppe mit den feuerroten Lippen. Es war die kraftvolle Stimme des jungen Lorenzo.

Ich stand in der Tür der Werkstatt. Pietro hatte großes Geschick, er hatte die Augen gemalt und legte den Kopf zum Trocknen fort. Er nahm den Körper und zog ihm einen weißen Leinenanzug an, eine helle Krawatte schmückte den Hals, Pietro nähte sie am Anzug fest.

»Das ist der Anzug den ich getragen habe, als ich Rita das erste Mal sah«, sagte der Kopf auf dem Tisch, der nun sprechen und sehen konnte und seinen Körper erwartete, damit er aufstehen konnte.

»Ja, ich weiß«, erwiderte Pietro, »Rita hat es mir erzählt.«

»Ich liebe deine Mutter!«, seufzte der Kopf.

»Ja.«

»Lorenzo di Scopello, der Bankdirektor der Banca Gentine in Florenz«, sagte ich.

»Du weißt es?« fragte Pietro erstaunt.

»Nein, ich wusste es nicht. Ich erfuhr es in diesem Augenblick.«

»Der Bankdirektor ist dein Vater!«

Ich erschrak.

»Lauf nicht weg, Giovanna Rosalia«, sagte der Kopf und der rote frisch gemalte Mund verzog sich zu einem Lächeln. »Ich werde aufstehen und dich zeugen«, sagte die Puppe.

»Das wirst du tun? Vor meinen Augen?«
Nun lief ich doch fort.
Pietro hielt mich zurück.
»Er ist dein Vater!«
»Ich bin dein Vater!« sagte der Kopf.
»Und durch diese Liebe habe ich alle verflucht?« fragte ich.
»Nein«, sagte Pietro, »Lorenzo will es dir erzählen.«
Pietro stand auf und holte die Puppe, die meine Mutter war, von ihrer Stange und legte sie neben Lorenzos Kopf. Lorenzo war jung. Die Zukunft war eine süße Frucht. Er lächelte. Rita lächelte auch. Milde, mit rosa Teint, still, mit geschlossenen Lippen.
»Beeile dich, Pietro«, sagte der Kopf.

19

»Danke«, sagte Lorenzo, denn Pietro hatte ihm feines Rouge aufgetragen und ein Puder rundete es ab. »Mach die Augen zu, Lorenzo«, forderte Pietro zärtlich und spritzte feinen Lack mit einer Pumpe auf das Gesicht. »So, jetzt hält es.« »Danke, mein Junge, ja, man sieht, dass du mich liebst.« »Ich liebe meine Mutter«, sagte Pietro. »Du liebst unsere Liebe.« »Ja.«

»Wie geht es weiter?«
»Wie geht was weiter?«
»Ihre Geschichte!«
»Ich erzähle es dir«, sagte Rita.
Die Puppe Rita setzte sich auf eine Kiste und ihre Beine baumelten in dunkelblauen Stoff.
»Hafen von Gela, 1943, Landung der Alliierten auf

Sizilien. Die Bevölkerung ernährt sich auf Grund von Lebensmittelmangel von Orangen. Die Amerikaner bringen Essen und Medikamente. Ein amerikanischer Offizier und drei Korporals spazieren an einem lauen Abend durch unfruchtbare Felder. Sie hören klassische Musik. Verwundert folgen sie dem Klang in der kargen Landschaft und kommen an eine Mauer. Die Amerikaner entdecken zwischen verfallenen Säulen eines antiken römischen Palazzos drei Frauen. Eine von ihnen bin ich. Die Amerikaner bleiben stehen und betrachten die Kleider, die Instrumente, die Musik. Der Offizier ist der Freund eines Briten, ein Jude, der in Rom, durch den Faschismus gezwungen, unter falschem Namen ein Museum leitete. Nach dem Sturz Mussolinis lädt uns der Brite unter seinem richtigen Namen nach Rom zu einem Konzert ein. Das alles hatte der Offizier organisiert, unwissend unserer Geschichte gegenüber, getrieben durch den Zauber der Musik, der in ihm neue Möglichkeiten geweckt hat: Die Zärtlichkeit.«

Ja, dachte ich und erinnerte mich an die Röte auf den Wangen meiner Mutter, als der Bursche mir im Konzerthaus die Blumen gebracht hatte. Ja, dachte ich und erinnerte mich an Lorenzo, der in der Loge gesessen hatte, mit feuchten Augen. Die Zärtlichkeit.

»Wir wären vielleicht ein berühmtes Trio geworden, wäre nicht Don Calvaruso mit der New Yorker Hafenmafia verschwägert gewesen. Es war eine Folge von kriminellen und politischen Umständen, die so weit gingen, dass ich mit einem Mann verheiratet wurde, den ich nicht liebte. Don Calvaruso hatte nicht nur die Wege der Alliierten in Sizilien geebnet, sondern war auch unter Mithilfe von Freunden den Amerikaner bei der Erbeutung deutscher Kriegsdokumente behilflich gewesen. Aus diesem historisch wichtigen Grund gewährten die Amerikaner ihm Einblick in die Pläne der von den Deutschen angelegten Minenfelder. So sah sich Don Calvaruso in der Lage, Trapani von den Gefahren der Minenexplosionen zu befreien und die Familie Esperante, die Großgrundbesitzer und immer noch mehr oder weniger Lehensherr Trapanis war, stand in seiner Schuld. Ich wurde mit Salvatore, dem Sohn der Retter, verlobt. Die Hochzeit sollte ein symbolischer Akt der gegenseitigen Wertschätzung sein. Eine Vereinigung von Erde und Schutz. Ein Bankett unter dem Vorzeichen von Ehre, Respekt, Einfluss und Beständigkeit.

Zwei Jahre bat ich mir für die Handarbeit an der Aussteuer aus. Zwei Jahre, in der ich häkelte und Gambe spielte, spielte und häkelte, hoffte und doch wusste, dass mein Schicksal besiegelt war. Am 2. Oktober 1945 sollte die Hochzeit sein. Aber auf Grund der verfilzten politischen und kriminellen Zusammenhänge lud uns ein britischer Museumsdirektor aus Rom am 2. August 1945 in die Hauptstadt zu einem Konzert ein. Ich konnte das erste Mal die Insel verlassen. Ich und meine Freundinnen konnten in Rom Gambe spielen. An diesem Tag verliebte ich mich.«

»Sie verliebte sich und brach acht Wochen später die Ehe, obwohl sie noch nicht verheiratet war, drei Tage vor ihrer Hochzeit ...«, sagte Lorenzo, »beeile dich Pietro«, sagte er, »ich brauche Hände! Ich brauche Beine! Ich muss ein Mann werden! Ich brauche ein Geschlecht!«

»Ein Kind, Savariella«, sagte Rita, »mein erstes Kind, gezeugt drei Tage vor meiner Hochzeit, es ist Mauritius, den ich verloren habe, zweiundzwanzig Jahre danach.«
Ein Kind.
Mauritius.
Sie weinte nicht, ihr Gesicht war ein Garten voller Duft. Sieben Brüder!

»Rita konnte mich nicht festhalten«, sagte Lorenzo, »die Hände waren ihr gebunden. Familienbande, politische Interessen, wirtschaftliches Überleben, Angst.«

»Dein Vater«, sagte Rita »Lorenzo Scopello, studierte 1945 in Rom Wirtschaftswesen und Soziologie. Er war der Sohn von Mauritius di Scopello, eines Bankdirektors aus Florenz und Viktoria Antoinette, einer Stummen, die in Cremona Gamben baute. Lorenzo maturierte in der Grande Scuola in Venedig und bekam sein Geld auf ein Bankkonto. Vergnüge dich, Lorenzo, widme dich der Kunst, der Malerei, besuche Museen, gehe in Konzerte, sagte sein Vater.
Lorenzo studierte Malerei, hörte Musik, ließ Schauspiele auf sich wirken und ging in die Oper. Es hätte alles ein anderes Ende genommen, hätte Lorenzo nicht einen Freund gehabt, Giorgio, der alte Musik liebte und Lorenzo zu jedem Konzert mitnahm. So organisierte Giorgio zwei Karten, für das seltsame Konzert, wie man munkelte, zur Feier des Todes von Mussolini, der Vernichtung der Nazis und der Auferstehung der Mafia und Lorenzo und ich trafen aufeinander.

Im Kreuzgang der Santi Quattro Coronati, der beeindruckend schlichten Kirche Roms, waren Stühle aufgestellt. In den Gängen zwischen den Klappstühlen Zypressen, Feigenbäume, Oleander. Es war ein milder Abend. Lorenzo hatte Wein getrunken, auf dem Rasen lagen Blüten.

Lorenzo wunderte sich nicht über die Soldaten. Es war 1945. Mussolini war ein paar Monate zuvor auf Befehl des nationalen Befreiungskomitees erschossen worden, das Konzert fand inmitten politischer Umwälzungen statt, niemand wusste genau, wer es organisiert hatte und warum und was eigentlich gefeiert wurde. In der ersten Reihe saßen Italo-Amerikaner. Sie sahen aus wie Ganoven, kleideten sich aber wie Amerikaner aus New York und Chicago. Dann kamen wir. Drei junge Frauen mit Streichinstrumenten. Wir trugen weiße, schulterfreie Kleider aus dem frühen Barock. In unseren Linken trugen wir die Gamben, in unseren Rechten die Bögen. Die Kleider rauschten, die Menschenmenge applaudierte, ein paar Studenten erhoben sich und jubelten, eine ansehnliche Gruppe aus dem Süden, Sizilianer, besetzten die hintersten Reihen und überwachten die Gänge.

Es wurde still.

Meine Hand setzte den Bogen auf der Saite meiner Gambe auf, die linke Hand drückte die Saite zwischen den Bünden, die rechte Hand führte den Bogen weich über die Saite: Ein Ton erklang. Der Grundton A. Lorenzo hob ab.

Lorenzo konnte es hören, ein beinahe absolutes Gehör – die Obertöne vermischten sich in seinem Ohr zu einer vollendeten Schwingung, die anderen stimmten ihre Instrumente danach. Die Musik begann.

Sie war nicht mehr wichtig.

Lorenzo eilte in die Sakristei der Kirche, aus der wir gekommen waren. Giorgio musste Blumen holen, von irgendwoher, los los, Lorenzo zitterte, er wartete ... John Coprario, Henry Purcell, und zu letzt Anonyme – Applaus!

Lorenzo stand, einen überdimensionalen Strauß Hyazinthen in der Hand, hinter einem Stuhl in unserem Umkleideraum, auf dem sorgfältig mein schwarzes Kleid lag. Wir kamen. Ich kam. Die Gambistin mit der vollendeten Bogenführung. Wir erschraken, wir hatten keinen Mann erwartet, schon gar nicht Blumen.

»Ich bewundere Sie, ich beneide den Bogen, den Sie führen, ich vergehe vor Glück, ich bebe, zittere, sehen Sie mich an, ich bin hilflos, ein einziges Wort, das man mir beigebracht hat, aber dessen Bedeutung ich bisher nicht kennen lernen konnte, kann hier zutreffen: Ich liebe Sie.«

Ich war sprachlos, mit Tränen in den Augen, überrascht, mein Schoß wurde augenblicklich warm. Lorenzo überreichte mir die Blumen, er stürmte hinaus, stieß mit dem Kopf an der Tür an, lief geradewegs Giorgio in die Arme.

»Wo willst du hin? Willst du sie nicht einladen, alle drei ... es wäre uns eine Freude, Signorinas, falls Sie noch nicht vergeben sind, mit uns auszugehen. Wir kennen Rom ...«

Aber da kamen die Männer. Kleine, ruhige, gelassene Männer. Brüder. Unsere Brüder, Savariella.

Wir packten die Gamben in große Koffer und verschwanden mit unseren schwarzen Kleidern hinter einer spanischen Wand, tauschten das barocke Weiß, gegen das sizilianische Schwarz. Giorgio musste gehen. »Entschuldigen Sie, -sie sind schon verabredet, natürlich, wie dumm von uns ...«

»Ich liebe sie«, sagte Lorenzo.
»Es hat dich erwischt«
»Ich muss sie wiedersehen.«
»Nein.«
»Woher kamen sie?«
»Trapani?«
»Nichts schöner als das, ich schwimme zwischen den Thunfischen und lasse mich fangen. Ihre Brüder sind bestimmt Fischer, komm Giorgio, lass uns gehen.«
»Bleib da, Lorenzo!«
»Du bist so ernst.«
»Du wirst sie nicht mehr vergessen, das sehe ich, aber was immer du ihr heute gesagt hast, es wird das einzige sein, was du ihr je ohne Angst, mit der Zuversicht des Liebenden gesagt hast, ihre Brüder, Lorenzo ... sind dubios.«
»Von welcher Art?«
»Un-eins.«
»Kriminell? Von der Art?«
»Von der Schlimmsten.«

Wir liebten uns ein Jahr lang in Gedanken. Wir liebten uns, ohne einander je zu sehen. Ich spielte die Gambe und Lorenzo war da. Lorenzo kaufte sich Gamben, alle, die er bekommen konnte. Sein Vater finanzierte es.

Sein Vater, Mauritius di Scopello, leitete die Banca Gentine in Florenz, wie sein Vater zuvor. Lorenzo sollte ihm nachfolgen, aber nicht ohne sich vorher, neben dem Studium, der Kunst gewidmet zu haben. Der Vater wusste von Lorenzos absolutem Gehör, Lorenzo hatte es von seiner Mutter, Viktoria, der Stummen, geerbt. Viktoria wohnte in Cremona und hörte. An Stelle der Sprache trat ihre Hellhörigkeit. An Stelle des Wissens die Intuition.

Lorenzo besuchte die Mutter und sagte ihr: Ich habe eine Gambe gehört, mit dem absoluten Grundton A. Finde sie mir, kratzig, erdig, präzise.

Die Mutter fand die Gambe. Sie restaurierte sie und Lorenzo richtete sich ein Zimmer ein. Die Gambe stand auf einem Podest, einer Bühne. Er hing seinen Sehnsüchten nach, er schmachtete nach der Gambe und dachte an mich.

Ich hingegen hatte die Tischdecke fertig gehäkelt und Salvatore war zusammen mit seinen Eltern in unser Haus gekommen. Sie hatten zu Mittag gegessen. Den Nachtisch nahmen wir auf der Couch. Ich und Salvatore durften nebeneinander sitzen. Zwischen uns war der Stoß mit den Häkeleien. Salvatore legte die Hand auf meinen Schenkel. Die Hand war voll mit Haaren. Ich sollte die Hand auf seine Hand legen, aber auf der weißen Häkelarbeit erschien mir seine schwarz behaarte Hand wie die eines Affen.

In ein paar Wochen sollte die Hochzeit sein.

»Gut gemacht, Salvatore, du bekommst eine schöne Frau, kauf ihr eine Nähmaschine, hast du gesehen, wie gut sie häkelt, sie wird bestimmt auch gut nähen.«

Ich war traurig.
　»Das wird schon vergehen.«
　Aber ich war immer noch traurig.

»Wenn du erst einmal verheiratet bist, wirst du sehen, dass es vergeht.«

Drei Tage vor der Hochzeit ging ich auf mein Zimmer, suchte das Konzert für Viola von Therantes, stellte die Noten auf den Notenständer, griff nach der Gambe, wollte spielen, aber stach mich!

»Sei nicht traurig, Rita«, hatte Sophia gesagt, ihre Stimme war bar jeden Mitleids »Wovon wollt ihr leben? Salvatore studiert noch, du weißt, dass es wichtig ist für die Familie, dass Salvatore Jura studiert!«

»Sehr geehrter Signore Lorenzo di Scopello", schrieb ich, mit zitternder Hand, ich erinnere mich genau. »Mein Name ist Rita Esperante und ich bin verzweifelt. Meine Familie hat meine Gambe zu Gunsten einer Nähmaschine verkauft. Sie sind meine letzte Hoffnung! Ich habe ihre Karte heimlich an mich genommen, wenn jemand davon erfährt, bin ich tot. In drei Tagen ist meine Hochzeit. Darum würde ich Sie gerne vorher ein letztes Mal sehen.«

Welch ein sagenhafter Mut!

Lorenzo kam. Ich borgte von einer Freundin eine Gambe, saß im verlassenen Garten im Pavillon und spielte. Lorenzo kam mit dem Auto. Giorgio fuhr ihn. Sie blieben, so wie ich es ihnen beschrieben hatte, an der alten Steinmauer des Besitzes stehen und schlugen sich eine halbe Stunde durch das Gewirr des Zitrusfrüchtehains, der Musik der Gambe folgend, bis zum Pavillon durch. Lorenzos Gehör und seine Liebe zogen ihn zu mir her. Er lehnte an der weiß gestrichenen Säule des Pavillons und hörte den absoluten Grundton A. Noch bevor er meinen Namen sagen konnte, küsste er mich.

»Rita.«
»Lorenzo.«

Ich führte ihn vom Pavillon fort durch den Garten. Wir sprangen über die Mauer, an der die Soldaten Rast gemacht hatten, wir schlichen über Weiden und kamen in einen kleinen Wald. Im Wald war eine Kirche. Wir öffneten die alte Türe. Wir legten uns auf die Betstühle. Wir liebten uns.

»Willst du ...?«
»Ja, ich will.«
»Willst du ...?«
»Ja.«
»So erkläre ich Euch zu Mann und Frau.«

Wir waren glücklich.
Drei Tage später heiratete ich Salvatore Calvaruso, bis dass der Tod euch scheidet. Ich aber hatte drei Tage zuvor meinen ersten Sohn empfangen. Befruchtet von einer weder politischen noch kriminellen Vernunft. Empfangen in der Freiheit der unschuldigen Liebe. Ich war glücklich, obwohl ich unendlich traurig war. Das Glück flog pfeilschnell in den höchsten Himmel, genauso wie mich das Unglück tief in die dunkle Vergangenheit meiner Familie zog. Mein Inneres bekam eine ehrfurchtgebietende Weite, obwohl ich mich immer so verhielt als wäre ich die Frau eines Affen.«

20

Pietro hatte den Körper von Lorenzo fertig und steckte den Kopf auf den Rumpf. Er befestigte Fäden an den Gliedern und ging nach hinten zu einer Stange. An einem Bambusstab hingen zwanzig Marionetten. Pietro hängte Lorenzo direkt neben Salvatore. Salvatore hatte behaarte Arme, als wäre er ein Affe. Obwohl er volle rote Lippen hatte, konnte Salvatore nicht sprechen und seinen Hass Lorenzo gegenüber nicht ausdrücken. Salvatore hasste es grundsätzlich, eine Marionette zu sein. Denn unter anderen Umständen hätte er Lorenzo natürlich sofort erwürgt. Aber so. Du erträgst die Demut, aber heimlich kochst du etwas aus.

»Wie geht es weiter?«, fragte ich.
   Pietro holte die Marionette eines ausgehungerten Hundes, das sollte Pietro selbst sein. An seinen Ohren fehlte Stoff. Er hängte den Hund an die Stange, neben Antonino. Dann holte er Peppo, ihn kannte ich von der Fähre. Seine Augen lagen eng beieinander, wie die des Bürgermeisters des Dorfes und des Pfarrers des Nachbarorts. Luigi hatte ein schiefes Gesicht und ein schmieriges Lächeln. Er trug einen Schafspelz. Als nächstes erkannte ich seinen Zwillingsbruder Mimmo, ich erinnerte mich wieder an ihn, er hatte ein rundliches Gesicht und war immer zusammen mit Luigi am Baumhaus. Mara, meine Schwester, eine Hure, ich kannte sie von Fotos, nun sah ich sie als Puppe. Sie hatte einen dicken Bauch, ansehnliche Brüste und rosarote, dicke Lippen. An ihrem Rücken klebten zehn Kinder in einem Tuch. Antonino hing am Ende der Reihe, sein Schwanz hing schlapp

zwischen seinen Beinen, Antonino schmollte. Er hatte eine Fahrkarte in der Hand, von Pietro, und wartete auf das Kreuzschiff.

18. November. Ein Kreuzfahrtschiff fährt in die Karibik. Antonino und Savariella. Es hat die Liebe an Board. Jene, die nie gelebt worden war. Pietro hatte es organisiert. 18. November. Ein Frachtschiff mit Hilfslieferungen gegen den grauen Star. Es hat die Grausamkeit an Bord. Das Entsetzen bringt die Zeit zum Stillstand. Das Grauen macht Schweigen, der Schock lähmt. Woher kommt dieser Krieg? Woher kommt dieser Fluch? Möwen, die zu Raben werden, Frösche, die gekreuzigt werden, Seelen verwandelt in Ausgeburten der Grausamkeit.

Die Marionetten auf der Stange vor mir, an Fäden gebunden, kannten das Grauen, die Lieblosigkeit, die Verzweiflung. Sie wussten, wie hilflos sie waren. Im Chor riefen mir die Puppen zu: »Savariella, die Kehrseite des Irrtums!«

21

Letzter Tag auf der Tankstelle.
 Heute Abend: Abreise. Von dieser Geschichte. Letztes Mal den Schwamm nehmen, mich über die Kühlerhaube beugen und meinen Arsch bewundern lassen. Den Chor hinter mir lassen. Das Rufen der Vergangenheit verhallen lassen. Grausamkeiten kennen, aber nicht mehr benennen, den Schwamm nehmen und alles fortwaschen.

Der neue Pass lag bereits unter der Matratze meines Bettes. Auch der Bordschein für das Kreuzschiff. Pietro hatte alles organisiert. Wunderbar. Antonino hatte sich nicht blicken lassen. Sehr gut. Auch er hatte die Fahrkarte. Morgen Abend. Die Kabine. Morgen Abend. Das Wiedersehen. Diese Insel verlassen und damit ihre ganze entsetzliche Geschichte. Eine ganze, volle Nacht lang neben dem Brummen eines Fährschiffmotors Antonino lieben.

Ich hatte einen Schwamm in der Hand und wusch eine alte Limousine. Einen Tag noch.

Die Bilder kamen, aber ich wusch sie fort. Blutende Schafe, herausgerissene Herzen. Ich wusch das Blut fort, den Brand, die Leichen vor dem Haus meiner Eltern, die Schafsteile, das Blut auf Antoninos Messer, das Rauschgift. Die Männer auf der Tankstelle erzählten Witze und fragten, woher ich gekommen sei. Ich wusch sie fort. Sie griffen nach meinem Haar. Ich ließ sie greifen, aber wusch die Empfindung fort. Ich wusch Rita fort. Lorenzo. Ich wusch die Marionetten fort. Den Engel.

Über mir ein Hubschrauber, Antonino mit dem Messer zwischen den Schafen. Kolumbien, das Erdbeben, die Hilfslieferungen. 18. November. Tatsache. Ich kannte sie von den Aufzeichnungen. Augen. Eine Realität, die ich nicht verhindern konnte. Welche Ersatzteile würden gebraucht? Herzen? Blutplasma? Nein, grauer Staub, was bedeutete dieses Symbol? Geschmuggelt, vielleicht über diese Tankstelle? Die Tankstelle gehörte dem Kartell.

Ich wusch die Angst fort.

22

Kurz darauf kam Karatsch mit einer amerikanischen Limousine zur Tankstelle, die Öl verlor. Ein Oldtimer. Das Öl tropfte in einem dünnen Faden auf den abgefahrenen Asphalt. Ich wusste sofort, woran es lag. Es war ein Chrysler, Baujahr 1958. Ich kannte den Wagen. Karatsch parkte ihn neben der Dieselzapfsäule, direkt über einem Bodenloch.

Ich ging hin und öffnete die Motorhaube. Auf dem verdreckten Motoröldeckel standen Tropfen von frischem Öl. Ich schraubte den Verschluss herunter und sah in den Öltank. Leer. Ich hatte eine Ölkanne in der Hand und wollte nachfüllen, aber der Bulle, der Mechaniker, drängte mich zur Seite: Mit einem Leichtlauföl in der Hand! Anfänger. Das war die falsche Medizin.

Karatsch stieg aus dem Wagen. Ein fetter Bulgare, ende Vierzig. Er trug einen hellbraun-karierten Anzug und eine rotgestreifte Krawatte mit eingewebtem Seidenkaro. Er hechelte und musste sich am Griff der Innentüre der Limousine hochziehen. Als er stand, spuckte er auf den Boden. Er schloss das Auto ab, warf den Schlüssel dem Tankwart zu und ging weg. »Die Karre verliert wieder Öl«, sagte er, »diesmal bekommt ihr das hin, ewig gleicher Jammer, bringt das in Ordnung!« Eine Leier. Für wen sagte er sie auf? Der Mechaniker tat, als wüsste er genau, woran es lag. Er würde sich die Karre nachher von unten ansehen. In das Bodenloch klettern und sich den Wagen gründliche vornehmen. Er! Der Spezialist. Ein paar Stunden würde es wieder brauchen, aber dann hätte er es wieder hingebracht. Karatsch wackelte in den Ort etwas trinken und würde die Karre nach zwei Stunden wieder holen. Dieser Mann war unglaublich fett.

Kurz darauf fuhr ein Tiertransporter die Straße herauf, ein Zwölf-Tonner, ein gigantisches Gerät, er hatte Schafe geladen. Zweiundzwanzig Meter lang, zwei Etagen, hundertfünfzig Schafe.

Luigi lud die Schafe ab. Er war nüchtern. Am Rand der Tankstelle standen kleine Kojen und ein paar umgeworfene Zaunteile. Luigi scheuchte die Schafe aus dem Laster und stellte notdürftig die rostigen Zäune auf. Die Schafe blökten und wussten nicht wohin. Eng aneinandergedrängt suchten sie die Kojen. Dort gab es Heu. Als sie fraßen, legte Luigi sich an Ort und Stelle unter die Tiere, wählte zwei aus und ging mit den Lämmern in die Werkstatt und schloss die Tür. Nach wenigen Sekunden hörte man das heisere Röcheln von Lämmern im Todeskampf. Luigi erwürgte die Schafe. Nach zehn Minuten drang lieblicher falscher Gesang aus der Werkstatt. Luigi war glücklich. Er hatte den Stoff gefunden. Und es roch. Süß. Mir wurde schlecht.

Dann tutete es. Der Laster war leer und wendete. Er fuhr rückwärts. Ich konnte es nicht fassen, der Laster fuhr in die Waschstraße ein! Der Fahrer fuhr mit den Vorderreifen in die Versenkungen vor der Waschstraße. Ein Haken machte sich hinter den Reifen fest und ein Förderband schaltete sich ein. Es war ohrenbetäubend laut. Alle zuckten zusammen und hielten sich die Ohren zu, nur die Schafe nicht! Geblöke und ein enormes Quietschen des Lasters, der an der Decke der Waschstraße streifte.

Nach einer halben Stunde kam der Laster am anderen Ende wieder heraus. Blitz sauber. Wahrscheinlich hatten sie auch die Polster shampooniert. Luigi taumelte zur Laderampe, öffnete die Verschlüsse, kippte die Rampen hinunter und trieb die Schafe auf den Laster zurück. Er war glücklich, high, summte und hatte alle Zeit der Welt.

Der Mechaniker hatte währenddessen mit einem Kreuzschraubenschlüssel und einem öligen Lappen unter der offenen Motorhaube der amerikanischen Limousine gestanden und so getan, als würde er sie reparieren. Es war ein europäischer Kreuzschraubenschlüssel. Für einen Chrysler 58 braucht man Tool aus Amerika!

Plötzlich kam Karatsch eilig die Straße herunter. Er hatte sein Mobiltelefon am Ohr. Der Tankwart stand mit seinem Telefon in der Tür zur Werkstatt. Der Fettling rannte. Der Tankwart blieb ganz ruhig. Der Fettling verlor Schweiß.

Endlich war Karatsch da. Er fuchtelte mit den Armen, schnell, schnell. Der Mechaniker reagierte nicht. Er stand vor der offenen Motorhaube und wusste nicht, was vor sich ging. Ich begriff es: Dieser Mann, den sie Karatsch nennen, brauchte den Wagen und das schnell. Ich lief zum Tankwart, holte den Schlüssel aus seiner Tasche, rannte zum Wagen, schraubte die Ölwanne fest, knickte die Eisenstange um, schloss die Motorhaube und sprang ins Auto. Das wollte der Fettling sagen: Starte! Ich wusste nicht, warum ich es tat. Da war ein Auto und es sollte gestartet werden: Das war genau das, was ich konnte.

Karatsch öffnete die Autotür. Ich saß auf dem Fahrersitz und drehte den Schlüssel herum. Der Motor spuckte, eine stinkende Rauchwolke ging hinten hinaus. Karatsch stieß mich weg, ich rutschte auf den Beifahrersitz und wollte aussteigen.

»Wer bist du!«

Ich war schön. Ich sagte: »Es ist das falsche Öl.«
»Das falsche Öl?«

Ich wollte aussteigen. Aber ich drehte mich um und sah auf den Rücksitz. Ich weiß nicht, warum tat ich es? Warum sah ich auf den Rücksitz?

Auf dem Rücksitz saß der Teufel. Neben ihm zwei hohläugige Dämonen. Plötzlich! Ich hatte sie vorher nicht gesehen: Ein Killer mit seinen Sprösslingen. Ich wusste, dass es sie gab, hatte sie aber noch nie zuvor gesehen. Sie kamen aus dem Osten. Veteranen. Bezahlte Killer. Keine Mitglieder von Familien. Sie führen ihren Job aus, kassieren und verschwinden.

Die zwei Kleinen hatten nasse Köpfe. Ihre Gesichtshaut noch feucht. Ihre Hosen frisch gebügelt. Die blauen Overalls, die sie trugen, passten ihnen nicht. Sie sahen erschöpft aus. Ihre Schuhe waren schmutzig. Kot. Sie stanken. Nach Schafen! Wie waren sie hier hereingekommen?

Ich stieg aus, bevor ich begreifen konnte, was ich gesehen hatte.

Der frisch shampoonierte Transporter fuhr mit den Schafen die Straße zum Meer hinunter. Er wusste, dass seine Ladung einige hunderttausend Dollar wert war. Dass aber ein paar Dollars verstorben waren. Draufgegangen beim Transport. Nun hieß es die fauligen Kröten verschwinden lassen. Karatsch musste das überwachen.

Karatsch fuhr los. Er ließ das Fenster hinunter und schrie dem Tankwart zu: »Wer ist das?«

Der Tankwart zuckte mit den Schultern, deutete auf Luigi, der mit einer Flasche Bier aus dem Tankhäuschen kam. Karatsch schrie, dass er mich umbringen würde, plötzlich hielt er den Wagen an. Er legte den Rückwärtsgang ein und fuhr zu mir zurück. Die Killer ließen die Fenster einen Zentimeter weit hinunter. Der Tankwart erwartete einen perfekten Mord mit einer kleinkalibrigen Waffe. Er duckte sich. In seinen Augen lag ich bereits auf dem schmutzigen Beton der Tankstelle und er fragte sich, wo er mit der Leiche hinsollte.

Aber Karatsch lächelte. »Du hast einen sehr süßen kleinen Arsch.« Die Killer schlossen das Fenster. Karatsch legte den Vorwärtsgang ein und folgte dem Laster. Es war gleichgültig, wer ich war. Ich war schön und er wollte mich haben.

23

Der Laster transportierte Leichen. Der Tankwart hatte Karatsch am Telefon gesagt, dass ein paar Hilfsgüter verschimmelt waren. Der Schimmel sollte am Strand verscharrt werden.

Es war sein Territorium, sein Risiko, sein Pech. Karatsch selbst musste die Beerdigung überwachen. Denn genau das war seine Arbeit: Die Route darf nicht löchrig werden. Wenn es jemand sehen würde, wäre er geliefert. Scheiß Schmuggelware. Warum auch müssen immer welche krepieren. Scheiße, wenn das nur gut geht.

24

Pietro holte mich wie gewohnt am Abend ab. Ich stieg ein, der Schwamm schaukelte in einem Kübel, der an einem Bügel direkt über den Ölflaschen hing. Leichtlauföl für einen Chrysler Baujahr 58. Was für ein Fehler! Der Schwamm versank. Pietro war da. Das alles war nun Vergangenheit. Sollte sich die Polizei darum kümmern.

Pietro hatte Abendessen gekocht. Geräucherter Thunfisch mit Öl. Nach der Pasta servierte er Eis und Marzipan. Ich aß alles auf. Glücklich war ich. Zukunft war da. Greifbares Leben. Ich lebte im Glaspalast und nicht mehr von den Dingen getrennt. Pietro legte seinen Arm um meine Schultern. Ich lächelte erlöst.
    Später am Abend zeigte mir Pietro meine Zeugung. Auf der Leinwand vor mir liebte meine junge Mutter meinen jungen Vater Lorenzo.
    »Siehst du diese Frau?«
    »Ja.«
    »Siehst du diesen Mann?«

Auf der Leinwand sahen wir den Pavillon des Landhauses, in dem wir saßen. Vor fünfundzwanzig Jahren drangen in diesem Pavillon die Samen Lorenzo di Scopellos in einen Hohlraum voll mit Krebs. Das verkümmerte Ei Rita Calvarusos, ehemalige Esperante, wartete in einer degenerierten Schleimhaut auf ein Gegenüber. Die Samen kamen, fanden das Ei, drangen müde ein, aber starben ab. Die Eihaut platzte enttäuscht. Diese irdische Zeugung misslang.

Aber Lorenzo war am Tag zuvor auf Madagaskar gewesen und hatte nackt gebadet. Ein Sandkorn ruhte noch unter der Vorhaut seiner Eichel und drang in den Uterus ein. Das Ei starb, der Samen auch.

Aber rund um das Sandkorn wuchs eine Perle. Rund um ein Sandkorn wuchs ich. Abscheuliches Wunder. Rosalia Giovanna Calvaruso, gerufene Savariella.

25

Hätte Lorenzo mich nicht Savariella genannt, ich wäre nach Madagaskar gefahren oder in die Karibik. Ein junger Bursche hätte sich in mich verliebt und ich wäre ein Leben lang damit glücklich gewesen, in andere Erde gefallen zu sein.

Auf der Leinwand vor uns lehnte eine Gambe an einer Steinbank. Lorenzo lag auf Rita, schob ihr weißes Kleid über die Knie hinauf, griff nach den Schenkeln. Ein Hochzeitskleid, obwohl Rita Anfang Vierzig war, sie hatte es angezogen, für diese Vereinigung. Sie hatte es auch bei der ersten getragen. Lorenzo, nicht mehr jung, Lorenzo, zu dieser Zeit bereits Bankdirektor, öffnete das Kleid, ach hätte er es doch wild zerrissen ... ich schloss die Augen ... als ich sie wieder öffnete, drang er gerade ein ... ich schloss die Augen und mein Herz und meine Seele, aber ich hörte sie, den Samen, ich hörte das Ei, als ich die Augen wieder öffnete, lagen sie ruhig unter dem Kupferdach des Pavillons.

»Das ist deine Zeugung.«

Man hörte ein Surren. Das Bild auf der Leinwand wackelte auf und ab. Der junge Pietro ging mit der Kamera zu den Liebenden, das Objektiv war über den glücklichen Gesichtern. Lorenzo hob den Kopf und starrte in die Kamera.
»Wer bist du?«
Rita zog sich das Kleid über die Brüste.
»Pietro, hast du uns gefilmt?« Sie war selig. Nichts hätte ihr Glück trüben können. Die Kamera fiel auf den Boden, Pietro rannte davon.
»Pietro, komm her, mein Junge."
Die Stimme seiner Mutter hielt ihn auf. Er drehte sich um und sah seine Mutter ihm die Hände entgegenstrecken. Lorenzo hob die Kamera auf und betrachtete sie.
»Danke, mein Junge.« Sagte er. Er würde sich das Band mit nach Hause nehmen wollen. Er würde es an Stelle der Gambe auf die Bühne stellen und davor masturbieren. Pietro ging zu ihm und nahm ihm die Kamera aus der Hand, er filmte Rita. Großaufnahme. Das Glück.
»Ich liebe deine Mutter.« Sagte Lorenzo.
Pietro nickte.
»Ich liebe Lorenzo, mein Junge.«
Rita richtete sich auf und gab ihm einen Kuss auf die Stirn.
»Erinnere dich immer an uns, wir sind die Kehrseite des Todes, der Vergänglichkeit, des Irrtums.«
Pietro war damals achtzehn Jahre alt.

»Du bist das Ergebnis der Kehrseite des Irrtums«, sagte Pietro und schaltete das Abspulgerät aus. Er starrte mich an. Ich starrte auf die Leinwand. Es war dunkel. Es war still.

26

»Gute Nacht, Pietro.«
»Gute Nacht, Savariella.«

Wir legten uns zur Ruhe. Ich in meinem Zimmer. Pietro in seiner Werkstatt. Ein langersehnter Friede lag auf Pietros Gesicht. Morgen bringe ich sie zum Schiff, dachte er. Antonino folgt. Die Liebe Ritas und Lorenzos auf einer Insel in der Karibik.

Ich lag im Bett. Zwischen meinen Schenkeln war es feucht. Ich wunderte mich nicht darüber, wo ich doch morgen so bald in der Früh meine Liebe sehen würde. Zwischen meinen Schenkeln war es sehr feucht. Plötzlich wunderte ich mich darüber, denn diese Feuchtigkeit war nicht süß, sie war salzig. Ich griff danach, zwischen meinen Schenkeln war Schleim. Ich schaltete das Licht an, an meinen Händen waren Algen, auf meinen Fingern Salz: Es war das Meer!

»Antonino!«

Bilder kamen, ich erkannte sie als Bilder, wollte sie verscheuchen, aber ich konnte mich nicht gegen sie wehren. Das Meer! Zwischen meinen Beinen algiges, schleimiges Meer. Grüne, veralgte Gestalten stiegen aus dem Wasser und gingen den Strand entlang. Sie waren aus Gräbern gestiegen und suchten die

Toten. Menschen lagen übereinander in Sand vergraben, Leichen, die in Lastwägen gelegen hatten, zwischen Schafskot. Leichen, die sich erinnern wollten, was man ihnen versprochen hatte. Sie versuchten sich zu erinnern, dass sie Geld bezahlt hatten, für einen Menschenschmuggel, sie versuchten sich zu erinnern, dass sie nicht dafür bezahlt hatten, zu sterben, vergraben zu werden oder misshandelt. Ihre Seelen suchten nach einer Erklärung, warum sie nicht mehr in Körpern lebten. Die Wahrheit, die Realität von Massakern lag wie Blei auf der Leichtfüßigkeit der Seelen, die sich gerne in die Luft erhoben hätten, um an den Ort der weiteren Bestimmung zu gelangen. Aber der Schock klebte wie Pech.

»Wir wurden verraten, misshandelt, schlimm betrogen.«

Ich lag mit offenen Augen im Bett. Ich erinnerte mich an den Laster und an Karatsch. An die kleinen Killer auf dem Beifahrersitz, an ihre mit Schafskot überzogenen Schuhe. Die Haut an meinen Schenkeln war überzogen mit grünem Schleim. Der Schleim kam aus meiner innersten Drüse. Ich sprang auf.

Ich zog mich an, hüllte mich in einen Mantel, suchte den Schlüssel zu Pietros Laster, verließ das Haus und fuhr los. In die von Irrtümern verdorbene Welt.

27

Der Grund, warum ich fuhr, ist die Antwort darauf, was ich in diesem Moment war.

Warum blieb ich nicht und wartete auf Antonino, meine Liebe?

»Du kannst Regeln brechen.«

»Ja, Camillo.«

»Und du kannst noch etwas anderes.«

»Ja, Camillo, ich kann etwas, ich weiß nicht, warum ich es kann, es ist etwas anderes, als meine Familie kann, es ist keine Tradition, keine Geschichte, nicht die Summe der Vergangenheit.«

»Ja, Giovanna, du kannst etwas. Und jetzt tust du es, ich habe darauf gewartet.«

»Ich stehe auf.«

»Ja, das tust du. Giovanna? Ich bin da.«

»Ich fahre an den Strand. Ich muss sie sehen. Die Realität.«

28

Ich fuhr zurück zur Tankstelle. Von dort aus folgte ich der Straße zum Meer hinunter. So wie der große Tiertransporter. So wie Karatsch sechs Stunden zuvor.

Der Strand war unheimlich und leer. Das Meer floss in angenehmer Periode an den Strand und fiel zurück in die Fülle. Der Ton der Unendlichkeit. Aber die Schatten bedrohten.

Irgendwo mussten die Leichen sein. Irgendwo Spuren. Ich suchte den Strand ab. Der Mond warf sein Licht auf das Wasser, das Wasser reflektierte das Licht. Ich sah genug. Dann fand ich es. Hier hatte jemand geschaufelt.

Meine Hände begannen zu graben. Ich suchte die Leichen. Ich wusste, dass ich sie finden würde, hatte aber nicht mit der Berührung gerechnet.

Ein Schenkel. Der Schenkel eines Mannes. Behaart. Ich kotzte neben die Grube. Der Geschmack in meinem Mund war sauer, mein Hals aufgebrannt, ich grub weiter. Der zweite Schenkel, der Bauch, die Schultern, der Kopf. Ein alter Mann. Ich grub ihn vollständig aus. Ein Asiate. Er war blass, leer, der erste Tote den ich sah, außer meinen Eltern, die aber verbrannt gewesen waren.

Der Tod hatte ihn nicht befreit. Die Schande der ganzen Menschheit lag auf seinem Gesicht. Die Schande der ganzen unverdauten Schuld. Woran war er gestorben? Erstickt?

Ich grub weiter. Wegen einer Leiche wäre Karatsch nicht so hysterisch gewesen. Der alte Mann sah mir zu. Die Augen offen. Ich konnte sie ihm nicht schließen. Er musste seit mehr als zwölf Stunden tot sein. Ich grub. Meine Hände schaufelten weiter und ich erwartete die Berührung mit der nächsten Leiche. Eine Hautfläche. Ein Rücken. Ich spürte ihn. Ein kleiner Rücken. Heilige Rosalia, kein Kind!

Es war ein Kind.

Ein Junge. Zehn Jahre alt. Ich grub ihn aus, ich wollte ihn umdrehen, aber es ging nicht. Er war schwer. Die eine Hand war frei, aber die andere steckte im Sand fest. Er hielt etwas. Woran hielt er sich fest? Eine andere Hand! An der Hand des Jungen war die Hand eines Mädchens. Aneinander festgehalten im Tod.

»Zwei Grillen Mama!«

29

Ich übergab mich und fühlte nichts. Ich legte die Gesichter der beiden Kinder frei. Auf Grund irgendeiner Hoffnung aus ihrem Land geflohen. Schwarzes Haar, aus dem vorderen Orient. Afghanistan, Pakistan, Indien? Ich weiß nicht. Große braune Augen. Angst. Wovor seid ihr geflohen? Wem habt ihr vertraut? Wofür hätten sie Euch missbraucht!

Fünfzig Meter von der Stelle entfernt erhob sich eine kleine Sanddüne. Vor dort aus sah man die gesamte Küste. Ich ging hin und schaufelte ein neues Grab. Meine Hände hatten Risse, aber ich spürte sie nicht. Schließlich befand ich das neue Grab tief genug und ging zurück. Ich schleppte die Kinder zu ihrem neuen Grab, zog an ihren Armen, beide zugleich. Ich legte sie nebeneinander, so wie ich die Grillen begraben hatte. Ihr Haar lag wirr über dem Gesicht. Ich strich es zurecht und dachte an mich selbst im Leichenschauhaus. Die Gesichter der Kinder waren nicht verbrannt, vom Mond beschienen erzählten sie vom Irrsinn der Realität. Ich säuberte ihre Stirnen. »Geht«, sagte ich. Ich verabschiedete sie.

Irgendjemand schlug mir auf die Beine, irgendjemand auf die Arme. Mit einem Holzklotz. Ich drehte mich um, starrte hinauf auf den Mond, irgendjemand schnitt in meine Unterarme. Mit der Spitze eines abgebrochenen Astes.

Es war niemand da. Ich tat es selbst.

Die Wunden blieben, die Schatten nicht. Sie verschwanden und ich war wieder dort. In der Realität, die ich nicht ertragen konnte. Ich war wieder dort. Am Esstisch, vor meiner Abschrift. Ich hörte wieder die Stimme meines Vaters, der mir erzählte, von den Grausamkeiten.

Schlug ich mich selbst? Schlug ich das emotionale Schweigen? Ich schlug mich, ich spürte es nicht. Plötzlich war der Knüppel weg. Eine Hand hielt mich.

»Komm, schnell.«
»Pietro!«
»Du blutest, waren sie schon hier?«
»Hast du mich geschlagen?«
»Nein. Sie werden gleich hier sein, sie bewachen die Gräber.«

Er schleppte mich mit, der Motor seines Lasters lief noch.

»Fahre!«
»Wohin?«
»Sie sind wahrscheinlich hier, Savariella, das hier ist kein gutes Versteck für Leichen, sie werden uns ermorden. Luigi, Antonino, Mara und Peppo, komm Savariella, wenn wir schnell sind, schaffen wir es, die Fähre in die Karibik!«

Hinter uns verschwand der Mond hinter einer großen Wolke. Hinter uns waren Lichter von Autos.

»Sie sind hier!«
»Die Mörder?«
»Verschwinde, schnell, hau ab...«

Pietro hatte Angst. Er hatte nicht geschlafen, vor Glück. Er hatte gewacht. Um keinen Augenblick des Glücks zu versäumen. Aber dann hatte er Geräusche gehört und sein Herz hatte schneller geschlagen und schließlich war es verstummt. Hart, starr geworden, wie die Gedanken, in denen er groß geworden ist.

Er war mir gefolgt. Verrückt war ich, Pietro stieß mich in den Laster, schloss leise die Türe. Er stieg auf der anderen Seite ein und setzte sich nahe neben mich. Seine drei Finger zitterten. Es war drei Uhr dreißig. Wolken zogen vorbei, der Mond kam und verschwand. Pietro fuhr ohne Licht. Ich sah keine Straße. Pietro auch nicht, aber er kannte die Strecke. Sie sollten uns nicht folgen, sie würden uns töten. Pietro hatte Todesangst. Hinter uns die Lichter zweier Autos. Männer gingen am Strand entlang. Pietro beobachtete sie im Rückspiegel. Ich starrte Pietro an. Meinen Bruder!

»Du weißt nichts, bitte glaube mir, du weißt nichts. Was hier geschieht, geht weit über das Wissen hinaus!«

30

Er brachte mich in die Hauptstadt. Vor seinem Marionettentheater hielt er an. Eine Straßenlaterne brannte vor der Tür, die in einen Keller führte. Pietro sprang heraus. »Parke den Laster dort hinten.« Ich parkte den Laster in der engen Häuserschlucht und lief zu ihm zurück. Pietro umfasste mich. Kurz drückte er mich an sich. »Savariella!« er liebte mich. Pietro hatte die Türe geöffnet. Sie war mit drei Schlössern versperrt. Die Lichter eines Wagens tauchten in weiter Entfernung auf. Pietro presste mich ängstlich an die Wand, dass kein Licht auf mich fiel. Das Auto fuhr langsam vorbei. Pietro schwitzte. Ich roch die Angst. Ein alter Schlüssel öffnete die letzte Holztüre zu seinem kleinen Theater. Ein Plakat kündigte ein neues Stück an. Das Plakat war vier Jahre alt.

Pietro stieß die Tür mit dem Fuß auf und wartete. Er wartete auf Schüsse, oder Messer, die geworfen worden wären, oder Säure. Aber nichts geschah. Wir traten ein, sofort riegelte er die Tür hinter uns ab und machte Licht.
»Pietro?«
»Sch...«
In ein paar Stunden ging die Fähre.
»Antonino!«
»Du wartest hier, in ein paar Stunden kommt ein Auto. Du steigst in das Auto und fährst mit.« Er gab mir meinen Pass. »Du erreichst die Fähre noch. Du legst dich in die Kabine, hörst du mich? Hörst du mir zu! Hör mir zu!«
Er schüttelte mich.
»Du legst dich in die Kabine und ziehst dich aus. Du gehst nirgends mehr sonst hin. Du tötest uns, wenn du es nicht tust, du musst gehorchen! Du lässt dein Haar über die Bettkante fallen und ziehst die Decke bis knapp über deinen Hintern. Er wird deinem Geruch folgen, er wird deinen Rücken finden und ihr werdet euch lieben.«

Pietro holte Verbandszeug. Er klappte eine Dose auf, darin lagen Bandagen aus den frühen Fünfzigern.
»Was tust du, Pietro!«
»Du bist verletzt, willst du das ganze Bett anbluten?«
»Ich bin nicht verletzt!«

Pietro verband meine Arme. Es waren schlimme Wunden. Ich hatte mir gehörig in die Arme gestochen. Die Splitter vom Holz steckten tief. Ich spürte nicht, wie er sie mir herauszog.

»Du hättest nicht hier her kommen dürfen.« Er suchte eine Erklärung für diese Verstümmelung an mir. Er versuchte zärtlich zu sein. Die Bandage war zu Ende, er steckte die letzte Schlaufe in eine Falte und zog sie fest. Die Bandage hielt.

»Steig in das Auto, nimm die Fähre, lege dich in die Kabine und schlafe. Ich komme nach!«

Pietro wurde ruhiger. Er griff in mein Haar und dachte an ein Wunder. Er lächelte. Nun sah ich es sehr deutlich. Sein Mund war offen, auch in seiner oberen Zahnreihe fehlten Eckzähne.

»Savariella!«

Das kam von weit her. Aus der Zeit, als Lorenzo mit Rita geschlafen hatte.

»Mach die Augen auf! Ist dir nicht gut, Savariella!«

»Ja.«

»Du hast viel Blut verloren.«

»Ja.«

»Du liebst ihn!«

»Ja.«

»Nimm die Fähre!«

Ich lehnte mich benommen an die Mauer, griff mir an den Kopf, als würde er schmerzen, aber ich spürte es nicht. Pietro war sehr besorgt, er wusste nicht, wie er sich verhalten sollte. »Tut dir der Kopf weh, haben sie dir auf den Kopf geschlagen?«

»Nein.«

»Tut er weh?«

»Ja.«

Ich hatte es selbst getan. Mir auf den Kopf geschlagen.

»Dein Haar!« Sagte er.

Es war strahlend blond, es passte in diesem Augenblick nicht zu mir, es war gelockt und roch. Es hob sich bezaubernd von der dunklen Wand ab, an der ich lehnte.

Pietro starrte mich an. Die Kehrseite des Irrtums. Er wusste, dass es gut gehen würde.

Unter mir eine Sitzreihe aus modrigem Holz, die steil hinunter ging. Etwa achtzig Plätze. Ein paar Lampen beleuchteten die Stufen. Der Vorhang der Bühne war geschlossen. Auf dem Vorhang war eine Landschaft gemalt. Papyrusstauden, Bambus, Feigenbäume. Hinter dem Vorhang sah ich das Profil meines Bruders. Dieser Mann ist mein Bruder. Es gibt sechs weitere Geschwister. Pietro zog Tonbänder aus Schubladen und legte sie in einen Koffer. Er packte seine Habseligkeiten zusammen, jene, die er auf die Karibik mitnehmen wollte. Er hatte es eilig, aber seine Bewegungen waren gelassen. Auf dieser Bühne hatte Pietro ein Stück gespielt, in dem Antonino den Schwanz nicht hochbrachte. Hier hatte Antonino Pietro die Kniescheibe zerhackt. Irgendjemand hatte es meinem Vater erzählt und dieser hatte es mir diktiert. Was für eine Verbindung!

Eine Marionette hing über den Bühnenrand zwischen Vorhang und Holz. Ich stand auf und ging zu dieser Puppe hinunter. Ich kannte sie.

Es war der alte Lorenzo, der Bankdirektor mit den Geldscheinen. Das Gesicht dieses Lorenzo war voll von Melancholie und Feigheit. Die Puppe lag halb auf der Bühne, halb über den Bühnenrand gekippt und wusste nicht, was sie mit ihrer Feigheit tun sollte.

»Alle sind feige, Savariella, andersherum wäre es zu viel verlangt«, sagte er, ohne sich zu entschuldigen.

»Du hast recht«, sagte ich, »anders herum wäre es zu viel verlangt.«

Pietro stand hinter mir mit zwei Koffern und gab sie mir.

»Nimm du sie.«

»Fährst du mit uns?«

»Ich komme nach.«

Plötzlich ein Geräusch. Er presste seine Hand auf meinen Mund. Er hatte etwas gehört, was nicht hier her gehörte. Seine Finger lagen breit auf meinen Lippen. Ich rührte mich nicht. Pietro nahm mich am Arm und zog mich zu sich heran.

»Sie haben uns gefunden.«

Ich spürte Pietros Körper an meiner Brust. Er zitterte. Ich wollte seinen ganzen Körper in meinen Mund nehmen und zusehen wie er heil wieder daraus hervorkäme.

»Es gibt nur einen Ausgang, Savariella und den haben sie bereits besetzt. Sie werden zu uns hereinkommen. Mach die Augen auf! Nicht jetzt, Savariella, bleib wach ...«

Das Licht ging aus. »Das sind die Sicherungen oben am Eingang der Tür, sie sind herinnen.«

Es war dunkel, aber an der oberen Tür sahen wir einen schwachen Lichtkegel von der Straßenlaterne. Schatten, schwache Bewegungen. Dann trat jemand ein. Der Schatten kam die Stufen herunter. Hinter ihm noch zwei andere. Ich wollte hinaus, schweben, fliegen, ich hätte es zu Stande gebracht, aber ich konnte Pietro nicht alleine lassen. Zwei Minuten später steckte Pietro geknebelt zwischen den Beinen eines kräftigen Mannes und hatte ein Messer am Hals. Das Licht wurde eingeschaltet. Es war taghell. Die Türe oben stand offen. Pietro hing zwischen den Sprösslingen. Den kleinen Killern am Rücksitz des Oldtimers. Der eine hielt sein Messer an Pietros Hals, der andere zwischen seine Beine.

Karatsch blieb auf der letzten Stufe stehen. Karatsch lächelte ein schmieriges Grinsen. Er deutete mit der Hand. Seine Männer droschen auf Pietro ein. Sie schlugen ihm mit einer eisernen Kugel gegen den Magen. Beim ersten Aufprall wurde Pietro bewusstlos.

Ich wollte zu ihm. Meine Hand auf ihn legen. Ihn heil machen. Die Männer deuteten: Nein. Karatsch positionierte sich zwischen mir und meinem Bruder. Er erzählte etwas. Ich konnte es nicht verstehen. Er lachte und man sah seine schiefgewachsenen Zähne. Lebst du, Pietro Calvaruso? Geliebter Bruder, halte durch!
    Pietro öffnete die Augen. Seine letzte Kraft für einen Satz. »Tu alles was er verlangt.« Karatsch grinste. Die Männer schafften Pietro über die Treppe hinaus. Ein Auto fuhr davon. Karatsch stand vor mir. Er war allein mit mir. Er genoss die Macht.
    »Das falsche Öl?«
    Er wollte wissen, wie viel ich wusste.
    »Was weißt du?«
    »Du brauchst den tropfenden Motor für deine Geschäfte, um einen Grund zu haben, auf die Tankstelle über das Bodenloch zu fahren.« Ich starrte

ihn an. Links und rechts hinter ihm zwei weitere Exemplare seiner Leibwache.

»Und wenn es so ist?«

Ich setzte mich in Bewegung.

»Wenn du gehst, töten wir ihn. Langsam, du verstehst.«

Ich blieb stehen.

»Du hast einen süßen Arsch.«

Er wollte mir nichts tun, ich könnte brauchbar sein, aber ich sollte den Mund halten. Zwei Männer kamen auf mich zu. Einer von hinten. Er presste meine Arme auf den Rücken. Der andere vor mir, steckte mir einen Knebel in den Mund. Karatsch griff nach meiner Taille, drückte sie fest an sich heran. Ich spürte es nicht. Er schlug mir ins Gesicht. Ich zuckte nicht. Karatsch stieß mich fort. Er war erschrocken, weil ich empfindungslos war.

»Ich habe eine Pizzeria, bella Italia«, sagte er. »Wir haben schöne Kleider und vornehmes Publikum. Jeden Tag, kurz vor sechs wecken wir dich auf und verbrennen ein Heiligenbild in deiner Hand. Das Symbol, dass du uns gehörst. Den Rest des Tages hast du frei. Es sei denn, wir haben Gäste.«

31

Am Tag darauf arbeitete ich in Karatschs Pizzeria. Es war eine kleine Spelunke in einem abgelegenen Stadtteil. Ich stand früh auf, kehrte den Boden, wischte die Tische ab und legte neue Tischtücher auf. Den Rest des Tages hatte ich frei, es sei denn, wir hatten Gäste. Ich brachte den Gästen das Essen nach oben und schaffte das alte Geschirr in die Küche. »Wer bist du?« Fragte mich der Spiegel an der Wand. Die Gäste gingen nach oben, zogen sich aus, legten sich ins Bett und gaben ihre Wünsche bekannt. Eine Hure erfüllte sie. Ich brachte der Hure das Essen. Am Abend servierte ich in der kleinen Bar.

»Wer bist du?« fragte der Spiegel.
»Mein Name ist Savariella Calvaruso, ich habe lange Beine und blonde Locken.«
»Wer bist du?« Fragte der Spiegel an der Wand.
»Ich bin niemand. Niemand vermischt mit dem Nichts.«

32

Pietro hatte es überlebt.

Ein paar Tage später kam er in die Pizzeria zum Essen. Er bestellte Schinken, Melonen, Muscheln, Brot, Salat, Wein und eine Pizza Frutti di Mare. Ich brachte sie ihm. Der Tisch bog sich. Er aß nichts.

Aus seinem Mund floss mit Speichel verdünntes Blut. Seine Kieferknochen waren angeschwollen. Am Hals war eine grüngelbe Stelle. Wahrscheinlich hatten sie den Knochen gebrochen. »Backenzähne gerissen«, stammelte er. Ich trug ein weit ausgeschnittenes Kleid in orange und lila, das so kurz war, dass man die Wäsche sah. Rot und Türkis der Büstenhalter, mit Spitzen und Rüschen. Eine hervorragende Hure.

Pietros Oberlippe war geplatzt. Er nahm eine Melone und biss ab. Der Schmerz machte ihn krank, aber er kaute. In seinen Mundwinkeln sammelte sich Blut. Ich beugte mich zu ihm vor und strich das Blut mit einer Serviette weg. Der Ausschnitt meines Kleides war so groß, dass Pietro die vollen Brüste mit dunklen, zusammengezogenen Brustwarzen sah.

»Wenn Antonino dich so sieht, bringt er sie um.«
»Ja.«

Mein Herz stand still. Dieser Name, Antonino, wirkte immer. Pietro weidete sich an meinem Ausschnitt und meiner tief innen stattfindenden Erektion. Ich atmete langsam, leise, fast unhörbar wie die Hydraulikpumpe eines alten Citroens.

Pietro lächelte. Zwischen meinen Schenkeln sammelte sich Flüssigkeit.

Ich lief zur Hintertür hinaus. In der engen Gasse zwischen den Fässern mit dem Altöl stöhnte ich und sehnte mich nach der Geborgenheit einer Waschstraße, wo ich es ordentlich hätte genießen können.

»Antonino!«

Ich hatte es mir selbst verdorben. Hätte ihn haben können. Neben dem Dieselmotor der Fähre!

»Warum hast du die Kinder begraben?«
»Zwei Grillen, Pietro.«
»Warum hast du die Kinder begraben?«

Ich hätte die Kinder nicht begraben sollen. Ich hätte das Schiff nehmen sollen, in die Karibik. Alles war ausgelöscht. Der Plan, die Fähre, meine erste Nacht mit Antonino neben dem lauten monotonen Brummen eines 4000 PS starken Schiffsmotors.

Der Koch kam mit dem alten Öl aus der Friteuse in den Hinterhof und sah mich an. Über uns hing Wäsche zum Trocknen. Neben uns Kisten und Truhen mit der schmutzigen Tischwäsche, alte Fässer, es roch nach heißem Öl.

Ein Bein hatte ich hochgezogen und stütze mich damit an der Mauer ab. Der Rücken klebte an der öl- und schmutzverschmierten Mauer fest, ebenso das Haar. Das hochgezogene Kleid zeigte meine weißen Schenkel und durch die Reizwäsche sah man den Glanz des Saftes.

»Wenn Antonino dich so sieht, bringt er sie um.«

Ich zeigte Pietro meinen Rücken. Sie hatten mich misshandelt. Mit einer scharfen, langen Drahtschnur gepeitscht. Einmal, jeden Morgen. Pietro strich die frische Wunde nach. Natürlich spürte ich nichts.
»Ich weiß alles«, sagte ich.
»Sch ...«
»In ein paar Tagen kommen ...«
»Sch ...«
»In ein paar Tagen kommen Hilfslieferungen ...«
»Tomaten!«
»18. November, Hilfslieferungen gegen den grauen Star.«
»Halt das Maul! Nimm das nächste Kreuzschiff, lege dich ordentlich breit auf das Bett und halte still.«
»Ich kenne das Datum.«

Pietro presste seine Hand auf meinen Mund und drückte mich gegen den groben Putz des Hauses.
»Begreifst du denn nicht, wo du bist? Begreifst du denn nicht, was sie dir noch alles antun werden?!«
»In ein paar ...«
»In ein paar Tagen kommen neue Tomaten und wir machen gutes Mus.«
»Nein, Pietro, in ein paar Tagen kommen Kinder!

Sie werden sie misshandeln!«

Pietro schlug mir ins Gesicht. Er öffnete seinen Mund und zeigte mir die Wunde. »Ich spüre Schmerz!« Er schrie mich an. Er betonte das Ich. »Und die anderen Raben auch!« Er riss sein Hemd vom Körper und zeigte mir tiefe Messerschnitte an seinem Rücken.

»Willst du uns töten?«

Er schlug mich. Einmal von links auf die Wange. Ein mal von rechts.

Ich torkelte gegen ein altes Fass. Er riss mich in die Höhe und schlug mich erneut.

»Du hältst deine verdammte Klappe und wartest!«

Er drückte seine Hand auf die Wunde auf meinem Rücken. Ich zuckte nicht zusammen. Pietro bohrte mit seinem Fingernagel in die Schnittwunde und sah nach meiner Mimik. Er ließ mich los. Er starrte mich entsetzt an.

»Du spürst es tatsächlich nicht.«

»Ich spüre es nicht, Pietro.«

Ich war traurig.

Pietro ging einen Schritt rückwärts. Er war schockiert.

»Du spürst es nicht, Savariella?«

Er starrte die kalte Wand an. Nun glaubte er es. Es berührte ihn.

Ich spürte nichts.

Pietro wurde ruhig. Er streckte die Finger aus und strich mit der Kuppe seines Mittelfingers meine Lippen entlang. In diesem Augenblick gelang ihm die Zärtlichkeit. Es waren zwei Fingerkuppen, die anderen fehlten. Seine Fingerkuppen, mit denen er kleine Nägel in die Körper von Marionetten drücken konnte, um ihnen Gliedmaßen zu machen.

»Du spürst auch das nicht?«

»In ein paar Tagen kommen Kinder, Pietro, sie haben menschliche Körper, nicht so wie ich, sie werden verschifft und von Ärzten auseinandergenommen. Ihre Nieren wandern in die Körper derer, die sich die Operationen leisten können. Diese Kinder werden es spüren, es sind Möwen Pietro, die ihre weißen Flügel verkaufen, es sind Menschen, Pietro. Nicht so wie ich. Aber so wie du. Nicht so wie ich, aber so wie Antonino.«

Pietro wartete stumm, bis diese dunkle Poesie verschwunden wäre. Er wurde neu in diesem Warten.

Ich nahm seine Finger und drückte sie an mich, ich fühlte die Narbe, die an Stelle des Zeigefingers war. Ich küsste die Narbe.

»Das ist gut«, sagte ich, »nach ein paar Küssen ist alles heil.«

Pietro nickte. »Ja, gut.« Ich näherte mich seinen Lippen.

»Ist es besser?«

Pietro nickte. Meine Lippen umschlossen die seinen, ich fuhr mit meiner Zunge in seinen Mund und befühlte mit der Zungenspitze die offene Wunde der verlorenen Backenzähne. Ich schluckte das Blut, zog die Zunge heraus.

»Ist es besser?«

Pietro atmete tief ein und in seiner Hose wurde der Schwanz groß.

Sanft sagten ihm meine Hände, er solle sich umdrehen und an die Mauer lehnen. Er stützte sich mit den Händen an der Mauer ab und ließ den Kopf hängen. Ich rollte ihm das Hemd hinauf, legte meine Hände auf seinen Rücken, drückte mich an ihn heran und küsste die tiefen Schnittwunden.

»Es wird besser, Pietro, nicht wahr?«

Pietro hatte die Augen geschlossen. Sein Rücken nackt vor mir, ich hinter ihm, gekleidet wie ein Hure. Er erwartete die weiteren Küsse.

»Es ist gut.«

Ich gab es ihm. Reich. Satt. So wie ich war. Ich küsste ihm den Rücken bis hinunter zur Hose. Ich zog die Hose hinunter und küsste ihn über die Backen, über die Schenkel, die Kniekehle, bis hinunter zu den Knöcheln.

Pietro betrat eine neue Welt.

»Du bist nicht von unserer Welt«, sagte er.

Seine Augen entrückt, ich konnte darin vordringen, bis in den letzten Teil seiner Geschichte. Und Pietro konnte in sich vordringen, bis in den letzten Teil seiner Geschichte.

»Nun stellst du keine Fragen mehr, nun brauchst du keine Antworten mehr, nun erkennst du, wer du bist«, sagte ich.

Schön war er, trotz der sichtbaren Misshandlungen. Jede Falte war schön, jede Einkerbung, die die Ereignisse auf seiner Haut hinterlassen hatten.

»Wer bist du?«, fragte der Spiegel an der Wand.

Im oberen Stockwerk ging plötzlich eine Jalousie nach oben. Ein Fenster wurde geöffnet, tiefes weibliches

Gelächter, das aus einem Keller kommende Lachen der Hure. Dort oben schliefen der Killer und seine Sprösslinge. Pietro sah hinauf. Eine Treppe führte von dem Zimmer in den Hinterhof. Die Hure lag bei dem Killer, man hörte das Bett quietschen. Die Hure hatte immer viel zu tun.

»Antonino«, sagte Pietro, »ich werde dich zu ihm bringen, Savariella.«

Er verschwand.

33

Vier Tage Pizzeria. Die Hölle hatte Etagen. Pizzeria im Untergeschoss. Daneben der Autohandel. Im Keller das Lager für die Ersatzteile. Die Mechaniker kamen essen und gingen wieder. Karatsch, der Killer und die Hure, die nur für Karatsch und die Sprösslinge da war, im Obergeschoss in ein paar Zimmern. Am Abend kamen vereinzelt Kunden. Alles Freunde. Eine Dusche am Gang. Am vierten Tag kamen drei kleine Kambodschanerinnen. Vierzehn oder fünfzehn Jahre alt. Sie hatten gemeinsam geduscht und kamen mit Handtüchern aus dem Bad, während ich der Hure pünktlich um 11 Uhr das Frühstück vor die Tür stellte.

34

Antonino stand auf dem Laster und zerlegte Schafe. Er schnitt den Kopf ab und bastelte an den Augen herum. Er versuchte die Augen heil aus dem Kopf zu bringen. Er legte die Augen in eine Kühltasche und sah zu mir herüber. Er sagte, wenn du heute in der Mafia groß werden willst, handelst du nicht mehr mit Drogen. Er schloss die Kühltasche und brachte sie zu einem Hubschrauber.

35

Fünfter Tag.

Pietro schleppte sich zum Essen herein. Er ging auf zwei Krücken. Er bestellte Scampi und Tintenfisch, Tomaten in Öl, als Nachtisch Carameleis und Cannelloni. Sein rechtes Bein war verletzt. Er schien ruhig und nicht gebrochen. Wohin ich auch ging, er ließ mich nicht aus den Augen, denn er hatte mir etwas Wichtiges zu sagen. Etwas Schreckliches war geschehen. Er wollte zu mir, aber am Nebentisch saßen die Sprösslinge des Killers.

Ich brachte ihm das Essen und er deutete vorsichtig nach draußen in den Hinterhof.

Karatsch kam durch die Hintertür und setzte sich zu Pietro. Das war eindeutig. Karatsch hatte Pietro zusammengeschlagen, weil Pietro mir nicht sagen sollte, was er mir sagen wollte. Karatsch bestellte Makrelen in Melanzzanisauce. Pietro starrte auf die Tischdecke. Große Schmerzen.

Ein Kunde kam durch die Vordertür. Karatsch begrüßte ihn. Der Kunde wollte ein Auto kaufen. Karatsch wollte Pietro und mich nicht verlassen, aber der Kunde war wichtig und Pietro ein elendiger Krüppel. Also nahm Karatsch einen anderen Tisch. Es war ein reicher Kunde.

Karatsch und der Kunde unterhielten sich. Der Kunde wollte das rote Cabriolet. Karatsch kehrte den Geschäftsmann hervor. Ich servierte gegrillte Makrele und Karatsch griff mir auf den Arsch, so dass Pietro es bemerken musste und auch der Kunde. Der Kunde lächelte mir zu und würde mir beim nächsten Mal auch auf den Arsch greifen. Pietro aß ruhig weiter. Der Kunde war entzückt und hielt Karatsch in Schach.

Ich ging in den Hinterhof und wartete. Zwischen den Fässern stand immer Öl. Wenn ich Zeit hatte, stand ich neben der Lache und dachte an einen gut geschmierten Motor und an eine Waschstraße. Pietro kam durch die Tür. Er lehnte sich an den schmutzigen Türrahmen und hatte Mühe zu sprechen.

»Hol den Laster«, stammelte er »er steht zwei Gassen weiter. Fahre!«

»Und das Kreuzschiff?«

»Das geht jetzt nicht ... fahre fort, komm nicht wieder zurück ...«

Blut drang unter seiner Hose hervor. Er wurde bleich. Ich zog die Hose hinauf. Seine Sandale war voller Blut. Es fehlten drei Zehen.

»Schnell.«

»War das Karatsch?«

»Nein!«

»Wer dann?«

»Verschwinde, Savariella.«

»Komm mit mir! Ich kann dich nicht hier lassen.«

»Fahr zur Hölle, ich passe selber auf mich auf.«

»Wer hat das getan?«

»Wenn er dich hier so sieht, bringt er sie alle um!«

»Antonino?«

»Er ist auf dem Weg hier her? Hau ab, er bringt sie um, wenn er dich so sieht, also verschwinde, begreife es!«

Antonino! Ich schrie es hinaus! »Er ist auf dem Weg hier her!« Ich stand im Hinterhof, Pietro in der Tür vor mir, er ließ mich nicht durch, ich wollte zu Antonino. »Antonino!«

Schüsse!
Es war zu spät. Antonino war bereits da. Ich zuckte zusammen. Pietro brüllte. »Er ist da, fahre Savariella, er schießt auf alles was sich bewegt, er ist wahnsinnig« Ich konnte nicht. Ich wollte zu Antonino, aber Pietro versperrte mir den Weg. Weitere Schüsse. Sie kamen von der Pizzeria.

»Der Killer!«
Pietro deutete nach oben. Wieder Schüsse. Schreie. Sie kamen aus der Pizzeria. Stühle wurden umgeworfen. Körper flogen gegen Tische, Geschirr zerbrach. Winseln, Stöhnen. Viele Verletzte.
»Ich muss zu ihm!«
»Savariella, der Killer!«
Im oberen Stockwerk schloss jemand die Jalousien. Der Killer würde seinen Koffer holen und die richtige Waffe wählen. Der Killer würde herunterkommen und Antonino erledigen.
»Lenke ihn ab, geh hinauf und lenk den Killer ab!«

Plötzlich torkelte der Koch durch die Hintertür. Er war getroffen. Er suchte sich winselnd einen Platz und hielt seine ölige Schürze gegen eine klaffende Wunde am Schenkel. Er hatte ein Mobiltelefon in der Hand und versuchte eine Nummer zu wählen. Er zitterte zu stark und traf die Tasten nicht.

»Verdammte Scheiße, Scheiße noch mal.«

Pietro ging zu ihm, versetzte ihm einen Schlag in den Bauch und nahm das Telefon. Der Koch sank bewusstlos zusammen. Pietro deutete nach oben.

»Geh endlich!«

Pietro verschwand mit dem Telefon. Wen würde er anrufen?

Ich ging über die Notstiege im Hof nach oben, riss die Jalousie des Zimmers von außen herunter und trommelte gegen das Glas hinter dem ich den Killer vermutete. Der Killer knöpfte sich gerade die Hosen zu und zog dann einen Koffer unter dem Bett hervor. Darin waren Waffen. Ich schlug das Fenster ein!

»Nein!« Schrie ich. Der Killer erschrak und zielte auf mich. Die Hure lag ruhig im Bett und knöpfte sich die Strümpfe an den Straps.

»Ach, die Kleine.«

Der Killer erkannte mich. Er nahm die Waffe herunter. Die Hure sah genau so aus wie die Marionette im Theater, die meine Schwester war.

»Mara!«

Der Killer stürmte auf mich zu und zerrte mich durch die Hintertür. Ich wehrte mich, aber hatte keine Chance. Der Killer wog hundert Kilo. Seine Hand auf meinen Mund, ich bekam keine Luft. Die Hure knöpfte sich mit aller Ruhe ihr Kleid zu. Jemand stürmte in den ersten Stock herauf. Ich war mit dem Killer auf der Treppe des Hinterhofes, er zerrte mich hinunter. Türen wurden aufgerissen, die Kambodschanerinnen kreischten. Der Killer hatte vor, mich als Schutzschild zu benutzen. Wir waren unten, zwischen den Fässern. Der Killer warf die Fässer um. Öl floss aus, hinter uns breite sich eine große Lache Altöl aus. Es floss auf den Koch zu. Das Altöl vermischte sich mit seinem Blut.

Sirenengeheul. Polizei. Der Killer presste mir meinen Arm an die Brust und hielt mich von hinten. Ich sollte vor ihm gehen. Schutzschild und Geisel. Die Polizei erreichte den Haupteingang der Pizzeria. Wir standen eine Gasse weiter. »Hinlegen«, hörten wir«, kommen Sie mit erhoben Händen heraus, werfen Sie die Waffen weg ...« Exekutive-Kommandos. Warnschüsse. Wir erreichten die Ecke der Gasse. Vor uns die leere Hauptstraße. Die Polizei hatte sie abgesperrt. Der Killer musste über die Hauptstraße kommen, dort drüben stand sein Wagen. Aber der Killer konnte nicht wissen, ob die Polizei die Ecke bereits im Visier hatte.

Bevor ich den Satz zu Ende denken konnte, stieß er mich auf die Straße. Ich hatte Mühe nicht zu fallen. Er hatte mich als Kanonenfutter benutzt. Aber keine Schüsse. Warum nicht? Die Polizei überwachte diesen Straßenabschnitt also nicht. Der Killer überlegte, ob er laufen sollte. Ich stand mitten auf der leeren Straße und hatte nur eines im Sinn: »Antonino!«

Plötzlich positionierten sich fünfzig Meter vor mir vier Polizeiautos und eine Menge Carabinieris vor der Pizzeria. Die Augen der Polizei nur auf dem Eingang der Pizzeria.

Antonino!

Eingekreist von Schleppnetzen. Waffen. Schutzhelme. Der Killer hinter mir! Was tut er? Als ich mich umdrehte, war der Killer weg.

Schüsse von oben. Schüsse von unten hinauf auf das Dach. »Hinlegen!« Jemand schrie es mir zu. Warnschüsse. Sie waren mir gleichgültig. Fünfzig Meter vor mir Antonino, sie zogen das Netz zu. Hingehen, ihn aus dem Netz befreien! »Warte Antonino, ich komme um dich zu befreien!«

Aber ein Motorrad überholte mich. Ein Polizist. Er hielt vor mir an, versperrte mir den Weg. Hinter dem Motorrad das Schnurren eines Mercedes S Klasse, 380 PS, 6-Takt- Motor. Ich drehte mich um. Eine gepanzerte Limousine, getönte Scheiben. Vor mir das Motorrad, hinter mir der Wagen.
   »Nehmen Sie die Hände hoch.«
   »In der Gasse dort hinten liegt ein Verletzter!« Schrie ich. »Es ist der Koch, sie haben ihn angeschossen.«
   Ich wusste nicht warum ich es sagte.
   »Nehmen sie die Hände hoch!«
   Ich nahm die Hände hoch.

Polizisten gaben unmissverständliche Befehle. Sie trugen gepanzerte Westen und Schutzhelme. An ihren Gürteln steckten Waffen und Munition. Zwei rollten aus der Limousine und umstellten mich. Eine Frau untersuchte mich. »Legen Sie sich auf den Boden. Hinunter!« In der Limousine wollte jemand streng bewacht sein. Das Motorrad fuhr zurück in die Gasse. Vierzig Meter vor mir war die Pizzeria. Polizisten kamen mit angeschossenen Menschen aus der Tür. Unter ihnen ein paar Mechaniker. Ein paar Fische hatten sie schon. Aber noch nicht den Delphin. Immer noch Schüsse. Zwei junge Burschen torkelten aus der Pizzeria, ich hatte ihnen eine halbe Stunde zuvor noch gebackene Melanzzani gebracht. Sie starben. Dort auf der Straße. Getroffen von der Waffe Antoninos.

Ich setzte mich in Bewegung und lief. Aber ein Mann stürzte sich auf mich und warf mich zu Boden. Ich fiel hart auf die Straße. Aus meinem Kinn floss Blut. Plötzlich Schüsse direkt neben uns. Die Schüsse kamen von oben. Auf dem Dach über mir luden die Sprösslinge aus dem Wagen von Karatsch ihre Waffen. Sie wollten sich beweisen. Ein Leibwächter neben mir ging getroffen in die Knie. Wieder Schüsse. Die Schüsse kamen von einer Ritze des Daches, die Leibwächter schossen zurück. Die Sprösslinge. Frech, jung. Sie wollten zeigen, wozu sie fähig waren. Sie schossen wie die Schweine. Ich wurde aufgerissen und herumgewirbelt. Die Tür der Limousine ging auf. Der Leibwächter wollte mich in den Wagen stoßen, wurde aber getroffen. Der Mann ließ mich los. Endlich. Jetzt bin ich frei!

Antonino! Ich lief. Ich erreichte die Blockade, die die Polizisten gebildet hatten, hinter mir immer noch Schüsse. Drei Leibwächter schwer verletzt. Ich wie immer immun. Licht. Sonne. Meer. Ein Delphin, ich hatte einen Bikini an und tauchte in das Wasser und hatte fast seine Rückenflosse erreicht, beinahe das Netz von seinen Bauchflossen gerissen ...

»Scheiße!«
Jemand fiel vor mir hart auf die Pflastersteine. Ein Sprössling landete am Boden. Sie hatten einen der beiden Killer vom Dach geschossen. Sein Körper versperrte mir den Weg, ich stolperte über ihn. Der Sprössling war nicht tot. Aber wahrscheinlich querschnittgelähmt. Er versuchte sich aufzuraffen und zu

fliehen. Aber die Beine versagten. Ein Leibwächter drückte ihn zu Boden.

»Wir haben ihn.«

»Shit!« Das kam von oben. Der zweite Sprössling. Nun hatte er Angst bekommen. Er lud und ließ seine letzte Gewehrsalve auf uns nieder. Er traf nicht. Dann floh er. »Ich krieg dich noch!« Er schrie wie ein Soldat im Krieg. Ein Junge, der Kampfhund spielt.

Der Wagen kam von hinten auf mich zu. Die Tür ging auf, eine Hand griff nach mir, mein Bikini riss, ich komme Antonino, zwei Hände zerrten mich in den Wagen.

In welcher Falle befand ich mich?

Aus der Funkanlage des Wagens meldete sich eine Stimme des Polizeifunks: »Nitto Bagara, der andere ist entkommen.«

36

Ein orangefarbenes, lila Kleid auf dem Rücksitz einer gepanzerten Mercedes-Limousine. Ich steckte darin. Ich sah durch die Scheibe Richtung Pizzeria. Der Sprössling des Killers, laut Polizeidurchsage Nitto Bagara wurde in Handschellen gelegt und abgeführt. Er konnte nicht gehen. Zwei Polizisten hatten ihn in ihrer Mitte und zerrten ihn vor zu einem Polizeiwagen. Drei Leibwächter schwer verletzt.

»Wer sind Sie?«

Vor mir ein Mann in Anzug. Eine große Limousine mit zwei Sitzbänken gegenüber. Ich saß auf der hinteren Bank. Der Mann zwischen zwei Leibwächtern geradewegs vor mir.

»Wie haben Sie das überlebt?«

Die Leibwächter überprüften mich. Mein Kinn blutete, Handgelenke und Knöchel noch geschwollen von der Selbstverstümmelung, sonst keine Verletzung. In der Limousine hingen Bilder in Goldrahmen. Wer hängt sich Bilder in ein Auto?

Der Mann drückte die Kippe seiner Zigarette aus.

»Staatsanwalt Leonard, wir haben einen Anruf erhalten!«

Ein Staatsanwalt?

»Servieren Sie schon lange?«

Unter den Bildern in seiner Limousine hing ein schlecht gemaltes Aquarell. Ich betrachtete es, das Motiv kam mir bekannt vor.

»Wie heißen Sie?«

Wir fuhren an der Pizzeria vorbei. Polizisten brachten Männer aus dem Restaurant. Karatsch und der Kunde standen neben einem Polizeiauto und wurden verhört. Karatsch stand fett und souverän auf dem Platz und beherrschte die Szene, obwohl er keinen Ton sagte. Er kannte das. Ein paar Tage Untersuchungshaft, sie hatten nichts gegen ihn in der Hand. Illegaler Waffenbesitz. Er hatte einen guten Anwalt und kam auf Kaution heraus. Der Koch wurde gerade in einen Krankenwagen gelegt. Vier Leichen lagen auf dem Asphalt, mit Plastik zugedeckt.

Ich suchte Antonino. Ich legte meine Hand an das Fenster. Die Haut nahm die Kälte der Scheibe auf. Schon wieder Glas. Zwei Polizisten kamen aus der Pizzeria. In ihrer Mitte ein Mann, der sein Gesicht verbarg. Das war er. Antonino! Ich legte meine zweite Hand an das Fenster. Wir fuhren langsam vorbei. Über Funk kam eine Meldung.
»Wir haben ihn. Antonino Marza.«

»Antonino!« Ich schrie es und rüttelte wild an der Innentür. »Antonino! Antonino! Antonino!« Aber da waren keine Griffe! Ich schlug mit den Fäusten gegen die Türe und das Glas. »Antonino!"
»Kennen Sie diesen Mann?«
Antonino sah mich. Er befreite sich von den Männern und schwamm davon. Ja, sagte ich, schwimme vor, ich werde dir folgen. Er tauchte weg und würde auf mich warten. Es gibt kein Gefängnis. Nicht für einen Don. Ich bin Mitglied einer Familie und unterstehe einem anderen Gesetz. Nehmt mich fest, sprecht Euer Urteil! Ich werde Eure Strafe in Eurem Gefängnis abbüßen und sie anschließend heiraten. Wir werden uns ein Haus kaufen, am Fuße eines Vulkans. Wir werden glücklich sein. Wir werden glücklich sein!

37

Der Staatsanwalt brachte mich in den Justizpalast. Es war Nacht. Er verhörte mich in seinem Büro, aber ich konnte nicht sprechen. Er versuchte es eine Stunde, wartete ruhig eine weitere, rauchte eine Zigarette nach der anderen und sperrte mich um Mitternacht in eine Zelle. Ich hatte nichts gesagt. »Name, Adresse,

Herkunft, Beruf. Woher kennen Sie diesen Mann? Wer sind Sie? Wie lange arbeiten Sie bereits in der Pizzeria!«

Der Staatsanwalt konnte mich festhalten, wegen Aussageverweigerung und Behinderung der Justiz. Sollte ich sagen, ich bin Savariella Calvaruso, die dritte Leiche aus dem Hause des Mafia-Geldwäschers Salvatore Calvaruso, aber ich bin vollkommen unschuldig. Ich wolle nur meinen Bruder befreien, ich bin nach Reggio geflogen, über das Wasser geschwebt, habe mich verliebt, in den Fährmann Antonino Marza, ehemaliger Calvaruso!

38

Der Staatsanwalt besuchte mich im Gefängnis. Weil ich nicht sprach, hatten sie mich gefilmt. Irgendwann hatte der Staatsanwalt begriffen, dass ich keine Kellnerin war.

»Für wen arbeiten Sie?«

Ich konnte nichts sagen.

Am nächsten Tag legte er mir Bilder vor. Das Massaker in der Pizzeria. Antonino hatte vier Menschen getötet und vierzehn verletzt. Ich sah die Toten, das Blut, es kam mir auf den Bildern echter vor als in meiner Erinnerung. Der Koch hatte es überlebt.

»Woher kennen Sie diesen Mann?«

Der Staatsanwalt hatte ein Foto von Antonino. Ein Sträflingsfoto. Ich starrte ihn an, den Herrn Tono!

»Warum haben Sie keine Papiere. Arbeiten Sie Undercover? Hören Sie, wir können Sie nicht beschützen, wenn Sie nicht mit uns sprechen. Dieser Mann hat vier Unschuldige getötet. Warum? Dieser Mann hat vor einigen Wochen spektakulär seinen Tod inszeniert und ist untergetaucht. Er war tot. Warum ist er zurückkehrt? Wer sind Sie?«

Ich sprach nicht.

Die Wirklichkeit, die Realität, die Wahrheit, alles wurde zu Begriffen, die weit entfernt Bedeutung hatten. Aber nicht hier. Nicht in diesem Gefängnis, in diesem Zustand.

»Wo ist Antonino?«
»Er ist im Gefängnis, Signorina, wer sind Sie?«
»Er ist im Gefängnis?«
»Ja.«
»Sie werden ihn töten im Gefängnis! Wissen Sie das nicht? Sie werden einen Menschen töten, in Ihrem Gefängnis, es ist Ihnen gleichgültig? Welche Gerechtigkeit ist das?«
»Wer wird ihn töten, sagen Sie uns Namen, warum werden sie ihn töten?«
»Verlegen Sie ihn.«
»Wer sind Sie?«

39

Also gut. Antonino war im Gefängnis. Sie würden ihn töten. Ich musste
   mit dem Staatsanwalt zusammenarbeiten. Vielleicht kommt er mir entgegen.

»Ich werde Ihnen entgegen kommen, und Sie werden mir entgegen kommen.«

Der Staatsanwalt zündete sich eine Zigarette an.

»Ich rede und Sie verlegen ihn.«

Der Staatsanwalt blies den Rauch aus. Er würde dazu nichts sagen. Er wartete. Der Staatsanwalt hatte Zeit, und er wusste, dass ich keine Zeit hatte. Sie würden Antonino erledigen. Also gut, dachte ich. Der Deal war nicht sicher, aber mir fiel nichts anderes ein, ich sprach.

»Schafe.«

Der Staatsanwalt schluckte. Er dämpfte seine Zigarette aus. Sie redet tatsächlich. Schnell. Nehmt alles auf. Fünf Minuten später brachten sie ein Aufnahmegerät.

»Ein Laster hat Schafe geladen und fährt in einem Bergdorf, nahe der Küste, durch eine Waschstraße. Der Laster ist sauber, die Schafe werden verladen und fahren in einem shampoonierten und gelederten Transporter jeden Monat auf das Festland, um geschlachtet zu werden.«

»Habt ihr das?«

Der Tontechniker nickte.

»Ein paar Tage zuvor fuhren an der Küste, nahe der Tankstelle, rostige Kähne. Die kamen aus dem schwarzen Meer und sollten in einer Werft der Insel repariert werden.«

»Ja«, sagte der Staatsanwalt. Er glaubte die Geschichte, obwohl er sie noch nicht verstand.

»Ein Mann ist Fährmann. Einmal im Monat fährt ein frisch shampoonierter Laster auf seiner Fähre auf das Festland.«

»Antonino Marza, er ist Fährmann.«

»Manche Schafe blöken nicht, sie schreien wie Menschen.«

Ich zitterte. »Das Fleisch der Schafe ist wertlos. Kostbar sind die Herzen, Leber und Nieren. Hin und wieder gibt es Hände, die in frischen Organen wühlen und darin Geld finden!« Ich glaube, ich schrie es.

Der Staatsanwalt bot mir eine Zigarette an. Ich nahm sie zwischen die Lippen, sie hielt nicht.
»Der Fährmann ist unschuldig.«
»Welcher Fährmann?«
»Antonino Marza ist unschuldig.«
»Er hat vier Menschen getötet, sein Elternhaus niedergebrannt und handelt mit Drogen!«
Ich legte die Zigarette auf den Tisch zurück, lehnte mich zurück, verkreuzte die Arme, zitterte und schwieg. Der Staatsanwalt begriff. Entweder ist Antonino Marza unschuldig, oder alles was ich gesagt habe, habe ich nie gesagt.
»Wer sind Sie?«
»Ich muss zu ihm.«
»Zu wem?«
»Zum Fährmann.«
»Das ist nicht möglich.«
»Warum ist es nicht möglich! Mit wem spreche ich! Wer sind Sie?«
»Mein Name ist Leonard, ich bin Staatsanwalt, und Sie?«
»Ich bin tot!«

Der Staatsanwalt zuckte. Irgendetwas traf ihn an der Klarheit dieses »Ich bin tot.« Mein Haar hing vorne über das Gesicht. Der Staatsanwalt suchte meine Mimik, um mehr zu erfahren, aber ich zeigte sie nicht. Über mir flogen Vögel, sie entfernten sich. Ich wollte ihnen nachfliegen. Der Staatsanwalt stand vor mir, er wartete. Ich schwieg. Antonino!

Ich werde dich herausholen, du wirst nicht sterben, ich liebe dich.

40

Pietro besuchte mich in der Untersuchungshaft.

»Hast du einen Plan?«, fragte ich ihn.

Er stand vor mir und wusste nicht, was er sagen sollte und warum er gekommen war.

»Was wirst du tun, Pietro? Sie werden ihn töten.«

Pietro war bezüglich der möglichen Ermordung im Gefängnis hilflos. Er würde auf die Gerichtsverhandlung warten und tun, was sie immer getan hatten. Er würde lügen und er würde sich und die anderen herausschwindeln. So hatten sie es immer gemacht, so hatten sie sich immer herausgeholt: Aus den Fängen der »allgemeinen Gerechtigkeit«, die ihre Beweggründe nicht begriff.

»Hast du ihnen etwas erzählt?« Fragte Pietro, um seine Lügen vorbereiten zu können.

»Nichts.«

»Liebst du ihn?«

»Ja.«

Pietro dachte nach.

»Ich werde es regeln.«

»Gut.«

Regeln bedeutete nicht, ihn aus dem Gefängnis zu holen. Regeln bedeutete: Antonino musste ein Mafioso sein! Antonino musste ein Mafioso bleiben. Um sich fühlen zu können. Mehr war nicht drin, für Raben.

»Ein kleiner Mafioso«, sagte Pietro, »es wird ihn wahnsinnig machen.«

»Was hast du vor?«

»Ihn aus den Zusammenhängen mit dem Kartell herausholen.«

»Aus den Morden?«

»Aus dem Menschenhandel. Ich werde ihn zu einem kleinen Don machen. Er wird es nicht mögen, wo er doch immer so gerne Gott gewesen wäre.«

»Er ist kein Mörder.«

»Wir müssen es so drehen, dass er kein Mörder ist.«

»Ja«, sagte ich und zitterte. »Antonino ist kein Mörder, er ist kein Mörder, er ist kein
Mörder.« Ich sagte es mir vor.

Pietro ging.

41

Bei der Gerichtsverhandlung rief mich der Staatsanwalt in den Zeugenstand und hoffte, ich würde sprechen. Er hatte nichts gegen mich in der Hand. Sobald ich meinen Namen sagen würde, könnte er mich nicht mehr festhalten, egal was ich gesagt hatte.

Antonino hatte es überlebt.

»Nitto Bagara, angeklagt der Mitgliedschaft an einer kriminellen Vereinigung, der Beihilfe zum Menschenhandel, der schweren Körperverletzung in drei Fällen.

Salvatore Manuzza, angeklagt der Zuhälterei und der Beihilfe zum Menschenhandel.

Sergie Mikkael Karatsch, angeklagt des Menschenhandels, des vorsätzlichen Mordes, der illegalen Prostitution und des illegalen Waffenbesitzes.

Toto Firenzi, angeklagt der Beihilfe zum Menschenhandel.

Luigi Marza, angeklagt des Drogenhandels und der Beihilfe zum Menschenhandel.

Mara Marza, angeklagt der illegalen Prostitution, der Förderung gewerbsmäßiger Unzucht und der Mitwisserschaft am Menschenhandel.

Antonino Marza, angeklagt der Brandstiftung, des Mordes in sechs Fällen und des Drogenhandels.

Signorina Unbekannt, angeklagt der Aussageverweigerung und Behinderung der Justiz.«

Antonino saß in Handschellen zwischen zwei Wachpersonen und schwieg. Er sah zu mir herüber und formte seine Lippen zu einem Kuss. Das Glas, das zwischen uns fehlte, überforderte die Drüsen meiner Vagina. Würde ich aufstehen, würde man es sehen. Flecken zwischen meinen Beinen. Es roch bereits, auf meinem Schoß, die Tasche, darin: Die Abschrift.

Eine Unmenge Journalisten wartete im großen Gerichtssaal auf die Verhandlung. Viel Publikum. Antonino saß ruhig auf seinem Platz. Er sah zu mir herüber und dachte, eines Tages würde er mich haben. Ich liebe dich, Antonino Calvaruso!

Er hatte kein Blut im Gesicht, der liebe Herr Tono. Er hatte purpurrote Rosen in der Hand, hinter seinem Rücken, trotz der Handschellen. Antonino läuft mir nach. Ich trage ein schönes, weißes Kleid, man sieht die Schultern. Antonino weiß, ich liebe ihn, darum merkt er, dass er Zeit hat. Er lässt mich laufen, ich soll erschöpft sein, heftig glücklich atmen, wenn er mich nimmt.

Antonino sprang auf. Er breitete seine Arme auseinander. Es waren Rabenflügel.

So hatten sie es immer gemacht, sie hatten der Gerechtigkeit, die ihre Geschichte nicht begriff, die Lösung eines Mafioso gegenübergestellt.

»Ihre Brüder, Lorenzo, sind uneins!«
»Uneins?«
»Aus zwei.«
»Und woraus?
»Aus den Irrtümern und aus sich selbst.«
»Und wem glauben sie mehr?«
»Dem Irrtum.«
»Und warum?«
»Weil sie sich nicht erinnern können, wer sie sind.«
»Achso!«

»Schwören Sie die Wahrheit zu sagen, und nichts als die Wahrheit?«
Irgendjemand aus der Pizzeria saß im Zeugenstand. Er hatte eine Armbinde und trug den linken Arm eng an den Körper gebunden. Er wollte sich nur gerade eine Pizza holen, für sich und seine Freundin. Wahrscheinlich wurde er von einer Kugel an der Schulter getroffen.
»Er ist hereingekommen und hat geschrieen: Wo ist sie! Er hat immer nur geschrieen, wo ist sie und hat geschossen. Dieser Mann, ja dieser Mann war es.« Er deutete auf Antonino.

»Schwören Sie, die Wahrheit zu sagen, und nichts als die Wahrheit, so wahr Ihnen Gott helfe?«

»Ja, ich schwöre.«

Nun saß Pietro im Zeugenstand.

»Wie heißen Sie?«

»Pietro Marza.«

»Kennen Sie die hier anwesenden Angeklagten."

»Ja.«

»Haben Sie die Polizei verständigt?«

»Sind Sie verrückt, das sind meine Geschwister!«

»Was wissen Sie über sie?«

»Antonino ist mein Bruder. Er ist, ich will nicht angeben, aber er ist ein großer Don und natürlich hat er Feinde.«

»Kommen Sie zur Sache.«

»Ich kann Ihnen alles erklären: Vor ein paar Wochen wollte er sich das Leben nehmen, eine fingierte Sache, er wollte untertauchen, damit er in Ruhe seinen Geschäften nachgehen kann, im Ausland. Er stürzt sich also in das Wasser ... aber kurz bevor er springt, sieht er eine Frau und verliebt sich Hals über Kopf und so rettet er sich kurz bevor die Maschine ihn zerhäckselt und schwingt sich hinauf auf den Trichter. Er rennt überall herum und sucht sie. Aber als er sieht, dass sie kein Interesse hat, nein, dass sie sich wie eine billige Hure kleidet, dass sie in einer Pizzeria arbeitet und nur darauf wartet, dass ihr alle auf den Arsch greifen, Sie verstehen das, das alles nur um ihn zu ärgern, da rastet er aus, er verliert den Verstand, wer verliert bei so einer Sache nicht den Verstand? Ich meine, er ist ein Don!«

Pietro redet. Er erzählt und erzählt. »Diese Frau ist unwiderstehlich, das sieht man ihr doch an, jedenfalls für diesen Idioten von Antonino!«

Antonino kocht. Aber er bleibt ganz gelassen. Hier, in diesem Gerichtssaal ist er ein Don. Er hat die großen Dons gesehen, wie gelassen sie waren. Weil sie wussten, dass die, zu deren Wahlerfolg sie beigetragen hatten, sie hier wieder herausholen müssen. Sonst wäre eine Verabredung gebrochen. Und genau so machte es Antonino auch. Er wiederholte ihre Gestik. Er bauschte sein Gefieder auf und schüttelte seine Schwingen, er putzte sich mit dem Schnabel zwischen den Flügel, er krallte sich mit den Beinen an die Stange, auf die sie ihn gesetzt hatten in diesem Saal. Stolz sah er aus, und wenn er es für nötig hielt spannte er die Flügel auseinander, damit alle die Spannweite seiner Schwingen bestaunen konnten.

»Karatsch will sie auch haben, das ist doch klar, für seine Pizzeria. Ein richtiger Kampf entsteht zwischen Kartsch und dem Don. Ich sage ihr, arbeite auf der Tankstelle, da bist du schmutzig und keiner greift dir auf den Arsch und es ist Ruhe, aber sie, sie will in die Pizzeria und kurze Röcke tragen und Karatsch nimmt sie mit. Antonino ist wütend, die Männer greifen ihr auf den Arsch, verstehen Sie, wer wird da nicht wütend?«

Ein kleiner Ganove. Man könnte ihm glauben. Ja, er spielt gut.

»Und die anderen?«

»Welche anderen? Ach so, Luigi! Luigi ist auch mein Bruder. Er kifft. Schwachkopf! Er hat keine Arbeit und gelegentlich stiehlt er: Hast du den Deal gemacht, Luigi, den letzten, ist dir wenigstens diese Sache gelungen? Er kommt in die Pizzeria und isst, er schnieft Hasch oder ich weiß nicht, Stoff, er ist es nicht einmal wert, Idiot genannt zu werden, gelegentlich hilft er auf einer Tankstelle, er wäscht Autos.«

Pietro regt sich künstlich auf. Er spielt den großen Bruder. »Hör auf mit dem Stoff, Schwachkopf, er macht dir nur die Eier weich. Schau Antonino an!«

»Und Sie? Wovon leben Sie?«

»Ich habe ein kleines Marionettentheater, unten am Hafen.«

»Ach so. Und wie läuft es?«

»Mal gut, mal schlecht.«

»Soso.«

Sie reden. Pietro weiß auf alles eine Antwort.

»Mara ist keine Hure.«

Mara sitzt auf der Anklagebank und wartet gelassen, mit einem schiefen Lächeln.

»Als sie sechzehn war, schlief sie mit einem Exhibitionisten aus unserem Dorf, damit er die kleinen Mädchen in Ruhe lässt. Der Exi hat den kleinen Mädchen immer sein Ding gezeigt, das hat Mara nicht länger mit ansehen wollen, also hat sie's ihm ordentlich besorgt, verstehen Sie, nur half es nicht viel, weil ein Exhibitionist keinen Sex will, er will nur sein Ding herzeigen, aber immerhin, nachdem Mara ihm wöchentlich den Schwanz gerade gerichtet hatte, war er nicht mehr vor dem Kaufmannsladen gestanden und die Mädchen hatten Ruhe.«

Antonino ist zufrieden. Sein Gefieder ist prächtig, es glänzt und er gefällt sich. Er bekommt ein paar Jahre, oder auch mehr. Für »den Idioten« wird Pietro bei nächster Gelegenheit wieder eine Kniescheibe verlieren, oder in diesem Fall, wo es ihm doch nützlich sein wird, nur einen Finger. Die ganze Sache ist Goldes wert. Wenn man es geschickt anstellt, dann geht man während man sitzt, sogar auf die Universität. Das ist allgemeines Bürgerrecht. Du inskribierst und besuchst Vorlesungen, sie bringen dir das ganze Zeug in die Zelle und die Professoren kommen in den Knast und prüfen dich ab. Wenn du heraußen bist, hast du einen Doktor, so ist das heutzutage. Im Knast erfährt man die neuesten Tricks wie man behördliche Computer knackt, und wenn du es schlau anstellst, was Neues über das Geldanlegen an der Börse.

Bei Antonino hingegen wird es diesmal anders werden, aber das macht nichts. Antonino wird diesmal in eine Klinik eingewiesen und bekommt eine Therapie, diesmal kommt er nicht unter zehn Jahren durch, er ist geistig krank, er braucht eine Behandlung, er ist selbstmordgefährdet, er läuft leicht Amok, weil er seinen Schwanz nicht unter Kontrolle hat, also gut, ein paar Weißkittel, die wird er ertragen können, nach den zehn Jahren erholt er sich plötzlich, oder die Politik und dann ... . Antonino macht sich keine Sorgen.

Er sitzt dort mit breiten Beinen und suhlt sich in seiner Wichtigkeit als Don. Er lässt sich eine Gitarre in die Zelle bringen und spielt, er singt im Gefängnis und raucht Zigarren. Er ist ein Don und er liebt die richtige Frau, die auf ihn warten wird. Anderen geht das nicht so. Die drehen durch im Knast. Antonino nicht.

Pietro wurde festgenommen. Aus dem Zeugenstand heraus. Wegen Mithilfe. Oder weil er seiner Bürgerpflicht nicht nachgekommen war und die Verbrechen nicht angezeigt hat. Aber verstehen Sie denn nicht, hatte Pietro gerufen, das sind doch meine Geschwister. Er hatte sich aufgeregt, aber es hatte ihm nichts geholfen.

Ihm wurden seine Rechte vorgelesen, er kannte sie.

»Schwören Sie die Wahrheit zu sagen und nichts als die Wahrheit?«
 »Ja, ich schwöre.«
 »Wie heißen Sie?«
 Nun war ich an der Reihe.
 Ich sah zu Antonino. Er war cool. Er wusste, ich würde ihn lieben und die richtigen Aussagen machen.
 Ich stand vor dem Palast der Herren Raben. Ich werde eintreten, von ihren Tellerchen essen, in ihren Bettchen schlafen, aber sie werden nicht mit mir nach Hause zurückkehren! Das Märchen ist wunderbar, der Palast ist herrlich, die Existenz der Raben das Ziel. Wozu sich befreien lassen? Wozu zurückkehren? In welche Welt? In die Armut? In das Nichts?
 Ich sollte ihren Traum teilen!
 Das war es, was Antonino von mir erwartete. Und Pietro auch.

»Wie heißen Sie?«
 Der Staatsanwalt wiederholte die Frage.
 Ich schwieg.

Die alte Puppe Lorenzo lag am Rand der Bühne und ihren mutlosen Augen sagten: Schweige.

»Ist Ihnen nicht gut? Brauchen Sie ein Glas Wasser?«

»Du hast eine Blume hinter deinem Rücken, Antonino!«
 »Nein, es ist ein Messer. Küsse die Pracht!«
 Ich wollte den Traum nicht teilen. Aber Antonino

wollte die Blume nicht sehen. Er wollte das Messer. Er wollte die Möwe nicht sehen. Er wollte den Raben.

»Wie heißen Sie? Erzählen sie uns von den Schafen.«

Ich richtete mich auf und versuchte eine Antwort.

»Ich bin ...«

42

Noch bevor Antonino gehört hatte, wie ich antworten würde, sprang er auf, mit offenem, brüllenden Maul:

»Du bist niemand!« Er machte einen Satz über die Tische auf mich zu.

Das war sehr real. Ich roch ihn. Den Schweiß eines Tieres, das angebunden war und ich bekam Angst. Die Polizisten erwischten ihn. Sie zerrten ihn zurück, er schwitzte, ich atmete fast nicht mehr.

Ich war in dem Palast, in dem die sieben Raben wohnen, aber ich sollte sie nicht erinnern! Nicht erinnern, an das was sie waren, ich sollte ihren Traum teilen. Das ist doch nicht die Geschichte!

Ich war verwirrt.

Der Zwerg, der Diener des Palastes, öffnet die Tür und ich frage: »Sind die Herrn Raben zu Hause?«»Nein, die Herrn Raben sind ausgeflogen, aber sie können hier warten.« Ein Rabe fliegt durch das Fenster und fragt: »Wer hat von meinem Becherchen getrunken, wer schläft in meinem Bettchen?« Ich sage: »Ich bin es!« »Wer bist du«, fragt der Rabe. »Erkennst du mich nicht?« »Wer bist du?« »Erinnerst du dich nicht?« »Wer bist du?« fragt der Rabe und bekommt Angst.

Und in diesem Augenblick begriff ich die Angst. Die Angst vor der Erinnerung! Und in diesem Augenblick erfasste auch mich die Angst. Die Angst, erinnert zu werden, dass man verflucht ist.

»Wer sind Sie?«, fragte der Staatsanwalt und ich antwortete:
»Ich bin niemand, niemand vermischt mit dem Nichts.«
Antonino triumphierte. Ich hatte es getan. Ich werde in dem Palast bleiben und meine Brüder nicht erinnern. Ich werde ihren Traum teilen. Ende.

43

»So geht das Märchen nicht!«
Ruft der Zwerg, hämmert mit seinem Audienzstab auf den Boden und fordert die korrekte Auslegung der Geschichte.
»Das Mädchen hat einen Ring mit, vom Vater, es ist die Erinnerung! Das Mädchen weiß, wer es ist.«

Ein Mann kam nach vor. Er war korrekt gekleidet und wirkte smart. Er setzte sich in die erste Reihe und starrte mich an.

»Camillo!«

Seine Beine übereinandergeschlagen, die Hände in seinem Schoß. Er war still. Es genügte ihm, mich anzustarren. Es wirkte.
»Was tust du hier?«
»Giovanna!«

»Wie heißen Sie!« wiederholte der Staatsanwalt. Die Journalisten hatten große Ohren, sie warteten auf eine Schlagzeile, die Spannung war zum Zerreißen.

»Was wissen Sie über die Schafe, für wen arbeiten Sie?«

»Du hast einen Ring am Finger, Giovanna, du weißt wer du bist«, sagte Camillo.

»Ja, ich weiß.«

»Der Ring fällt in das Becherchen. Du wirfst den Ring in das Becherchen.«

»Ja, Camillo, jetzt fällt es mir wieder ein, ich werfe den Ring in das Becherchen.«

»Ja, Giovanna, darum bist du hier.«

»Der Ring fällt in das Becherchen und der jüngste Bruder findet ihn. Die Erinnerung wird Antonino herausholen, nicht aus dem Gefängnis, sondern aus dem Fluch! Ja Camillo, du hast recht, so geht das Märchen. Ich werde ihren Traum nicht teilen.«

»Du kannst Regeln brechen. Du kannst ihre Regeln brechen. Du kannst die Regeln des Fluchs brechen, du kannst den Ring vom Finger nehmen. Du kannst die Realität sehen.«

»Ja.«

»Schwören Sie die Wahrheit zu sagen und nichts als die Wahrheit?«

44

»Am 24. August 1995 gelangten fünf Veteranen aus den ehemaligen Oststaaten mit einem Frachter über den Bosporus in das Mittelmeer.«

Ich sage aus.

»An der Küste Süditaliens legten die rostigen Kähne an.«

Ich heiße Giovanna.
Aufschrei. Emotionen. Ausrufe. Flüche. Warnungen. Mord. Blut. Aber ich hörte es nicht. Ich sagte aus.

»Die Flüchtlinge fanden in Lastern ihren Weg zu den zentralen Knotenpunkten des internationalen Menschenhandels. Fünf in den Oststaaten ausgebildete Profi-Killer festigten auf diesem Weg die Schlepperroute eines ausländischen Kartells, die Lukrativität der modernen Sklaverei.«
Karatsch lässt seine Hosen hinunter. Er nimmt innerhalb einer Sekunde fünfzehn Kilo ab. Das ist die Realität. Sie ist beinhart und er begreift, dass ich sie kenne.
»Fünf Millionen Dollar, allein für das Überqueren der Grenze zwischen Italien und Frankreich innerhalb eines Jahres machten die Route für das Kartell unverzichtbar. Sie begannen sie zu schützen.«
»Wer ist das?« Karatsch lachte böse. »Wo haben Sie die her?« Er glaubte es begriffen zu haben. Ich, ein Bluff der Justiz. Er wird sich zu retten wissen.

»Sergei Mikkalewitsch Karatsch, Besitzer einer Autowerkstatt, ist Chef des Schlepperknotens in Vioncello, fünfzig Kilometer weit weg von hier. Ihm unterstehen ein Killer und zwei Monitore. Zwei Killer kamen letzte Woche über die Route Schwarzes Meer an. Einer heißt Nitto Bagara, der andere konnte fliehen. Die Monitore überwachen die Route und geben jede Unregelmäßigkeit an Karatsch weiter. Luigi Marza ist ein Monitor. Die Route funktioniert seit vier Jahren.«

Karatsch lachte: »Was redet sie da? Hat sie irgendwelche Beweise, wer ist das überhaupt?«

»Auf der selben Route wurden vor zwanzig Jahren unter ähnlichen Bedingungen Drogen aus dem vorderen Orient in die Veredelungslabors Siziliens und Kolumbiens gebracht. Salvatore Calvaruso, mein Vater, hatte die Route geplant und das Geld in seiner Anwaltskanzlei in Florenz gewaschen. Fünfzehn Jahre Handel ohne Zwischenfälle. Eine einzigartige Route. Daher beschlossen die Kartelle die Route zu kaufen und für ihre Zwecke zu verändern. Sie zahlen an die hiesigen Organisationen Schutzgeld. Erste Lieferung: 14. Januar 1994. Umsatz: Vierhunderttausend Dollar.«

Die hintersten Reihen des Gerichtssaals leerten sich. Da fühlten sich welche bedroht. Der Staatsanwalt registrierte es. Sie würden nach Hause gehen, telefonieren, würden Vereinbarungen treffen und einen Killer bezahlen. Für mich.

Der Staatsanwalt starrte mich an. Ihm wurde etwas klar: »Ich muss sie schützen.«

»In den nächsten Tagen sollen 49 Kinder aus einem rumänischen Kinderheim über diese Route nach Marseille gelangen. Diese Kinder werden dringend für Augenhornhauttransplantationen in Brasilien erwartet. Drei der Kinder hießen Viola, Giovanna, Mimmo.«

Die Hure schreit auf. Ihr Herz zerreißt. Es sind ihre Kinder. Es sind meine Nichten.

»Vor zwei Wochen wurde unser Haus niedergebrannt, meine Eltern ermordet. Eine dritte Leiche wurde als Giovanna Rosalia Calvaruso identifiziert. Ich bin tot.«

Dem Staatsanwalt gehen die Augen über, er kann es nicht glauben und er glaubt es nicht. »Nein!«

»Antonino Marza ist Fährmann. Er schmuggelt über die Route seines Vaters Drogen. Das Kartell will seine Route, aber Antonino ist stur. Antonino ist eine kleine störende Nummer, das Kartell will Antonino beseitigen, also inszeniert Antonino seinen Tod.«

»Ich soll ein Feigling sein?«

Antonino rastete vollkommen aus. Seine Augen waren blutrot, aber alle Farbe war aus seinem Gesicht gewichen. »Eine kleine Nummer? Nein! Ich bin ein Don! Ich bin ein Don!« Sein ganzer Traum brach. Die Flügel fielen einzeln von seiner ausgezerrten Statur, und darunter war nur das Skelett einer Puppe.

Du bist niemand, Antonino. Das Kartell sucht dich, die Familie kann dich nicht schützen, du bist angeklagt des sechsfachen Mordes, die Staatsanwaltschaft hat vierzehn Zeugen, du bist nicht nur tot, du bist nichts. Der Schmerz wandert aus dem Herzen in den ganzen Körper und überall bricht Schweiß aus. Es ist die Wahrheit.

»Ich erbitte meine Freilassung. Ich heiße Rosalia Giovanna Calvaruso. Ich muss dringend untertauchen!«

Die vorletzte Reihe ist leer. Der letzte verschwindet gerade.

Die Richterin wollte es genauer wissen.

»Welche Beweise können Sie uns vorlegen. Mit wem arbeiten Sie zusammen?«

Der Staatsanwalt war dagegen.

»Sie heißen Giovanna Rosalia Calvaruso, aber Signorina Calvaruso ist tot. Sie starb zusammen mit ihren Eltern bei einem Brand, den Antonino Calvaruso gelegt hat. Geben Sie uns Ihre Papiere.«

»Ich bin tot, Dottore, begreifen Sie das nicht? Das Haus ist verbrannt. Alles. Das einzige was blieb, ist ein Pfirsichkuchen, zwei Kunstbücher, ein karierter Rock und eine Abschrift! Lassen Sie mich jetzt gehen!«

Ich gehe zu Antonino. Er steht da, ein Skelett in einer Lache aus Blut. Überall schwarze ausgerissene Federn. Er steht da und ist nichts weiter als eine dumme Puppe. Eine nichtsnutze Marionette. Er hasst mich. Er wird hässlich. In diesem Augenblick.

»Du hast mich zu einem Nichts gemacht. Du hättest schweigen müssen, ist das denn so schwer?«

Bewegung war in den Gerichtssaal gekommen. Ein Journalist wagte sich nach vor, er stellte eine Frage: »Sind Sie wirklich die Leiche aus dem Mafiahaus Calvaruso, können Sie uns irgendeinen Beweis liefern?«

»Hören Sie«, die Richterin wollte kooperieren, »es ist Ihnen doch klar, in welcher Gefahr Sie sich befinden. Sie kennen die Zusammenhänge und Namen, die der Staatsanwaltschaft von großem Nutzen sein können, Sie aber in Lebensgefahr bringen. Kennen Sie das

Zeugenschutzprogramm. Sind Sie bereit, weiter auszusagen?«

»Das alles ist nicht der Gerechtigkeit wegen geschehen«, sagte ich »das alles ist geschehen, um die Bande zu zerreißen, die uns daran hindern, uns zu erinnern.«

Im Gerichtssaal war es ganz still.

»Einen Beweis«, sagte der Staatsanwalt. Ohne Beweis würde er mich nicht aus dem Gerichtssaal lassen.

»Die Tasche«, sagte ich.

Ein Gerichtsdiener kam. Ich gab ihm die Tasche. Der Gerichtsdiener brachte sie dem Staatsanwalt. Der Staatsanwalt nickte. Der Gerichtsdiener nahm die Abschrift und brachte sie hinaus.

»Wir überprüfen die Handschrift und vergleichen sie mit der der kleinen Calvaruso und Ihnen, unterschreiben Sie bitte hier, Signorina.«

Ich schrieb meinen Namen: Giovanna Rosalia Savariella Calvaruso.

Nach einer halben Stunde kam der Bescheid.

»Die gleiche Handschrift.«

Der Staatsanwalt konnte es nicht fassen. Er starrte mich völlig entgeistert an: Ich, die dritte Leiche aus dem Mafiahaus Calvaruso!

»Wer sind Sie?«

Er hatte sich gefasst und ruhte wieder in seiner Funktion und dachte nach. Er faltete die Hände und seine Augen ruhten auf mir. Eine Minute, eine zweite Minute.

Dann deutete er und ließ mich gehen. Die Polizisten und Gerichtsdiener wichen fort.

45

Die Richterin vertagte die Verhandlung. Ich war frei. Vorläufig. Durfte aber Palermo nicht verlassen. Der Staatsanwalt hatte vor, mich als Zeugin vorzuladen. Sie konnten mich zwingen, auszusagen.

Ich wollte gehen und Antonino retten. Vor der Justiz, vor dem Kartell, vor dem Fluch. Ich war in Lebensgefahr. Der Staatsanwalt versuchte es mir klar zu machen, ebenso die Richterin. »Sie haben ihren Tod bereits beschlossen, Signorina.«

Sollte ich ihnen sagen, dass ich immun war?

Ich wollte hinaus. Camillo war nicht mehr da. Er war gegangen, um seine Vorbereitungen zu treffen. Antonino zwischen zwei Polizisten, sie nahmen ihn, legten ihm Handschellen an und sahen nicht, dass seine Hände Flossen waren. Er war ein Delphin! Das tut weh. Ich ging neben ihm her. Ich suchte seine Augen, aber er spuckte nur vor mir aus. Er wollte nicht mit mir sprechen. Er wollte mich nicht sehen. Er hasste mich. Ich habe nicht geschwiegen. Ich hätte sagen sollen: Ich liebe Antonino Calvaruso, er ist ein großer Don, aber er ist kein Mörder. Er ist ein ehrenwerter Mensch.

»Ich habe ihn verletzt.«
»Ja, das hast du.«
»Ich habe ihn sehr schwer verletzt.«
»Ja«, sagte der, dessen Stimme groß war, so groß wie ein Berg, es war der Riese Colapesce.
»Es tut weh, ich nehme ihm den Traum eines Ehrenmanns, aber dieser Traum ist nur ein Fluch!«

46

Ich stand vor dem Gerichtsgebäude. Ich musste untertauchen und Antonino verlegen lassen. In eine andere Stadt. Wenn sich das Märchen erfüllt, würde er sich erinnern, aber sie durften ihn nicht töten. Ich wollte fort, nachdenken.

»Signorina?«

Der Staatsanwalt war hinter mir. Er war mir gefolgt, seine Leibwächter hinter ihm, versuchten ihn zurückzuhalten, nicht aus dem Gerichtsgebäude hinauszulassen.

»Giovanna Rosalia Calvaruso ist tot. Die Kollegen aus Florenz identifizierten die Leiche auf Grund einer Autopsie?«

»Eine Autopsie? Wer hat die veranlasst?«

»Ich!«

»Sie? Eine Autopsie an einer verkohlten Leiche, die nichts anderes sein kann als ich?«

»Wer sind Sie wirklich!«

»Wer sind Sie?« fragte ich.

Die Leibwächter waren empört und aufgeregt, der Staatsanwalt ohne Schutz auf einem öffentlichen Platz, über 135 ungedeckte Punkte!

»Ich musste sicher gehen«, sagte er.

»Sicher gehen, aus welchem Grund?«

»Ich ermittle seit vier Jahren gegen die Schlepper, ich habe meine Gründe, Signorina! Wer sind Sie?«

»Mein Name ist Giovanna Rosalia Calvaruso, mein Vater hieß Salvatore, meine Mutter Rita, das ist alles.«

Ich ging. Vor dem Gebäude eine Bushaltestelle. Der Staatsanwalt rief es mir nach: »Wo wollen Sie hin?

Wer beschützt Sie?«

Ich ging auf den Bus zu. Blut lief hinter mir die Treppe herunter.

Der Bus wartete vorschriftsmäßig, das Blut floss die Treppe des Justizpalastes hinab und drang bis in den Bus. Ich konnte nicht einsteigen.

»Liefern Sie mir Beweise und ich kann Sie schützen!«

Das Blut stockte und wurde dick. An der Türe gerann es und bildete eine Kruste.

Die Menschen saßen apathisch im Bus. Der Fahrer wartete darauf, dass ich einstieg. Ich konnte mich nicht mehr wehren. Gegen die Bilder. Er tauchte in meinem Kopf auf. Der Herr Tono. Antonino! Groß. Böse. Er starrte mich an. Er war eine Marionette, an der schwarze Federn klebten. Er war eine kaputte Marionette, die ein Rabe sein sollte. Er hatte Waffen unter den Flügeln, lud sie und feuerte sie ab. Er wollte mich töten. Ich hatte ihn getötet.

Ich brach zusammen.

»Signorina!« Der Staatsanwalt.

Antonino war über mir. »Ich werde morden, stehlen und mich verleugnen. Ich habe meine Eltern ermordet und dich verbrannt. Ich bin ein Krüppel. Ohne Erinnerung. Das Märchen vergaß den Schmerz. Denkst du, es ist einfach zu sehen, wie verkümmert man ist? Denkst du, es ist wunderbar zu sehen, wie hässlich man ist. Denkst du nicht, ein paar Flügel sind besser als das große Nichts? Denkst du, es tut nicht weh, mitanzusehen, wie verdammt wir sind? Die Erinnerung ist ein bösartiger Schmerz. Die Erinnerung ist ein hässliches Geschwür. Es nagt an dir und hält dich fest, es zerfrisst dein Herz, weil du siehst:

Ich wurde nicht geliebt.«

Antonino verwandelte sich in einen hässlichen Raben und hob ab, Kot versprühend, über mich.

47

Eine Höhle.
Tief unten im Meer. Ich sitze darin. Über mir der mächtige Fuß des Colapescen. Die Insel ruht gelassen auf seiner Schulter. Ich unter ihm. Ich werde diesen Ort hier nicht wieder verlassen.

Eine Höhle. Ich habe ihn verraten. Den Mann, den ich liebe. Meine Liebe hätte sich erfüllen müssen, auf dieser Fähre ... aber meine Liebe sprang ins Meer und wurde von einer Fischmehlmaschine zerhäckselt.

Seither vermischte sich die Wirklichkeit, der Traum, das Märchen, die Erinnerung und die losen Fetzen einer groß genug empfundenen Liebe. Alles vermischte sich. Die Bilder. Das Wissen aus der Abschrift, die Ahnungen, der Traum. Was ist Wirklichkeit?

Alles ist groß und schwer.

Der Riese Colapesce trägt die Insel. Ich schmiege mich an seine kleine Zehe. Über mir das große Meer. Niemand wird mich hier finden. In dieser kleinen Höhle, zwischen den Zehen des Riesen. Ich bin müde. Ich schlafe. Ich schlafe gut und lange. Ich bin in Sicherheit.
Ein Dröhnen weckt mich. Der Riese macht einen

Schritt zur Seite. Die Insel wird schwerer. Der Riese balanciert die Insel neu aus, irgendeine Veränderung ist geschehen an der Oberfläche, eine Veränderung der Gewichte.

»Was ist los?«

Ich reibe mir die Augen.

»Sie tragen ihre Waffen zusammen.«

»Wer?«

»Die einen wollen die anderen töten, weil jeder denkt, er hätte doch ein Recht auf sein Recht. Mein Bruder, der unter den Hawai-Inseln steht, sagt, solange diese Menschen nicht erkennen, dass sie auch eine Pflicht zu ihrer Pflicht haben, werden diese verdammten Inseln immer schwerer werden ...«

»Wohin gehen sie?«

»Ins Gefängnis.«

»Sind die Waffen geladen?«

»Und wie! Sie werden einander die Gehirne aus dem Kopf blasen ... wer bist du, kleine Kröte und woher kommst du?«

»Ich sitze hier, an deiner Zehe.«

»Was tust du hier?«

»Ich habe Angst.«

»Angst?«

»Um Antonino, einen, der im Gefängnis sitzt, er denkt, er ist ein Rabe und gefällt sich besser in diesem Traum als in meiner Liebe. Siehst du ihn?«

»Jetzt haben sie einen erledigt.«

»Wen?«

»Luigi, sie werfen ihn ins Wasser. Sie haben ihm die Gurgel durchgeschnitten, na bitte, er sinkt schon herab. Die Toten fallen bis zum Meeresgrund, dort fängt es in ihren Bäuchen zu gären an und dann treibt es sie wieder an die Oberfläche.«

»Luigi! Und jetzt. Töten sie jetzt ihn?«

»Was soll das werden, komm heraus, wenn du es sehen willst.«

»Ich kann nicht, ich liebe ihn.«

»Was soll das heißen? Die Menschen sagen, ich liebe, aber was soll das bedeuten? Sie sitzen verzweifelt herum, verstecken sich und schreien, dass sie lieben. Jetzt nehmen sie ihn ganz schön in die Zange.«

»Antonino?«

»Sie gehen ihm an den Kragen, aber einer sagt, er soll es überleben, schlagt ihn schwachsinnig. Der, der es gesagt hat, hat Geld in der Tasche. Alle wollen was davon haben.«

»Geld?«

»Jetzt nehmen sie einen Stein und schmettern ihn unaufhörlich auf seinen Kopf.«

»Auf Antoninos Kopf?«

»Ja, und ein anderer tritt mit der Ferse permanent in seine Lunge.«

»Sie töten ihn?«

»Jetzt aber, glaube ich, hat der Stein sein Bestes gegeben und ihm den Verstand aus dem Kopf gehämmert. Warte, gleich wird sein Gehirn herunterrinnen, die See wird grün werden.«

»Hebe mich hinauf!«

»Hast du keine Angst mehr?«

»Schleudere mich hinauf! Ich werde schneller sein als ihre Steine, ich werde schneller sein als ihre Schritte, komm, beeile dich, ich werde mich über ihn breiten und ihn beschützen.«

»Das kannst du?«

»Ja, ich kann das.«

»Das werde ich mir ansehen, wer bist du, der du denkst, du wärest schneller als die Wirklichkeit.«

»So schleudere mich endlich hinauf.«

Der Riese nimmt mich an den Armen. Er will mich hinaufschleudern. Er hat mich fest an den Gelenken, aber es gelingt ihm nicht.
»Potz Tausend, du hast ein Gewicht!«
»Was?«
»Du wiegst schwerer als ein Kontinent, wer bist du?«
Ich fragte mich, wer ich sein könnte. Da ich schwerer wäre als ein Kontinent?
»Du musst eine von uns sein. Was trägst du? Ich trage Inseln, das kann jeder sehen, aber das, was du trägst, ist in dir und es kann niemand sehen. Und dennoch ist es schwerer als eine Insel. Was ist es?«
Der Riese betrachtete mich wie ein schwieriges Rechenbeispiel.
»Warte, jetzt sehe ich was du trägst. Dein Inneres wird hell, und ich sehe es genau, Potz.«
»Siehst du was?«
»Es sind sieben. Sieben Leben!«
Sieben Leben?
»Potz! Was ist schon eine Insel gegen sieben Leben!«

Ein seltsamer Sog brachte mich durch das Meer zurück in die Welt.

48

Es war Nacht. Eine Straßenlaterne leuchtete bis weit hinaus auf das Meer. Ich saß auf einer Bank neben einer Bushaltestelle an der Küste, außerhalb der Stadt.

Die Wellen schlugen regelmäßig am Ufer auf. Ihr Klang säuselte süß und hörte sich an wie das liebliche Rauschen von Ferien.

Neben der Bushaltestelle stand eine Telefonzelle. Sieben Leben. Eines davon jenes meiner Liebe, Antonino, sie wollen dich dumm schlagen.

»Überlebe es Antonino!« Ich ging in die Telefonzelle und suchte eine Nummer heraus. Violoncello, Tankstelle.

»Geld«, hatte der Riese gesagt, »natürlich, ich habe Geld. Ich werde die Killer bezahlen! Sie sollen Antonino nicht tötet, ich werde sie mit dem Scheck von Lorenzo bezahlen! Danke, mein allerliebster Riese Colapesce!«

Es gab nur eine Tankstelle in Violoncello und nur einen Tankwart.

Ich weckte den Tankwart.

»Ja, ich weiß wie spät es ist, ich brauche eine Adresse.«

»Wer spricht bitte?«

»Karatsch schickt mich.«

»Hören Sie, was wollen Sie, wer ist Karatsch?«

»Wo hat sich der Killer versteckt, ich muss ihm eine Botschaft übermitteln.«

»Welcher Killer, Sie haben sich verwählt.«

»Geld. Ich stehe in einer Telefonzelle irgendwo am Stadtrand von Palermo.«

»Na prima, Sie haben die falsche Nummer, Signorina!«

»Warten Sie! Wenn Sie schnell sind, schaffen Sie es in einer Stunde. Ich habe Geld für den Killer. Es liegt in einer Tasche auf der ersten Parkbank des

Orangenhains im botanischen Garten. Dort ist auch die Botschaft. »

Ich legte auf. Ich fühlte mich gut. »Ja!« sagte ich, »das tut gut, ich werde handeln, von nun an werde ich handeln.« Ich wollte noch mehr tun.

Ich holte den Scheck von Lorenzo aus der Tasche. Damit könnte ich den Killer bezahlen. Der Killer solle Antonino warnen, aber nicht töten, nicht mit einem Stein auf den Kopf schlagen. Veteranen aus dem Osten. Sie bekommen ihr Geld und machen ihre Arbeit. Wer mehr bezahlt, hat das Sagen. Ich hoffte, dass der Scheck höher war, als die Bezahlung durch die Mafia. Mein Scheck. Schnell sein. Der Vision zuvor kommen.

Ein Taxi brachte mich zum botanischen Garten.

»Warten Sie hier auf mich.«

Ich kletterte über den Zaun, lief die kleine Allee hinunter und suchte im Dunkeln die erste Bank neben dem duftenden Orangenhain. Ich legte meine Tasche ab, holte einen Zettel und schrieb dem Killer eine Nachricht. »Einschüchtern – nicht töten.« Ich ließ die Tasche mit dem Scheck auf der Parkbank liegen und lief zurück. Das Taxi hatte gewartet. Ich kletterte über den Zaun.

»Zu einer Telefonzelle. Schnell.«

Ich suchte die Adresse des Staatsanwaltes heraus. Es war 2 Uhr 45.

»Pronto!"
»Dottore?"
»Wer ist da?«
»Ziehen Sie sich an, ich möchte es Ihnen beweisen.«

»Was beweisen.«
»Die Schlepperroute, und Sie verlegen ihn!
»Signora! Signorina Calvaruso?«
»Ich bin in zehn Minuten bei Ihnen.«

49

Das Taxi brachte mich bis vor die Tür des Staatsanwaltes. Vor der Tür stand ein Polizist. Das Taxi hielt. Der Polizist kam auf mich zu.
»Signorina Calvaruso?«
»Ja?«
»Bitte warten Sie hier im Eingang, hier sind Sie sicher.«
Der Polizist öffnete eine Tür und ich stand in einer kleinen Halle. Weiter vorne die Treppe und ein Lift. Vor dem Lift zwei weitere Polizisten und eine Polizistin.
»Warten Sie bitte hier.«
Der Polizist hatte mich Calvaruso genannt! Rosalia Giovanna Calvaruso.
Die Polizistin starrte mich an, als wäre ich eine Verbrecherin. Der Polizist neben ihr telefonierte und meldete meine Anwesenheit dem Staatsanwalt. Kurz darauf verlangten die Polizisten meine Papiere. Ich sagte, ich hätte keine. Die Frau untersuchte mich. Ich sagte, ich wolle zum Staatsanwalt. Wir müssten uns beeilen. Ja, sagten die Männer.

Die Männer brachten mich zum Lift.
»Sie verstehen das falsch«, sagte ich, »ich will nicht hinauf. Ich will dem Staatsanwalt etwas zeigen, tote Kinder auf einem Strand am Meer, vergraben,

Beweise, lassen Sie mich los!«

»Der Staatsanwalt kann sie nicht begleiten, wenn Sie ihn sehen wollen, müssen Sie zu ihm hinauf.«

»Ich muss ihm etwas zeigen. Jetzt. Bevor sie es vertuschen. Begreifen Sie das denn nicht. Ich habe eben mit dem Staatsanwalt telefoniert!«

Der Lift war da. Die Männer nahmen mich am Arm und wollten mich in den Lift ziehen.

»Nehmen Sie ihre Hände weg!«

Ich riss mich los.

»Sie sollen hinaufgehen, das ist alles.«

Ich drehte mich um, hinter mir stand die Frau. Sie war entschlossen mich nicht gehen zu lassen.

Ich musste aus dieser Situation heraus! Plötzlich geschah alles in Zeitlupe. Die Frau sprach mit langsamen Bewegungen eindringlich auf mich ein. Die Männer rückten in lahmem Tempo näher. Sie hatten vor, mich zu fassen, ich aber war schneller. Hinter mir Stimmen, verzerrt »... wir können Sie auf diese Weise nicht schützen. Sie schicken bereits Killer nach Ihnen aus, gehen Sie hinauf, dort sind Sie sicher, wir suchen die Leichen für Sie ...« Ich aber war bei der Tür, einen Schritt noch ... hinaus aus dieser Welt, aus der ich nicht kam.

»Signorina Calvaruso! Guten Morgen!«

Auf der Treppe hinter mir, der Staatsanwalt. Seine Hände hielten sich am Geländer fest. Er trug einen Anzug, ohne Krawatte, keine Schuhe, lässig am Geländer gelehnt.

»Ich kann Sie nicht begleiten«, er entschuldigte sich, »wenn Sie heraufkommen wollen?«

Die ganze Bewegung meiner Flucht kam ins Stocken und ergoss sich wie eine riesige Welle harmlos in dieser Eingangshalle. Der Staatsanwalt wusste, dass ich ihm folgen würde. Er drehte sich um und ging die Treppe hinauf. Einer der Leibwächter stellte das Bein in den Lift und fragte mich:

»Wollen Sie fahren oder gehen? Es ist der 5 Stock.«

50

Die Wohnung des Staatsanwaltes war beinahe leer. Ein dunkler Parkettboden im Wohnzimmer, ein Telefon am Boden. Keine Möbel. Eine Bibliothek ohne Sitzgelegenheit. Ein Bett genau in der Mitte eines Schlafzimmers, Bücher am Boden und unter dem Bett neben einer Lampe, an einer langen schwarzen Schnur, ein Telefon. Keine Küche. Nur eine alte Kommode, auf der eine Kaffeemaschine stand. Ein Bad. Am Gang weiter hinten eine abgeschlossene Tür, vielleicht ein Abstellraum.

Nachdem ich alles gesehen hatte, ging ich zu ihm. Der Staatsanwalt stand im Wohnzimmer. Vier hohe breite Glasfenster, deren Oberlichte mit feinem Schmiedeeisen strukturiert war. Das Licht der Straßenlaternen brach sich in Mustern an der gegenüberliegenden Wand. Er stand mit dem Rücken zur Mauer gewandt. Er schwieg. Irgendeine Kraft hielt den Raum zusammen, mein Instinkt sagte mir, fliehe, aber weil ich Antonino liebte, brach ich das Schweigen.

»Haben Sie nicht geschlafen?«, fragte ich.
»Ich habe auf Sie gewartet! Tod oder lebendig.«
Er drehte sich zu mir.
»Wir haben Sie gesucht. Wo waren Sie?«
Ich war in einer Höhle, tief unten im Meer. Ich

bin immun, spreche mit Riesen und wenn ich will, springe ich fünfzehn Meter bis auf eine Rampe.

Ich antwortete nicht.

»Warum kamen Sie her?«

»Ich wollte Ihnen etwas zeigen, Leichen. Ich liefere Ihnen die Beweise! Sie verlegen Antonino! Das ist ein Deal. So macht man doch Deals? Antonino muss weg von der Insel, in ein anderes Land. Dort kann er im Gefängnis seine Strafe abbüßen, ohne in Gefahr zu sein. Ich will, dass er lebt, ich liebe ihn, ich möchte, dass er sich erinnert.«

»Sie lieben ihn.«

Der Staatsanwalt wusste Bescheid. Entweder war es ihm gleichgültig oder er hatte keine andere Wahl.

»Sie wollten doch Beweise.«

»Ja.«

»Ich kann Sie hinbringen! Jetzt. Es sind gute Beweise. Ich bitte Sie, verlegen Sie Antonino Marza.«

Er starrte in die Nacht.

Schließlich ging er zu dem Telefon, beugte sich langsam nach vor, hob es auf und wählte mit aller Zeit der Welt.

»Wo?«

»In Violoncello, an der Tankstelle vorbei bis zum Meer hinunter, von der Straße links in eine Staubstraße einbiegen bis zu den Dünen. Dann zu Fuß, nach cirka hundertfünfzig Metern. Vor 12 Tagen waren sie noch dort.«

»Vor 12 Tagen?«

»Ich habe sie gesehen.«

»Jetzt sind sie nicht mehr dort.«

»Woher wollen Sie das wissen.«

»Sie wissen es, also wissen die, dass Sie es wissen,

sie sind nicht mehr dort.«

»Zwei Kinder.«

»Welche Kinder?«

»Ich habe zwei Kinder ausgegraben, ich habe sie woanders wieder vergraben ...«

Das interessierte ihn.

»Ich weiß nicht wo, Richtung Osten.«

»Wie weit von den anderen entfernt?«

»Fünfzig Meter? Eine Düne. Ich habe Steine darauf gelegt und Äste.«

Der Staatsanwalt wählte eine andere Nummer. Er ging mit dem Telefon ans Fenster und gab seine Anweisungen.

»Zwei Kinder an einem Strand in Violoncello. Die Straße von der Tankstelle hinunter, dann zum Strand, eine Düne Richtung Osten. Durchsucht alles. Ja, jetzt. Ja, mit Scheinwerfer. Ist mir egal, wie aufwendig das ist.«

Er drehte sich zu mir. Seine Augen sahen anders aus. Vielleicht müde, vielleicht neugierig.

»Wir fahren morgen dort hin.«

»Morgen?«

Also gut. Morgen. Ich drehte mich um und wollte gehen. Hinter mir am Boden stand die Tasche: Sieben Leben.

»Dottore?«

Der Staatsanwalt hatte die Arme verkreuzt und beobachtete mich.

»Der Fährmann, Antonino Marza, er ist unschuldig ... er könnte diese Nacht nicht überleben.«

»Ich weiß.«

»Verlegen Sie ihn! Jetzt!«

Der Staatsanwalt rührte sich nicht.

»Dieser Mann ist Ihr Bruder.«
Er wusste es.
»Setzen Sie sich doch!«
Ich wollte mich setzen. Aber hier waren keine Stühle. Der Staatsanwalt merkte es, er ging nach rückwärts an die hintere Mauer. In der Wand war eine Tür eingebaut. Er holte zwei Stühle aus dem kleinen Raum in der Mauer. Er stellte die Stühle in gebührlichem Abstand von einander auf und setze sich, fünfzehn Meter von mir entfernt, auf den einen und bot mir den anderen Stuhl an.

Wieder erhob sich eine unbekannte Kraft. Sie ordnete den Raum. Die Dinge hatten augenblicklich eine andere Wirkung.
»Setzen Sie sich!«
Ich wollte mit meiner Tasche fliehen. Die Tasche war schwer. In dieser Wohnung wogen die sieben Leben noch sieben Mal schwerer. Als ich mich wieder zu ihm umdrehte, saß er auf einem Hocker, der zwischen den Stühlen stand. Er bot mir mit einer Handbewegung einen Platz an. Ich stemmte die Tasche an meinen Körper und drehte mich weg von ihm und wollte endlich abhauen. »Signorina!« Er rief mich freundlich. Ich musste mich zu ihm drehen. Er saß immer noch auf einem Hocker zwischen den Stühlen, aber der Hocker war höher geworden, vielleicht um einen halben Meter.
Bilder.
Ich atmete schwer ein und aus. Ich wusste: Es handelt sich wieder nur um Bilder!
Der Staatsanwalt sprach immer noch. Der Riese war da, er sah durch das Fenster und lächelte. Er liebte mich. Ich sagte es ihm.

»Das hier ist nicht meine Welt«, sagte ich.

»Nein«, sagte der Riese und strich sanft über mein Haar.

»Er wächst, oder werde ich kleiner? Diese Wirklichkeit ist nicht die meine, es ist die Wirklichkeit der Welt, aber meine Wirklichkeit liegt außerhalb der Welt. Ich verstehe diese Welt nicht. Und diese Welt versteht meine Liebe nicht.«

»Ja«, sagte der Riese, »es sind Menschen.«

»Und wir? Was sind wir?«

»Wir, wir sind die Legenden.«

»Ich verstehe nicht, was er mir sagt.«

»Nein«, sagte der Riese und lächelte, »wie könntest du Regeln begreifen, da du doch nicht gehorchen kannst.«

»Wo bin ich hier? Was ist die Welt?«

»Du bist auf den Linien.«

»Und vorher?«

»Vorher warst du zwischen den Linien.«

»Sag es mir noch anders, erkläre es mir noch einmal.«

Und ich fragte ihn ein zweites Mal, damit ich mir des Unterschiedes sicherer würde.

»Wo bin ich?«

»Du bist an einem bestimmten Ort.«

»Und vorher?«

»Vorher warst du an einem unbestimmten Ort.«

Und ich fragte ihn noch einmal und der Riese erklärte es mir, weil er wusste, dass ich eine von ihnen war. Dass ich sieben Leben trug. Und der Riese liebte mich, da er wusste, die Leben wogen schwerer als ein Kontinent.

»Die Dinge befinden sich mit sehr großen Wahrscheinlichkeiten genau an den Orten, wo die Menschen sie messen können. Sie glauben der Wahrscheinlichkeit und können dadurch nicht durch sie hindurch. Das ist die Welt. Du aber befindest dich zwischen den Linien an einem unbestimmten Ort und liebst.«

Ich nahm die Tasche an mich. Was für eine Legende war das? Ich kannte sie nicht. Sie trug mich wie ein starkes Gebläse in ein großes Loch über den Himmel hinaus fort. Das war zu weit fort. Ich wollte etwas finden, das mir gehört, das mich erinnern würde, an mich! An die Welt. Giovanna Calvaruso! Irgendetwas, damit ich mich nicht auflösen würde, die Unbestimmtheit meiner Existenz, die Stimme des Staatsanwaltes, die Worte des Riesen.

In meiner Tasche fand ich in Papier eingewickelt den Pfirsichkuchen. Er schimmelte nicht mehr. Ein schwarzer, verdorrter Klumpen, der langsam zu zerbröckeln begann. Rita. Meine Mutter. Irgendwann war ich geboren worden. Irgendwann würde ich sterben. Ich drückte die Tasche an mich und rannte zur Tür hinaus, an der Eingangstüre standen zwei Polizisten. Sie ließen mich nicht durch.

»Ich will hinaus, Riese!«
»Gehe!«
»Aber da ist eine Tür.«
»Nein, das ist die Welt, du aber befindest dich außerhalb der Welt.«
»Mach sie mir auf.«
»Gehe durch sie hindurch.«

Ich konnte es. Die Türe stand plötzlich offen. »Bleiben Sie stehen«, hörte ich, das kam von den Polizisten,

»Wo wollen Sie denn hin, wir können Sie dort draußen nicht beschützen.«

Ich rannte die Stufen hinunter in den Keller, noch eine Etage tiefer musste die Garage sein. Garage bedeutete Sicherheit. Vor mir viele Autos, es war dunkel, plötzlich ging das Licht an, Polizisten schlüpften hinter mir zwischen den Autos durch: »Stehen bleiben«, nein, nur das nicht, schnell sein!

51

Als ich erwachte tat mir der Nacken weh. Ich richtete mich auf und sah mich um. Ich hatte an der Innenwand einer Mercedes Limousine geschlafen. Die Tasche an den Bauch gedrückt, mit den Armen fest umschlungen, die Schultern brannten, der Nacken brannte, das Haar zerzaust, die Lippen aufgesprungen, aber zwischen meinen Beinen fühlte es sich naß an.

Ich hatte geträumt: Von Antonino. Ja. Du lebst. Mein Antonino lebt. Ich hatte geträumt, ich wäre ins Gefängnis getaucht. Durch unterirdische Kanäle, überfüllt mit Wasser, zu einem dunklen Schacht, bis zum Eingang, zu ihm. Ich öffnete die Augen. Ich war in der Limousine des Staatsanwaltes. Er saß vor mir. Mich wunderte nichts mehr.

Ich hatte den Weg offensichtlich nicht nach draußen gefunden, nur hinunter in seine Tiefgarage. Der Staatsanwalt lächelte mich an. Links und rechts von ihm, die Leibwächter.

»Ich habe geträumt«, sagte ich, »von Schlüsseln, ich habe die Zellentüre öffnen können, von Antonino, ich habe viele Schlüssel bei mir gehabt, an einem großen dunklen Ring.«

»Guten Morgen, Signorina.«

Der Staatsanwalt lächelte wie über ein Kind. Ich hatte seit zwei Tagen nicht geduscht, mich nicht gekämmt, nichts gegessen. Ich zitterte und hatte Angst. Meine Sinne waren wieder in mir und eine Ordnung hatte zurück in meine Existenz gefunden, aber erklären konnte ich nichts. Ich erinnerte mich an die Worte des Riesen, den Hocker, an die Stühle in einem Wandschrank und die Ruhe des Staatsanwaltes. Ich erinnerte mich, dass ich laut geatmet hatte, ein und aus, ich erinnerte mich an den Rhythmus.

»Frühstück?«

»Ja.«

»Wollen Sie noch duschen, bevor wir fahren?«

»Ja.«

»Wir fahren ans Meer, Signorina, Sie wollten mir Beweise zeigen.«

»Ja.«

Ich öffnete meine Tasche. Der schwarze Pfirsichkuchen fiel heraus. Meine Uniform war zerknittert. Ich dachte an Camillo. Ich fand die Schlüssel. Einen großen schwarzen Bund. Ich reichte die Schlüssel dem Staatsanwalt.

»Hier.«

»Was sind das für Schlüssel?«

»Duplikate, Rohlinge, ich fuhr Testwagen, ich war ... nein ich bin, Chauffeurin, der Banca Gentine in Florenz, ich fuhr den Bankdirektor, Dottore Scopello, ich studiere Kunst, ich fahre Teststrecken, für Mercedes, Citroen und Fiat, gelegentlich studiere ich Kunst, in einer Bibliothek der Bank, der Banca Gentine in Florenz, habe ich das schon gesagt, entschuldigen Sie, aber am liebsten fahre ich in die Waschstraße, wenn der Schaum über die Scheiben rinnt dann, dann ...ich liebe Autos, ich kann die Türen öffnen, auch die Ihrer Limousine, mit diesen Schlüsseln, diesen hier, nehmen Sie sie, ich wusste nicht wo ich hin sollte, ich hatte Angst ... ich wollte in ein Auto.«

»Mein Auto?«

»Ich konnte es mit irgendeinem dieser Schlüssel öffnen. Entschuldigen Sie, es tut mir leid!«

»Sie waren sicher in diesem Auto.«

»Ja.«

Ich streckte ihm die Schlüssel hin.

»Nehmen Sie sie, bitte.«

Der Staatsanwalt nahm die Schlüssel. Er gab sie seinen Leibwächtern und nahm mich bei der Hand. »Sie haben Hunger.«

Er brachte mich zum Lift. Der Lift war eng, als wäre er nur für eine Person gebaut. Das Sakko des Staatsanwaltes berührte meine Hände. Es kam mir merkwürdig vor. Er lächelte.

»Wir haben Sie nicht mehr gefunden, Signorina Calvaruso, Sie sind spurlos verschwunden, untergetaucht! Wie machen Sie das nur?«

»Ich kenne mich mit Autos aus, sehen Sie, das einzige, was ich wirklich kann, ist Auto fahren.«

52

Er hatte mir schwarzen Kaffee gemacht, aber nichts zu essen. Während der Fahrt würden wir irgendwo anhalten und etwas zu Essen besorgen. »Marzipan bitte.« »Sie haben Hunger, Signorina«. Ich hatte geduscht.

Mein Haar war nass und ich trocknete es mit dunkelblauen Handtüchern ab. Es gab keinen Spiegel im Bad. Zehn Minuten später stieg ich zu ihm in den Wagen.

Wir fuhren nach Violoncello. Ein Polizeiauto fuhr voran, ein anderes folgte uns.

Der Staatsanwalt saß gegen die Fahrtrichtung. Links und rechts ein Leibwächter. Ich saß an die Tür gedrückt, rechts. Neben mir zwei stämmige Polizisten. Die Polizisten holten ihre Funkgeräte heraus und meldeten diese Fahrt der Zentrale.

Der Staatsanwalt starrte mich an. Seine Augen waren ruhig, seine Hände lagen in seinem Schoß. Irgendetwas schlief, obwohl er hell wach war.

»Geht es Ihnen besser?«

»Ja.«

»Wir essen in ein paar Minuten. Wenn wir von der Autobahn abfahren, frühstücken wir in einem kleinen Cafe.«

»Ja.«

»Konnten Sie schlafen im Wagen?«

»Ich schlafe sehr gut in Autos.«

Mein Haar war wieder trocken. Es war frisch gewaschen und strahlte. Der Staatsanwalt
betrachtete es. Er lächelte.

Der Staatsanwalt genoss etwas an mir, aber es war nicht meine Schönheit. Er lächelte wissend, was wusste er?

Wir hatten an einer Raststation gefrühstückt und stiegen wieder in den Wagen.

»Ihre Handschrift stimmt.«

»Konnten Sie das so schnell überprüfen?«

»Ihr Name ist Giovanna Rosalia Calvaruso.«

Vielleicht lächelte er mit dem Recht, das Gesetz zu sein. Das ausführende Organ der rechten Hand des großen Vaters. Ich wusste es nicht. Er begann wieder, seine gesamte Aufmerksamkeit auf mir ruhen zu lassen.

»Was wollen Sie hier, in Sizilien, Signorina?«
»Beschützen Sie ihn!«
»Antonino Calvaruso?«
»Sie wissen es?«
»Sein Onkel hat ihn adoptiert. Antonino Marza, ebenso Luigi, Mara, Peppo, Pietro. Vor langer Zeit. Vor achtzehn Jahren.«
»Ja.«
»Antonino Calvaruso hat seine Eltern verbrannt. Und auch Sie, wenn Sie nicht jemand gerettet hätte. Wer war das?«
»Antonino.«
»Nein, Antonino ist der Mörder.«
»Nein, er ist der Mann, den ich liebe.«
»Er hat vier Unschuldige niedergeschossen, vierzehn Menschen teilweise schwer verletzt und er handelte die letzten zehn Jahre mit Heroin. Er hat Ihre Eltern ermordet, der Anschlag auf Sie wurde vereitelt, ich weiß noch nicht von wem, es kümmert Sie nicht.«

Darin lag kein Vorwurf. Dieses »es kümmert Sie nicht...« war eine Feststellung, etwas, das ihn interessierte.

Der Staatsanwalt lehnte sich zurück und schloss seine Augen. Die Hände umschlossen Luft, die kostbar wurde zwischen den Handflächen. Ich sah ihn an. Ein Staatsanwalt: Mörder bekommen zehn bis zwanzig Jahre. Diebe ein bis fünf Jahre. Gefängnis. Die Täter einsperren. Die Täter festhalten. Die Tat bleibt. Keine Entschuldigungen. Nur Urteile. Keine Fragen über Ursachen. Keine Wiedergutmachung. Nur Gefängnisse.

»Ich habe Ihre Abschrift studiert.«

Er hatte also meine Abschrift studiert.

Er nahm die Hände auseinander und legte sie in den Schoß. Auch dort passten sie nicht hin.

»Am 18. Juni 1970 führte ein amerikanischer Arzt erstmals erfolgreich eine Lebertransplantation einer gekühlten Leber durch. So beginnt doch ihre Geschichte?«

»Ja. So beginnt sie.«

»Wie geht die Geschichte weiter?«

Ich zögerte.

»Er wird sterben, wenn sie ihn nicht verlegen. Sie werden ihn zusammenschlagen, sie werden ihm mit einem Stein das Gehirn aus dem Kopf schlagen.«

»Vertrauen Sie mir bitte, Signorina. Die Geschichte!«

»Verlegen Sie ihn.«

»Nicht jetzt, erzählen Sie.«

Ich gab nach.

»Am 18. Juni 1970 führte ein amerikanischer Arzt erstmals erfolgreich eine Lebertransplantation einer gekühlten Leber durch. Das Interesse an der neuen Medizin war enorm. Die Nachfrage stieg, die Methoden verbesserten sich, der Erfolg kletterte über fünfzig Prozent. Der Bedarf an Organen stieg.«

»Leber, Nieren, Herze, Drüsen, Blut, Gelenke, Augenhornhaut, Knochenmark. Haben Sie Namen?«

»Ja.«

»Adressen?«

»Verschlüsselt, alles verschlüsselt«, ich nickte. Ich klopfte auf die Abschrift. »Ich könnte Ihnen alles erklären!«

Der Staatsanwalt nahm eine Zigarette heraus. Er bot mir eine an. Ich lehnte ab.
»Aber Sie werden es mir nicht entschlüsseln.«
»Antonino Calvaruso ist unschuldig.«
Der Staatsanwalt zündete die Zigarette an und rauchte. Als sie zu Ende war, drückte er die Kippe an der Innenwand der Limousine aus und sah mich an.
»Sie sprechen von einer anderen Art Schuld.«
»Wie viele Arten gibt es?«
»Sie vermischen die Wirklichkeiten«, sagte der Staatsanwalt.
»Ich vermische das Resultat der Geschichte mit der Wahrheit und erhalte eine außerordentliche Mischung.«
»Was ist das für eine Mischung? Was wollen Sie damit?«
»Ich will nichts. Diese Mischung ist sein Leben, das ist alles.«

Er nahm eine Hand vor den Mund. Die andere Hand blieb in seinem Schoß. Seine Augen waren ruhig, seinen Mund musste er verbergen.
Er holte ein kleines Aufnahmegerät aus dem Sakko und schaltete es an. »Erzählen Sie.«
»Wovon?«
»Der Menschenhandel, Signorina.«
»Und Sie verlegen ihn?«
»Ich bringe ihn in Sicherheit.«

Ich war mir nicht sicher. Diese Sicherheit, von der er sprach, war eine andere als die, die ich mir vorstellte.

»Sie verlegen ihn?«

»Er ist nicht mehr im Gefängnis.«

»Wo ist er?«

Etwas war passiert! Was! Ich wollte sofort zu ihm.

»Was ist ihm passiert! Lebt er?«

»Erzählen Sie, ich werde Sie nachher zu ihm bringen!«

Warum haben Menschen Macht über andere Menschen? Dieser Staatsanwalt konnte über Leben oder Tod entscheiden. Je nach dem, wie ich mich verhielt. Er faltete seine Hände, überkreuzte die Beine und wartete. Er hätte so für immer gewartet.

»Erzählen Sie, Signorina, von den Wirklichkeiten, dem Resultat der Geschichte, erzählen Sie mir, Signorina, von Ihrer Liebe!«

53

»Als ich auf die Welt kam, war ich blond.«

»Ist das die Geschichte?«

»Ja...«

Der Staatsanwalt bereitete sich auf eine lange Geschichte vor. Er lehnte sich an die Innenwand des Wagens, legte einen Finger auf seine Lippen und hörte zu.

»Meine Mutter und mein Vater, meine ganze Familie, kohlrabenschwarz.«

Der Staatsanwalt begriff es. »Ihr Vater hatte Hörner auf!«

»In einem Jahr schneidest du dem Ehebrecher den

Schwanz ab, sagten die Männer aus dem Dorf.«

»Wann war das?«

»Sommer 1973.«

Der Staatsanwalt nickte.

»Trapani, Sommer 1973. Ein Schwachsinniger wird vermisst. Drei Tage später findet man seine verstümmelte Leiche im Kofferraum eines Autos.«

Die Leibwächter verzogen keine Miene. Sie hatten schon Schlimmeres gehört.

»Luigi und Mimmo, meine Brüder, saßen in ihrem Baumhaus auf einem Gummibaum. Zwischen den Luftwurzeln am Boden saß Peppo und löste vorsichtig Nägel aus der Rinde, an deren Spitzen zuckende Schenkel giftgrüner Laubfrösche hingen.«

Die Leibwächter verzogen das Gesicht. Was ist das für eine Geschichte?

»Pietro kam mit seiner Kamera aus einer Scheune, in der Mara mit irgendeinem Burschen im Heu gelegen hat. Antonino hatte Hammer und Nagel in der Hand und jagte zum hinteren Gartentor hinaus, zu einem Tümpel, weitere Frösche fangen. Aber an diesem Tag fing er keine Frösche mehr, um sie anschließend an den Gummibaum zu nageln.

Mimmo stürzt vom Baumhaus. Luigi schreit auf. Warum stürzt Mimmo vom Baumhaus? Warum stirbt Mimmo? Mimmo liegt zwischen den zuckenden Fröschen am Boden und rührte sich nicht.

Luigi, sein Zwillingsbruder, springt zu ihm hinunter. Luigi zittert und der Speichel rinnt an einem Faden bis auf seine Hose. Peppo stößt einen tiefen Schrei aus, wohin starren sie? Sie starren zum Vater.

Der Vater kommt durch das Tor. Er trägt einen Kopf. Daraus tropft rote Flüssigkeit auf das Gras.

Mara stürzt halb nackt aus dem Schuppen: »Halt die Klappe, Peppo«, sie stutzt. Sie sieht den Vater! Dem Vater folgen zwei Männer, die haben Messer, an denen Blut ist, der Garten ist voll mit Blut, Mara sieht das Blut. Der Vater trägt den Kopf an den Haaren, das Blut stockt am Hals, es ist ein abgeschnittener Kopf. Im Mund des Kopfes steckt ein abgeschnittener Schwanz!«

Die Leibwächter starren mich an. Ist diese Geschichte wahr?

»Der Mord an dem Unschuldigen geschah ohne Wissen des Dons, dem das Territorium unterstand. An den echten Liebhaber waren sie nicht herangekommen. Mein Vater musste jemanden töten, so verlangte es die Tradition. Obwohl es kein Mafiamord war, musste der Don seine Genehmigung erteilt haben. Die jungen Mafiosi bekamen Prügel. Salvatore musste nach Florenz.«
»Nach Florenz?«
»Eine Firma hatte eine Stelle ausgeschrieben, gerade richtig. Die Stelle war für ihn entworfen worden. Florenz. Wer dachte schon, dass in Florenz schmutzige Wäsche der Mafia gewaschen werden würde? Rita musste mit. Antonino, Mara, Luigi, Peppo und Pietro blieben als Pfand. Salvatore hatte Schulden und die Kinder waren brauchbar. Meine Geschwister zogen zu ihrem Onkel väterlicherseits, Vittorio Marza. Aus einem kleinen, tanzenden Jungen wird eine kleine, tanzende Marionette.«

Der Staatsanwalt dachte nach. Die Leibwächter waren ganz ruhig.

»Ich liebe ihn.«
»Er bekommt die Höchststrafe!«
»Eine Einzelzelle, keine Besuche, das Essen kommt von auswärts.«
»Wie geht die Geschichte weiter?«
Er würde ihn nicht verlegen. Niemals.
»Sie verlegen ihn nicht?«
»Signorina, ich werde Sie zu ihm bringen.«

54

Polizei kam uns entgegen. Die Autos hielten. Der Staatsanwalt und die Polizisten unterhielten sich. Die Polizei war am Strand gewesen. Die halbe Nacht. Sie hatten nichts gefunden. Keine Leichen.

Ich schrie!

Keine Kinder. Keine Beweise. Keine Verlegung. Der Staatsanwalt stieg aus. Wir waren irgendwo am Stadtrand von Violoncello. Der Staatsanwalt voll in seinem Amt. Links und rechts die Eskorte. Er unterhielt sich mit den Polizisten, die müde vor ihm standen.

»Nichts.«
Ich verließ die Limousine und rannte davon.
»Wo wollen Sie hin?« rief der Staatsanwalt.
Ein Leibwächter rannte mir nach.
»Bleiben Sie stehen!«
Ich rannte zur Tankstelle. Ich rannte zur Waschstraße.
»Stehen bleiben.«

Auch der Staatsanwalt setzte sich in Bewegung. Ich aber war weit vor ihnen.

Ich kam bei der Tankstelle an. Ich wusste sofort, was ich zu tun hatte. Die Waschstraße! Rasch brachte ich sie in Gang, Wasser spritzte aus den Düsen, Schaum entstand, er sammelte sich in Mengen am Boden. Ich zwängte mich durch die Schleudern ins Innere der Anlage.

»Was tun Sie, Signorina Calvaruso?« Der Staatsanwalt stand draußen und rief mich. Ich aber setzte meinen Weg durch die Schleudern fort. Der Seilzug der Waschstraße spannte sich und zog mich unter das herunterprasselnde Wasser. »Wo wollen Sie hin?«

Der Leibwächter versuchte, die Anlage auszuschalten. Es gelang ihm nicht. Der Staatsanwalt zog sein Sakko aus und folgte mir. Der Leibwächter folgte dem Staatsanwalt. Sie waren einige Meter hinter mir, sie schrieen, der Druck des Wassers tat weh auf einer Haut, die nicht immun war. Die großen Drehschleudern schalteten sich ein, sie suchten einen größeren Widerstand, ein Fahrzeug, aber die Laser registrierten nichts und zogen sich bis auf das Minimum zusammen.

»Verdammt.«

»Wir müssen zurück!« sagte der Leibwächter.

»Aber sie, verdammt, wie hat sie es geschafft?«

»Keine Ahnung.«

Die Männer machten kehrt. Ich war in Sicherheit.

»Wo sind Sie!« schrieen sie.

»Verlegen Sie ihn«, schrie ich.

»Kommen Sie heraus, das hat keinen Sinn.«

Der Schaum bildete eine Kruste auf meiner Haut und ich sah zu, wie die Haut rot wurde und sich kleine Punkte bildeten. Der Staatsanwalt und der Leibwächter wurden wahnsinnig in dieser Situation. Das Spülmittel hatte eine hohe Konzentration und verätzte unsere Haut. Plötzlich stand ich unter einem starken Gebläse. Warme Luft. Das Haar aufgeblasen, wurde trocken. An der Mauer warteten die Düsen auf das Signal mich mit heißem Wachs zu überziehen. Aber die Sensoren erfassten mich nicht, so entging ich der Versiegelung.

Ich suchte etwas. Einen Durchgang! Hier in diesem Zwischenraum, unter dieser heißen Luft sollten die Menschen aussteigen aus den Lastwägen, um über die Route meines Vaters in die Veredelungslabors Kolumbiens zu gelangen. Hier stiegen sie aus. Die Kinder, die Mütter und Väter, auf der Suche nach einer Zukunft. Hier waren sie ausgestiegen: Die Sprösslinge des Killers. Hier waren der tote Junge und das Mädchen entdeckt worden. Hier der alte Asiate. Ich suchte eine Tür. Auf dem Boden war Schaum und Wasser. Irgendwie mussten sie diesen Ort verlassen können, ohne gesehen zu werden. Dann sah ich sie. Eine Bodentür. Der Schaum war abgeflossen und machte den metallenen Griff einer gut versteckten Bodentür sichtbar. Ich öffnete sie und wollte hinein.

»Wollen Sie schon wieder untertauchen!«

Der Staatsanwalt stand hinter mir. Sein Hemd klebte an seinem Körper, er war genau so nass wie ich, das Gebläse spielte mit seinem Haar.

»Beweise«, sagte ich und streckte ihm die Hand hin, »hier sind sie, das sind die Beweise, kommen Sie!« Er nahm die Hand. Wir stiegen über eine Stahltreppe in das Bodenloch.

Wir kamen in einen leeren Treibstofftank. Ein unterirdischer Raum von sechs Quadratmetern. An der Wand standen ein paar Spinde. Darin befanden sich Overalls. Sauber gewaschen und gebügelt. Der Staatsanwalt betrachtete die Ordnung. In Müllsäcken befand sich schmutzige Kleidung. Sie roch nach Schafskot. Ich nahm einen Sack und kroch einen niederen Gang entlang, immer dem Licht entgegen. Der Staatsanwalt folgte mir.

»Was suchen Sie hier in Sizilien? Warum sind Sie hergekommen? Kennen Sie niemanden in Florenz, zu dem Sie hätten gehen können, mussten Sie unbedingt auf diese Insel kommen?« Die Hose des Staatsanwaltes zerriss an den Knien. »Wie weit ist es noch?«, fragte er, »der Waschschaum juckt zum Verrückt werden, spüren Sie das denn nicht? ... Signorina! Es macht doch wahnsinnig!«

»Sie verlegen ihn«, forderte ich, »ich möchte ihn besuchen, er soll die Geschichte hören, alle meine Erinnerungen, er muss es überleben, ich liebe ihn, verstehen sie, ich möchte, dass er sich erinnert.«

Wir kamen im Bodenloch neben der Dieselzapfsäule heraus. Unglaublich. Tageslicht. Das war die Route.

Der Staatsanwalt richtete sich auf. Er konnte gerade über den Rand des Bodenloches sehen. Er war schmutzig, durchnässt und seine Hosen waren zerrissen. »Der Wagen von Karatsch steht über diesem Bodenloch und lässt sich von unten öffnen. Sie können es überprüfen, der Wagen steht in einer Werkstatt der Hauptstadt. Wenn diese Beweise nicht genügen, hier: Kleidung, die nach Schafskot riecht.« Ich gab dem Staatsanwalt den Müllsack mit den alten Sachen der Flüchtlinge.

»Beweise. Verlegen Sie ihn, Dottore, bitte!«

55

»Manche überleben die Fahrt in den Lastern nicht. Sie fahren mit ihnen ans Meer und verscharren sie. Später lassen sie sie verschwinden. Vor zwei Wochen fuhr Karatsch persönlich mit ans Meer. Er war aufgeregt gewesen, wahrscheinlich die Kinder. Sie brauchen sie lebendig. Geld, das ihnen verstorben war, Scherereien, Unregelmäßigkeiten im Transport, ungewollte Aufenthalte.«

Wir saßen im Auto. Ich hatte eine Militärdecke um die Schultern und fror. Der Staatsanwalt hatte sich mit kaltem Wasser aus einem Schlauch die Waschlösungen vom Körper gespritzt und saß in seinen nassen Sachen vor mir.
»Wie kamen Sie dahinter?«
»Er nahm das falsche Öl.«
»Wer?«
»Der Mörder. Er kleidet sich als Mechaniker. Aber er ist ein Auftragskiller.«
»Das falsche Öl?«
»Der Mechaniker verwendet ein Leichtlauföl. Aber ein Chrysler, Baujahr 58, braucht jeden Monat einen Schluck Altöl. Der Dreck dichtet die Löcher ab. Das Leichtlauföl rinnt immer durch. Ich sagte ihm, er solle es ordentlich machen. Sonst würden sie ihn eines Tages erwischen.«
Der Staatsanwalt bekam einen Anruf. Er nahm ihn nicht entgegen. Ich starrte den Mann an. Er hörte alles und ordnete es zwischen seinen Fakten ein. Das geschah ruhig. Der Staatsanwalt machte nie Lärm.
»Bringen Sie mich jetzt zu ihm?«

»Ja.«
»Er ist nicht mehr im Gefängnis? Wo ist er?«
»Er ist in Sicherheit.«
»Haben Sie es angeordnet?«
»Nein.«
»Wer hat es angeordnet, wo ist er!«
»Hören Sie, Signorina ...«
»Nein, ich höre Sie nicht ... Sie verlegen ihn, ich habe Ihnen alles gesagt, mehr habe ich nicht.«
»Wie geht die Geschichte weiter. Namen. Städte. Adressen!«

Das Telefon läutete. Diesmal nahm er ab. Er deutete mir, ich solle darüber nachdenken, ich werde sprechen müssen.

Er hörte sich an, was an der anderen Seite gesprochen wurde und legte wortlos auf. Sein Haar war fein und lang, es kräuselte sich an der Stirn.

»Ich bringe Sie zu ihren Geschwistern.«

Ich wusste, sie waren tot.

56

Der Wahnsinn hatte begonnen, die Wirklichkeit zu zernagen. Die Fakten der Abschrift vermischten sich mit den Ereignissen. Welche Grausamkeit war schlimmer. Die der Abschrift oder die der Wirklichkeit?

Wir saßen im Wagen eines Staatsanwalts und fuhren zu meinen Geschwistern. Wahrscheinlich waren sie tot. Meine Liebe war das einzige, was geblieben war. Antonino! Ich klammerte mich an dieser Liebe fest. Diese Liebe hat mich durch meine Kindheit geführt. Sie war meine Familie. Ich kauerte in der Ecke des Wagens und starrte auf die Landschaft. Ein Pflug hat die Erde aufgeworfen, sie trocknete in der Sonne, braun und reich. Diese Erde war fruchtbar. Irgendwer säte, irgendwer hatte gepflügt. Ich krümmte mich in die Ecke und zog die Beine an. Ich war allein.

Nach langem Schweigen begann der Staatsanwalt zusammenzufassen.

»Peppo züchtet Schafe. Das Land, auf dem die Schafe weiden, reicht bis ans Meer. An einer flachen Bucht steht eine alte Werft. Dort landen rostigen Kähne. Früher wurden Thunfische verladen, heute Menschen. Ein Laster von Peppo kommt dort öfter vorbei. Der Laster bringt den Schafen Wasser. Der Laster hat einen zweiten Bauch. Unter den Koträumen kommen die Flüchtlinge von der Werft bis zur Tankstelle. Sie laden die Schafe ab und fahren mit der Ware in die Waschstraße. Mara sieht sich im Zwischenraum der Waschanlage die Mädchen an. Karatsch die Burschen. Dann entscheiden sie. Dieser hier und dieser, sind insgesamt drei Nieren. Diese beiden Kleinen hier zwei wunderbare Augenhornhäute, diese mit dem süßen Arsch eine Tänzerin. Sie kriechen durch den Gang und schlüpfen über das Bodenloch in Karatschs Wagen. Der Laster kommt mit der restlichen Ware aus der Waschstraße, Luigi verlädt die Schafe, und sie fahren mit der Fähre auf das Festland.«

»Ja, Antonino ist unschuldig, er hat mit der Sache nichts zu tun, er ist Fährmann.«

Der Staatsanwalt legte ein Messer auf seinen Schoß. Langsam schob er es vor bis zu meinen Knien, er wollte, dass ich es berühre. Es war das Messer Antoninos.

»Ein paar Jahre zuvor hatte Antonino Calvaruso über die gleiche Route noch Heroin geschmuggelt. In den Bäuchen der Schafe. Die Schafe hatten ein rotes X am Bauch. Aber das Kartell will keine Heroinlieferungen mehr. Die Route ist sicher. Das Kartell will keine Zwischenfälle wegen ein paar Drogendollars. Das Kartell will die Route ganz für sich. Antonino wird wütend, aber was soll er machen, er und seine Familie sind nichts gegen das Kartell. Sie kassieren seit vier Jahren Schutzgeld, das ist alles, Antonino Calvaruso ist keine Größe in der Familie, sie haben ihn noch nicht einmal initialisiert!«

Ich wollte es nicht hören. Ich legte die Hand an das Glas und wollte ihn sehen. Antonino!

Der Staatsanwalt listete Grausamkeiten auf. Jene, die mit diesem Messer geschehen waren.

»Einige Gliedmaßen von Pietro, abgeschnitten, Zehen, Finger, das Ohrläppchen, ein Teil der oberen Lippen, Schnittwunden, ein paar Morde, eine Kniescheibe, zwei Schwänze, Penise, Signorina, viele Schafe, aus Mangel an Menschen, Signorina Calvaruso, schlachtet Antonino Calvaruso Schafe!«

Er hielt mir das Messer hin. Es sah eine Rose mit Stacheln. An den Stacheln klebte Blut.

»Nein, Dottore, ich verlange nicht, dass Sie es verstehen, aber so einfach ist das nicht, die allgemeine Gerechtigkeit begreift unsere Geschichte nicht, ich sage Ihnen, dass Sie sich irren!«

»Aber dann sickern aus Florenz Neuigkeiten durch. Jemand will wichtig werden. Salvatore, der Vater, will auspacken. Nein, denkt Antonino Calvaruso, das wird er nicht tun. Ich habe Jahre gebraucht, um zumindest eine kleine Nummer zu werden. Antonino Calvaruso fühlt, hier geht etwas vor, das zu seiner Chance werden könnte. Dieser Mann, genannt die Waschmaschine, der Gehörnte, ich bringe ihn um. Ich bringe alle um, die dort in Florenz ihr verdammtes Leben führen! Ich beweise, dass ich einen Verräter beseitigen kann. Antonino fuhr nach Florenz und brannte das Haus nieder. Er wusste, es ist Sonntagabend. Am Sonntagabend sitzen sie immer zusammen und denken, sie seien eine beschissene Familie.«

Ich dachte an Camillo.

»Aber warum überlebten Sie? Wer schickte Ihnen eine Fahrkarte in die Karibik? Wer organisierte Ihre Abwesenheit am Sonntagabend, kurz vor dem Brand? Wer steckt hinter allem. Pietro? Er hätte es nicht alleine geschafft. Wer will Sie am Leben haben, Signorina Calvaruso?«

Der Staatsanwalt war nervös. Er wollte etwas zu Ende bringen und das heute noch.

»Sie werden einen Eid sprechen. Sie sind verpflichtet auszusagen. Ihre Abschrift, sie ist wertlos für uns. Sie werden sie uns übersetzen.«

Ich rührte mich nicht.

»Der Mann, den Sie lieben, ist ein Mörder. Er wird immer ein Mörder bleiben. Karatsch ist Menschenschmuggler. Er verfrachtet Menschen in Koträume und verdient sein dreckiges Geld. Sie schützen die Grausamkeit. Sprechen Sie, Signorina, helfen Sie uns!«

Und Antonio? War er auch tot? Ich hörte den Staatsanwalt nicht.

»Eine Gefängniszelle«, machte er mir klar, »Sie

kommen ins Gefängnis, wenn Sie nicht kooperieren, denken Sie darüber nach.«

»Ich verlange nicht, dass Sie mich verstehen, Sie wissen nichts, wie könnten Sie es begreifen ...«

57

Der Staatsanwalt saß mir gegenüber und sprach. Das Auto brachte uns irgendwo hin, wo meine toten Geschwister waren. In ein Leichenschauhaus wahrscheinlich.

Ich lief durch einen Garten. An einem Gummibaum vorbei, den Weg bis zum Pavillon, dann an den Teich. In dem Teich waren Frösche. Hinter dem Wasser eine Wiese. Auf der Wiese spielte ein Junge.

Der Junge stach mit einem Messer auf den Rücken von toten Fröschen, er suchte eine bestimmte Stelle. Die Frösche zuckten wie unter Strom.

»Leichen«, sagte der Junge zu mir. »Sie reagieren, obwohl sie tot sind.«

Der Junge stand auf, lief zum Teich und kniete am Ufer nieder. Er holte einen weiteren Frosch aus einem mit Holzpflöcken, selbstgebastelten Gefängnis. Ein kleiner Käfig. Genauso wie der Käfig meiner Grillen. Der Junge hielt einen Frosch vorsichtig in seinen Händen. Er legte den Frosch bedächtig auf das Gras und sah zu mir herüber.

»Ich sehe dich«, sagte ich zu ihm, »mach weiter.«

Der Junge schnitt dem Frosch das Bein ab. Der ganze, kleine Reptilienkörper bäumte sich auf. Das halbe Innenleben des Frosches wollte durch diese Wunde. Der Junge sah das Blut, das Zucken und

wartete, bis alles still geworden wäre. Er wartete auf
den Moment, wo der Schmerz vorbei wäre.

Der Schmerz.
Der Junge sah zu mir herüber. Er war dreizehn
Jahre alt.
»Der Schmerz.«
Ich sah ihn, den Jungen und ich erkannte den
Schmerz in Antonino.
Der Frosch war tot.

Der Junge drehte sich zum Haus. Dort hatte ihn jemand gerufen. Er nahm den Frosch in seine Linke.
Das Messer in die Rechte, und fing an zu laufen. Der
Junge lief zum Haus, bis vor mein Fenster.
Er starrte auf das Fenster. Ich, zwei Jahre alt, stand
hinter dem Fenster. Das Mädchen hinter dem Fenster,
das immer auf ihn gewartet hat. »Antonino!«

Das war das, was ich als kleines Mädchen gesehen
hatte. Aber das was ich nicht gesehen hatte, war seine Seele, die noch in dem Holzpflock-Gefängnis am
Teich war.

58

Der Staatsanwalt bekam einen Anruf. Das Klingen holte mich zurück in die Welt, in der Diebe drei bis fünf
Jahre bekommen. Mörder zehn bis lebenslänglich. Der
Staatsanwalt nahm den Anruf entgegen.
»Ja«, sagte er, »ja, ich bringe sie hin, ich weiß nicht,
ob sie sich erinnert, sie kennt sie wahrscheinlich von
Fotos. Ja, sie wird sie identifizieren.«

Ich atmete nicht mehr. Der Staatsanwalt starrte mich an.

»Signorina, ist Ihnen nicht gut?«

Mein Brustkorb war versteinert. Ein Leibwächter reagierte prompt, legte mich flach über seine Beine und tätschelte mich, ohne zimperlich zu sein.

»Signorina ... haltet an, sie erstickt.«

Der Wagen blieb stehen. Sie zerrten mich aus dem Wagen. Der Leibwächter kniete sich vor mich hin und beatmete mich. Es war unmöglich, Luft in mich hinein zu pumpen. Mörder bekommen zehn Jahre bis lebenslänglich. Urteile. Keine Entschuldigungen. Diese Welt war zu dick für mich. Meine Liebe hatte hier keinen Platz. Meine Geschwister! Sie waren tot!

»Riese!«

Der Riese Colapesce stand vor mir und streckte mir seine Hand hin. Ja, er würde immer für mich da sein. Ich nahm die Hand. Er führte mich zu einer Tür und öffnete sie mir. Eine Treppe führte in ein altes Gewölbe. Unten, neben dem Gang dicke Holzbalken. Sie stützten die Mauer ab, dann kamen wir zu einem Platz. Vor mir eine Gefängniszelle. Das Froschgefängnis.

In der Mitte dieser Zelle stand ein großer Tisch aus Ebenholz. Rund um den Tisch sieben Stühle. Am achten Stuhl lagen die Flügel eines Engels, an der Stirnseite sah ich den Hocker des Staatsanwaltes.

Der Tisch war vorzüglich gedeckt. Gebratene Hühner und Entenkeulen, Koteletts und Salate. Gläser, Karaffen, Schinken, Trauben, Feigen.

Antonino stand am Gitter, mit einem Glas Wein in der Hand. Auf dem Tisch brannten Kerzen. Plötzlich flackerten sie.

»Wer kommt da? Bist du es?«

»Ja«, sagte ich, »ich komme, Antonino!«

Ich ging die Treppen hinunter. Ich stand im Dunkeln hinter dem Gitter. Antonino nahm eine Kerze und leuchtete in die Dunkelheit. Als er mich erkannte, erhellte sich sein Gesicht..

Er trug ein weißes Hemd aus leichtem Leinen. An der Wand ein Bücherregal mit unzähligen Büchern. Ein alter Kerzenleuchter, die Kerzen brannten.

Er hatte eine Kerze in der Hand und kniete nieder. Er beleuchtete mich, bei den Zehen angefangen, Zentimeter für Zentimeter, die Beine hinauf. Als er an mein Becken kam, stöhnte ich. Er leuchtete die Taille ab, die Brüste. Jede einzeln. Die Betrachtung durch die Kerze war köstlicher als Lippen. Als er zum Hals kam, öffnete ich den Mund und atmete schwer. Lichthelle Küsse. Antonino war voller Energie, erregt.

Endlich griff seine Hand zwischen den Gitterstäben hindurch und fasste mich, sie zog mich an das Gitter heran. Er küsste meine linke Schulter. Er drehte mich und küsste die rechte Schulter.

Ich griff durch das Gitter an seinen Nacken. Er löste den Griff und legte meinen Kopf so nahe an das Gitter, dass meine Lippen die seinen berühren konnten. Er küsste mich. Antonino zog mich mit aller Kraft gegen das Gitter und nahm alles, was er bekommen konnte.

Unverhofft und ohne zu wissen, wie es passiert war, lag ich in seinem schmalen Gefängnisbett an der kalten Mauer. Es war ein strahlend weißes Tuch über die Matratze gespannt, ein großes Fell war am Fußende. Antonino zog das Tuch über uns. Es war warm, es spannte sich über uns wie ein Zelt. Zehn Tage und zehn Nächte liebten wir uns in der Sicherheit dieser ersten Liebe, zehn Tage und zehn Nächte liebten wir uns.

59

Plötzlich spuckte ich. Ich lag seitlich, die Beine angezogen und spürte Hände an meiner Brust, die kräftig Druck ausübten.
»Sie lebt.«
Der Staatsanwalt atmete auf.
»Signorina! Signorina Calvaruso?«
Er hatte ein Telefon in der Hand.
»Ihre Geschwister, Signorina ...«
»Meine Geschwister?«
»Es tut mir leid, Signorina, Ihre Geschwister sind tot, Sie müssen sie identifizieren.«

Das Atmen verursachte einen entsetzlichen Schmerz. Vielleicht waren Teile des Lungenlappens aneinandergeklebt. Die Realität. Ich konnte sie nicht ertragen.
»Luigi.«
»Und?«
»Mara.«
»Und?«
»Signorina!«
»Nein!«
Ich war so hilflos, dass ich nicht einmal richtig schreien konnte.

»Und Antonino, ist er tot?«

60

Wir waren in einem Leichenschauhaus. Vor uns lagen, aufgebahrt unter weißen Tüchern, zwei Leichen. Der Staatsanwalt ging ein paar Schritte vor und sah in die Gesichter. Er nickte.

»Kommen Sie bitte näher, Signorina!«

Zwei Polizisten nahmen mich links und rechts und brachten mich zu den Köpfen der Leichen. Sie waren geschlagen, teilweise verstümmelt.

»Luigi.« Ich sah nach dem anderen Kopf. »Meine Schwester Mara.«

Sie hatten sie erschossen und die Leichen auf einem öffentlichen Platz in einen Brunnen geworfen. Der Staatsanwalt riss das Laken von den Körpern. Beide Leichen hatten keine Hände mehr und keine Füße.

»Sie haben sie bei lebendigem Leib abgeschnitten, Signorina Calvaruso. Anschließend haben sie sie bluten lassen. Ihre Organe waren unbrauchbar gewesen.«

61

Antonino hatte es überlebt. Wir fuhren in ein Krankenhaus.

Antonino lag auf der Intensivstation. Künstliches Koma. Schweres Gehirntrauma. In der vorangegangen Nacht von zwei Killern zusammengeschlagen. Ein Milzeinriss, Rippenbrüche über dem linken

Lungenflügel, die Lunge kollabiert, ein rechtsseitiger Jochbeinbruch, Schädelhirntrauma, der Dünndarm voll mit Blut.

Ich stand vor der Glaswand, die mich von der Intensivstation trennte. Ich drückte meine Hand gegen das Glas und sah zu, wie sich die Pumpe der Lunge bewegte.

Der Staatsanwalt drehte sich zu mir.
»Sie werden aussagen!«
»Ich habe ihn nicht beschützt!«
»Sie haben die Wahrheit gesagt und werden dabei bleiben.«
»Sie haben ihn nicht beschützt.«
»Es ist nicht Ihre Schuld. Ich werde es Ihnen immer wieder sagen, es ist nicht Ihre Schuld!«

62

Eine Krankenschwester brachte mir Essen. Sie betrachtete den Patienten als einen Mörder und mich als seine Komplizin. Sie tat ihre Pflicht. Ich auch. Ich aß. Fünf Minuten später kam das Essen wieder hoch. Das ging die ganze folgende Woche so.

Ich sah ihn an. Antonino. Sein Gesicht voll mit Schläuchen. Er war nicht gestorben. Sie hatten ihn verschont. Vielleicht hatte der Killer mein Geld bekommen, vielleicht auch nicht.
»Ich liebe dich, Antonino Calvaruso, ich habe dich immer geliebt. Wir werden ein Fährschiff haben, ich fahre die Fähre, du lotst die Autos ein.«

Ich saß dort den ganzen Tag. Zwei Polizisten bewachten Antonino und mich. Am Abend brachten mich die Beamten in ein Zimmer und sagten, ich könne hier schlafen.

Ich schlief ein. Aber fünf Minuten später erwachte ich. Ich wachte die ganze Nacht.

»Antonino!«

Am Morgen bekam ich Frühstück. Ich aß, um es wieder zu erbrechen. Dann stand ich auf und ging zu ihm. Der Sessel, den ich am Vortag neben sein Bett gestellt hatte, war nicht mehr da. Ich holte mir einen Neuen.

Am späten Nachmittag kam der Staatsanwalt. Ich beachtete ihn nicht.

Der Staatsanwalt stand hinter mir an den Türrahmen gelehnt. Er fragte sich, welche Liebe es wäre. Die Liebe zwischen Geschwistern. Oder die Liebe zwischen Mann und Frau.

»Ich kenne dich, Antonino Calvaruso. Ich werde bei dir bleiben und du wirst meine Stimme hören. Ich werde alles zusammenfügen. Ich trage die Vorlage in mir. Ich habe dich schon gekannt, bevor dein Vater dich verflucht hat. Die Erinnerung kennt keine Zeit.«

63

Der Anästhesist hatte eine Spritzenmischung zusammengestellt, die ihn für eine Woche ruhig stellen sollte. Das Gehirn sollte sich regenerieren. Zumindest hofften die Ärzte darauf. Danach würde er sich vielleicht erinnern.

Ich war Kronzeugin. Zwei Leibwächter beschützten und bewachten mich, ich durfte abends nicht mehr aus dem Haus. Irgendwann würde es einen Prozess geben. Ich würde aussagen und die medizinischen Daten meines Vaters verwandeln. In Beweise.

Karatsch saß. Die Route war aufgeflogen. Die 49 Kinder waren noch über die Strecke in den Norden gekommen. Zwei der Kinder waren meine Nichten. Sie würden ihnen die Hornhaut stehlen. Irgendwann, vielleicht genau an diesem Tag. Für Reiche, die nicht mehr gut sahen. Ihre Augenhornhaut würde unter Narkose vorsichtig abgelöst und auf alte Augen transplantiert. Üblicherweise nahmen sie nur ein Auge. Aber wenn der Bedarf groß war, nahmen sie beide. Der Organmarkt. Oberschenkelhaut kleiner Kinder, für die Nasen der Superschönen unserer Zivilisation.

Der Staatsanwalt fragte mich gelegentlich: »Wenn Sie so weit sind, zeigen Sie mir das Landhaus.« Ein weiterer wichtiger Beweis. Es war mir gleichgültig.

64

Am siebten Tag lösten die Ärzte Antonino von der lebenserhaltenden Maschine. Das künstliche Koma war beendet. Er wurde in ein anderes Zimmer verlegt. Er sollte in den nächsten Stunden erwachen. Nun würden wir erfahren, ob er sich erinnern könne.

Sie brachten ihn auf eine offene Station. Leute gingen aus und ein. Ich saß ständig bei ihm. Die Leibwächter sagten, sie könnten mich hier nicht schützen. Ich beachtete sie nicht.

Antonino war immer noch intubiert. Ein Schlauch hing links aus der Lunge. Der Schlauch mündete in einen Apparat, der für eine langsame Lungenentfaltung sorgte. Ein anderer Schlauch hing aus dem Bauch. Ein Säckchen füllte sich langsam mit Blut. Seine Augen blieben immer geschlossen. Ich hörte das feine Säuseln einer Maschine, welche die Lunge noch weiter künstlich bewegte. Sein Gesicht war ruhig. Mein Atem war gleichmäßig und tief.

Ein neuer Arzt kam herein. Die Leibwächter hielten ihn auf und überprüften ihn. Sie fragten ihn aus. Der Arzt wollte weiter, aber der Leibwächter telefonierte und ließ ihn nicht durch. Irgendjemand an der anderen Leitung bestätigte die Angaben des Arztes. Der Arzt durfte passieren. Eine Schwester kam. Der Arzt wechselte, zusammen mit zwei Schwestern, den Verband am Oberkörper.

Ich sah seinen Körper. Nackt.

Tiefe, überkreuzte Schnittwunden. Ein Stück Patchwork. Orange Farbe, von der Operation. Der Arzt tastete die Narben ab, er sagte irgendetwas, die Krankenschwester führte es aus.

Diese Menschen legten ihre Hände an seinen Körper. Ich dachte, ich würde ihn nie berühren können, die nächsten Wochen, Monate, Jahre nicht. Sein Oberkörper ging minimal auf und ab. Die Lunge atmete, aber schwach. Die Rippe musste schmerzen. Antonino rührte sich nicht. Nur der Herzpiepser verriet, dass er lebte.

Der Arzt ging. Die Schwester nahm den Verband vom rechten Auge. Das Lid zuckte nicht. Sie wechselte den Verband. Dann sah sie mich misstrauisch an. Sie wusste, dass das ein Mörder war. Und ich? Seine Geliebte?

»Gehen Sie, der wacht nicht mehr auf, zumindest nicht heute.«

Die Krankenschwester ging. Ich würde nicht gehen, ich wusste nicht einmal mehr, was das war, ein Krankenhaus, ein Mörder.

»Ich muss das Licht abdrehen, es ist bereits nach 22 Uhr.«

22 Uhr.

Sie schaltete das Licht aus.

Ich saß im Dunkeln vor ihm. Die kleinen Lämpchen der Apparate leuchteten schwach. Blau, Rot, Grün, Gelb. Jede Farbe hatte eine andere Bedeutung. Ich holte meine Tasche. Darum war ich hier. Der Ring. Die Erinnerung! Ich nahm meine Aufzeichnungen aus der Tasche und las ihm vor:

»Rita, unsere Mutter, spielte zusammen mit ihren Freundinnen in dem Pavillon unseres Gartens Gambe, als sie die Soldaten bemerkten, die auf der Steinmauer saßen. Die Soldaten erinnerten sich an die Heimat und dachten über ihre Bestimmung als Retter der Welt vor den Nazis nach.«

Ich sah nach der Wirkung meiner Stimme. Seine Augen waren immer noch geschlossen, die Lämpchen leuchteten und blinkten wie zuvor, aber der kleine Schreiber, der die Frequenz und Amplitude des Herzrhythmus aufzeichnete, machte ein bisschen höhere Ausschläge.

Mein Gott, er hörte mich! »Antonino?« Ja, er hörte mich. Ich freute mich, auch mein Herz schlug schneller.

»Die Mädchen wären vielleicht ein berühmtes Trio geworden, wäre nicht Don Calvaruso mit der New Yorker Hafenmafia verschwägert gewesen!«

Wieder sah ich nach ihm.
»Antonino, ich bin da!«
Ja, sagte sein Herz, ich höre dich, erzähle weiter. Erzähle mir, wer ich bin.
»So sah sich Don Calvaruso in der Lage, Trapani von den Gefahren der Minenexplosionen zu befreien und die Familie Esperante, die Großgrundbesitzer und immer noch Lehensherr Trapanis war, stand in seiner Schuld.«

Es war 11 Uhr 30.

»Geburt Mauritius. Er war das Kind eines Ehebruchs. Er war das Kind Lorenzos. Rita liebte es, aber weil er die hellen Locken seines Vaters hatte, die nicht dunkel werden wollten, färbte Rita dem Jungen jeden Monat das Haar. Kohlrabenschwarz.«
»Weil sie Angst hatte.«
»Ja, Antonino, weil sie das Geheimnis beschützen wollte.«

Antonino hörte es. Vielleicht hatte ich ein wenig geschlafen. Mein Kopf lag auf seiner Matratze.
»Dein Geburtstag, Antonino! Die Torte, die Kerzen, du wolltest sie ausblasen. Und dir etwas wünschen. Der Tisch für dich gedeckt, aber der Arzt rief an: Unsere Mutter hat Krebs.«
Antonino war still. Die Pumpe bewegte sich auf und ab.
»Du hast dich unter dem Tisch versteckt.«

»Ja.«
»Sie haben deine Torte zertrampelt.«
»Ja, du warst immer hinter dem Fenster«, sagte er.
»Ja, Antonino, ich habe auf dich gewartet.«

65

Es war sechs Uhr. Irgendetwas hatte zu piepsen begonnen.

Eine Schwester stürmte herein.

»Sind Sie immer noch da, verschwinden Sie, Sie bringen ihn um!« Sie ging zu dem Apparat, aus dessen Minilautsprechern hohe, durchdringende Töne drangen.

Es war irgendein Gerät, das Natriumchlorat in kleinen Dosen in den Körper pumpte. Die Flüssigkeit war ausgegangen und das Gerät hatte Alarm geschlagen. Die Schwester hängte eine neue Flasche an, sah auf die Uhr und verschwand.

Kurz darauf kam eine andere Schwester.

»Signorina Calvaruso! Haben Sie hier geschlafen! Sie haben bestimmt noch nicht gefrühstückt.«

Die Schwester lachte, sie betrachtete mich nicht als Mordkomplizin. Sie nahm mich am Arm und brachte mich in einen kleinen Frühstücksraum, stellte mir ein Tablett hin. Die Schwester verschwand. Ich sollte essen. Wie hätte ich essen können.

Nach ein paar Minuten kam die Schwester zurück.

»Sein Herz ist stabil und auch die Lunge funktioniert schwach aber regelmäßig. Er wird es schaffen.«

»Und das Gehirn?«

»Koma ist unberechenbar, Signorina.«

»Er hört meine Stimme.«

»Sprechen Sie zu ihm, Signorina, es regt sein Herz an, es weckt ihn auf, sprechen Sie zu ihm.«

Kurz darauf kam der Staatsanwalt. Es war 8 Uhr.

»Wir fahren heute in das Landhaus.«

»Warum sollte ich Ihnen helfen!«

»Sie haben ihn bereits vor Ihrem ersten Anruf zusammengeschlagen. Als Sie zu mir in die Wohnung kamen, war es bereits geschehen.«

»Und Sie denken, ich helfe Ihnen jetzt!«

»Wir haben keine Zeit. Ich würde Sie Ihnen geben, aber Sie müssen mich in das Landhaus bringen.«

Ich beachtete ihn nicht.

Ich ging zu Antonino. Die Schwester machte, zusammen mit einem Pfleger, das Bett neu. Sie rollte Antonino nach links und entfernte das Leintuch, legte ein neues Laken darauf und rollte Antonino zurück, als wäre er eine Puppe. Sie rieb ihn mit einer Salbe ein, damit er sich nicht wund liegen würde.

Ich sah zu. Meine Tasche stand auf dem Stuhl. Meine Abschrift lag offen daneben. Der Staatsanwalt stand hinter mir.

»Pietro hat Sie beschützt! Er hat die Fahrkarte in die Aufbewahrungshalle gebracht. Er organisierte die misslungene Flucht.«

Es wollte Kontakt zu mir aufnehmen, mit Fakten.

Die Schwestern und der Pfleger waren fertig. Ich ging zu Antonino. Ich nahm seine Hände, drehte sie langsam um. Die Handflächen zeigten nach unten. Ich legte sie mit Vorsicht auf meine Haut. Seine Hände ruhten ohne Glas in meinen Händen!

Der Staatsanwalt sah zu. Er schwieg. Ich fühlte die

Haut. Eine dünne Oberfläche, hinter der die ganze Welt lag. Ich nahm meine Hände vorsichtig von seinen Händen, drehte sie um, besah meine Haut. Die Tastorgane funktionierten. Hände, die fühlen konnten. Ich legte sie wieder auf seine Haut. Seine Haut war warm. Ich fühlte sie, wie ich bis zuvor immer nur Kälte empfunden hatte. Ich beugte mich nach vor und küsste die Hand. Ein Gefühl stieg auf. Ich spürte. Meine Lippen!

»Ich spüre es«, sagte ich.
 Der Staatsanwalt schwieg.
 »Ich spüre meine Lippen.«
 »Sie sind verrückt!«
 »Ja.«
 Ich war mir ganz sicher. Ich war verrückt. Der Staatsanwalt wartete.
 »Und Sie sind es auch«, sagte ich.
 Der Staatsanwalt schwieg.
 Ich wandte mich wieder Antonino zu. Seine Augäpfel unter den Lidern des Gesichtes, das Antonino gehörte, der Mann, den ich liebte. Sie waren vollendet gewölbt und die Wimpern ruhten buschig im verstümmelten Gesicht.
 »Bringen Sie mich in das Landhaus!«
 Ich holte den Stuhl, setzte mich, nahm die Mappe und las.

»Lorenzo di Scopello studierte 1945 in Rom Rechtswissenschaft, Wirtschaftswesen und Soziologie. Er war der Sohn von Mauritius di Scopello, eines Bankdirektors aus Florenz und Viktoria Antoinette, einer Stummen, die in Cremona Geigen baute. Lorenzo wurde von einer Amme, später einer Gouvernante und schließlich einer Lehrerin großgezogen.«

Der Staatsanwalt wollte etwas sagen, aber ich unterbrach ihn.

»Die Hand Ritas setzte den Bogen auf die Saite ihrer Gambe auf, ein Ton erklang. Der Grundton A. Lorenzo hob ab. Ich bewundere Sie, ich beneide den Bogen, den Sie führen, ich vergehe vor Glück, ich bebe, zittere, sehen Sie mich an, ich bin hilflos, ein einziges Wort, das man mir beigebracht hat, aber dessen Bedeutung ich bisher nicht kennen lernen konnte, kann hier zutreffen: Ich liebe Sie.«

Antoninos Herz schlug schneller. Ich freute mich darüber. Der Staatsanwalt sah den Cursor. Er starrte mich an, er hatte begriffen. Ich sprach, der Cursor bewegte sich, wir waren ein harmonischer Mechanismus. Der Staatsanwalt hörte meine Worte und verfolgte den Cursor auf dem Bildschirm.

»Ihre Brüder, Lorenzo, sind un-eins.
   Uneins?
   Nicht aus einem, sondern aus zwei.
   Aus zwei?
   Aus sich selbst und aus der Angst.«
So hatte das der Staatsanwalt noch nicht gesehen.
»Ja«, sagte ich, »sie sind verflucht.«
Er hörte und fügte die neuen Tatsachen in das Gefüge seiner Ordnung ein.

»Rita heiratete Salvatore Calvaruso, drei Tage nachdem sie mit Lorenzo, den sie liebte, geschlafen hatte. In ihrem Bauch wuchs ein Kind heran: Ein Widerspruch. Rita färbte dem Widerspruch das Haar und dachte damit den Widerspruch zu besänftigen.

Aber der Widerspruch blieb wach. Er schlummerte in dem tiefen, tiefen Herzen unseres ältesten Bruders, Mauritius. Der Widerspruch wuchs heran und nahm sich als Widerspruch wahr, konnte sich aber nicht entwirren.«

Der Staatsanwalt wechselte seine Position. Er hatte mit müden Augen alles mit großer Aufmerksamkeit vernommen und deutete, ich solle fortfahren.

»Am 17. Mai 1969 wiederholte sich der Vorgang. Rita schrieb Lorenzo einen Brief. Mein lieber Lorenzo, ich habe Krebs, im Endstadium. Liebe mich, Lorenzo, ein letztes Mal.
Rita schlief mit Lorenzo und ein neuer Widerspruch entstand. Am 17. Mai 1969 verschmolzen die Lethargie und die Hilflosigkeit erneut in dem Pavillon unseres Hauses. Der entstandene Widerspruch überbot den ersten in einer vollendeten äußerlichen Schönheit. Sie nannten ihn Savariella.«

66

Der Staatsanwalt lehnte an der Tür und seine Finger ruhten über seinen vollen Lippen. Wir schwiegen. Sein Haar war streng zurückgekämmt. Die Lampen des Lungenapparates blinkten.

Dann brach er das Schweigen.
»Wie geht die Geschichte weiter?«
»Wir werden ein Fährschiff haben. Antonino lotst die Autos ein, ich repariere die Fähre.«
»Nein, Ihre Geschichte, Signorina.«

»An Christi Himmelfahrt bekam ich zwei Grillen. Ich stellte sie vor mein Fenster. Es waren Antonino und ich. Nach ein paar Tagen starben die Grillen. Meine Kindheit bestand darin, auf den nächsten Mai zu warten.«

»Und weiter!«

»Heute bin ich hier, Dottore.«

»Und was erwarten Sie? Dass er aufwacht? Dass er Sie küsst?«

»Ich verlange nicht, dass Sie es begreifen.«

Der Staatsanwalt sah auf die Uhr. Er hatte keine Zeit, er wollte in das Landhaus, irgendetwas trieb ihn.

»Sein Gehirn ist so gut wie tot!«

Ich versuchte, das zu überhören.

»Ich weiß, dass Sie es wissen.«

Ich versuchte wieder, es zu überhören. Es war schwierig. Die Realität. Irgendwie war wieder Camillo da. Er sagte: Giovanna! Geht es dir gut? Ich sagte, ja, es geht mir gut. Und dann wieder die Stimme des Staatsanwalts.

»Wenn er erwacht, ist er ein Krüppel.«

Ich zitterte. Ich verteidigte Antonino.

»Ich erzähle ihm und er wird wissen, wer er war!«

Der Staatsanwalt war nun hinter mir und hatte vor, noch weiter zu gehen.

»Antonino ist so gut wie tot! So gut wie tot. Antonino ist tot.« Immer tiefer trieb er diese Realität in mich hinein. »Die Grillen sterben in einem Käfig. Sie sterben. Sie sterben.«

Ja, schrie ich, ich weiß dass sie sterben, ich habe sie jedes Jahr erneut begraben.

»Sie sterben«, der Staatsanwalt forderte die Realität. Ich wollte sie aber nicht sehen! Ich drehte mich ruck-

artig zu ihm um.
»Hören Sie auf!«

Ich klammerte mich an mein Buch und wollte lesen, ich suchte mit dem Finger nach einer geeigneten Stelle, um ihm weiter zu erzählen. Aber meine Hand zitterte und der Finger fand keine passende Zeile.
»Ich trage die Erinnerung an dich in mir, ich trage sieben Leben, ich trage die Wahrheit deines Wesens, ich trage alles, was du nicht gelebt hast, ich trage es in mir, wie einen Schatz, es ist schwer, es wird leben.«
»Hören Sie auf«, sagte er, »sehen Sie ihn an!« Die Kraft des Staatsanwalts rüttelte an meiner Illusion.

»Antonino ist ein Krüppel, falls er es überlebt!«, sagte er.
Ich horchte auf.
»Sie nennen ihn Antonino?«
»Ich? Nein, Sie nennen ihn Antonino!«
»Sie nennen einen Kriminellen bei seinem Vornamen!«

Der Staatsanwalt starrte mich entsetzt an. Er hatte ihn Antonino genannt. Schließlich senkte er den Kopf und betrachtete meine Hände. Er wollte mir nicht in die Augen sehen.
»Sie nennen ihn bei seinem Vornamen, Giovanna ... ich brauche Beweise, Fingerabdrücke, verlorenen gegangenes Haar, Haut, Blut.«

Was war geschehen? Der Mann spielte. Irgendetwas geschah, er überspielte etwas! Wer war dieser Mann? Woher kam er, was wollte er?
»Wer sind Sie!«

»Mein Name ist Leonard, ich bin Staatsanwalt.«

»Das Landhaus? Wissen Sie wirklich nicht, wo es ist. Muss ich es Ihnen zeigen? Sie wollen doch etwas ganz anderes!«

»Wer bist du«, fragte der Spiegel an der Wand.

»Ich weiß wer ich bin, ich bin nichts. Aber wer ist das?«, fragte ich den Spiegel.

»Das ist ein Staatsanwalt. Aber hinter den sieben Bergen, bei den sieben Zwergen ist er noch etwas anderes.«

Dort stand der Staatsanwalt und wiederholte die Ereignisse. Aber in seinem Inneren war etwas geschehen.

»Es ist nur eine Frage der Zeit, bis sie die lebenserhaltenden Prozesse abstellen. Er kann nicht mehr ohne Infusionen leben. Sein Gehirn ist zerstört, das ganze vegetative Nervensystem schwer verletzt. Er hat Menschen getötet. Und andere Menschen werden Menschen töten. Helfen Sie mir, Giovanna!«

Ich glaube, ich schrie. Ich schlug mit allem auf mich ein, ich glaube ich hatte eine Flasche zerbrochen und schlug damit irre geworden auf meine Arme ein, ich blutete, ich zerschnitt mich. Ich konnte diese Realität nicht ertragen. Ich konnte diesen Staatsanwalt nicht ertragen: »Ich liebe ihn doch!«

Irgendwann stand eine Schwester da, und ein Arzt, die hielten mich fest.

»Sie isst nichts, sie schläft nicht. Kein Wunder, wenn sie verrückt wird.«

»Beruhigen Sie sich, Signorina, wir helfen Ihnen.«

Meine Unterarme waren einige Zentimeter aufgeschnitten.

»Was ist passiert?« fragte ein Arzt.

»Die Wahrheit«, sagte der Staatsanwalt.

Die Schwester hielt mich fest. Der Arzt gab mir eine Spritze.

»Die Wahrheit!«, schrie ich, aber ich meinte eine andere Wahrheit. Die Wahrheit dieses Staatsanwalts. Die Ärzte und Schwestern wollten mich hinausbringen, ich wehrte mich. Der Staatsanwalt blieb völlig ruhig. Er ordnete die Dinge in seine Muster ein. Mein Toben. Und mein Wüten. Er wusste, was er tat. Er würde immer wissen, was zu tun war.

Wer bist du? Staatsanwalt Leonard? Wo hast du studiert? Wo bist du aufgewachsen. Was ist deine Geschichte? Was willst du hier?

»Wir bringen Sie in ein Zimmer, wo Sie sich ausruhen können.«

Als ich bei der Türe draußen war, rief ich ihn.

»Dottore!«

Der Staatsanwalt kam zwei Schritte auf mich zu.

»Das Landhaus, Signorina.«

»Ja, ich beschreibe Ihnen den Weg!«

67

Ich hatte ihm auf einen Zettel Straßen gezeichnet, Kreuzungen und Wegweiser. Es standen kleine Ortschaften darauf, ein kleiner Wald, ein Feldweg, das versteckte Tor.

Der Staatsanwalt nahm erleichtert das Papier aus

meinen Händen.

»Danke, Signorina, wir werden Beweise finden im Landhaus, da bin ich mir ganz sicher. Wir werden die Schmuggler festnageln.«

Er wollte gehen.

»Signorina?« Er blieb vor mir stehen. »Was ist mit Ihren Armen los?«, wollte er wissen. »Warum verletzen Sie sich?«

Die Arme hatten blaue Flecken und sahen misshandelt aus, auf den Beinen klebte Blut. Ich tat das selbst. Mit Glasscherben, feinen Messern, Fingernägeln. Das Haar des Staatsanwalts, das sonst streng zurückgekämmt am Kopf klebte, kam nach vor. Auf der Stirn des Mannes waren feine Tropfen Schweiß. Das Haar war grau und an manchen Stellen weiß. Irgendein Mittel hielt es streng am Kopf.

»Sie fühlen Ihre Geschwister nicht, auch nicht sich selbst. Sie empfinden nichts«, analysierte er.

»Ja.«

»Aber Sie spüren den Wahnsinn, der sich aus den Realitäten einer gemeinsamen Geschichte ergibt.«

»Die gemeinsame Geschichte.«

»Sie haben etwas anderes verdient, Sie sind unschuldig.«

»Ich muss sie erlösen, von dem Fluch, verstehen Sie?«

»Nein, das müssen Sie nicht.«

»Meine Geburt hat sie verflucht.«

»Sie sind eine wunderschöne Frau, Signorina, kehren Sie nach Florenz zurück und werden Sie glücklich.«

Ich betrachtete den Staatsanwalt. Hinter den sieben Bergen. Was hatte er gesagt? Er klopfte mit dem Finger auf das Papier mit der Wegbeschreibung. »Danke!«

Werden Sie glücklich!

Ich kannte das. Vor ein paar Wochen hatte es Lorenzo zu mir gesagt. Mit der gleichen Stimme? Der Staatsanwalt ging. In der Tür aber drehte er sich noch einmal um. Er wollte etwas von mir.

»Pietro stand mit Ihrer Mutter in Briefkontakt!«
»Pietro?«
»Er hat Ihrer Mutter einen Brief geschrieben, kurz bevor Antonino Euch verbrannt hat.«
Der Staatsanwalt zog einen Brief aus der Tasche:
»Liebe Mutter. Morgen kommt Antonino und verbrennt euch. Papa schreibt zu viel. Lorenzo weiß nicht Bescheid. Sterbe, ohne es ihm zu sagen. Ich bringe dir ein Medikament, damit ihr vor dem Brand bereits tot seid.«

Der Staatsanwalt erklärte mir das Verfahren, wie sie Briefe abfangen. Wie viel er wusste! Der Staatsanwalt zog einen weiteren Brief heraus. Ich wunderte mich darüber, dass er die Briefe bei sich trug.
»Savariella darf nicht sterben. Wenn sie stirbt, stirbt Eure Erinnerung. Sie ist die Kehrseite des Irrtums.«
Das berührte ihn. Diese Briefe.

»Sie sind die Kehrseite des Irrtums?« Der Staatsanwalt faltete die Briefe zusammen und hielt sie mir hin. »Das ist eine sehr treffende Beschreibung, Signorina.«
Ich war unfähig, die Briefe zu nehmen.
»Was ist das, die Kehrseite des Irrtums?«

Der Junge stand vor mir, er kehrte eben aus einem schlimmen Krieg zurück. Seine Hosen waren zerrissen. In der Rechten das Messer, in der Linken der Frosch. Er nahm den Frosch und hämmerte ihn an den Türrahmen des Zimmers, in dem Antonino schlief. Der Frosch hing aufgespannt zwischen dem, was Antonino hätte sein können, und dem, zu dem er geworden ist.

»Ich werde immer daran festhalten, an dem, was Antonino hätte sein können. Das ist die Kehrseite des Irrtums«, sagte ich.

»Eine wunderschöne Illusion, Signorina.«
Der Staatsanwalt holte mich zurück.
»Ich werde gehen, Signorina!«
Ich brauchte ein paar Sekunden.
»Signorina?«
»Sie gehen?«
Plötzlich wollte ich nicht mehr, dass er ging. Ich wollte, dass er hier blieb. Dass jemand da war. Für mich. Jetzt getröstet werden. Vielleicht vor den Bildern, vielleicht für Antonino.

Ich war weich geworden, getroffen und besänftigt. Die Augen des Staatsanwaltes berührten mich. Ich konnte etwas fühlen.
Alles veränderte sich, aber ohne Zittern. Die Wirklichkeit bebte nicht mehr, um mich zu erschrecken, sie veränderte sich, als wäre sie schlicht in Bewegung gekommen. Ich hatte Hunger.

Der Staatsanwalt sah auf die Uhr.
»Ich werde morgen in das Landhaus fahren.«

68

Ich mochte ihn. Wenn er das Landhaus nicht finden würde, würde Karatsch wieder frei kommen. Er würde untertauchen und sie würden ihn nicht mehr erwischen. Er würde eine andere Route finden und Kinder aus anderen Ländern entführen.

Ich blieb im Krankenhaus. Der Arzt hatte mir Infusionen verabreicht, ich hätte viel Blut verloren, weil ich mich mit einer abgeschlagenen Flasche verletzt hatte. Der Arzt wollte mich künstlich ernähren. Ich hatte eine Nadel im Arm.

Am Morgen erwachte ich und Antonino hatte die Augen offen. Die Augen waren blutrot, unzählige Adern waren geplatzt. Er stöhnte.

»Der Schmerz.«
»Ja, Antonino, ich bin da.«

Der Junge mit dem Frosch verlässt das Spital. Der Frosch hängt am Türrahmen. Der Junge geht in das Landhaus. Er geht vor mein Fenster. Dort steht er, so wie ich ihn das erste Mal von meinem Zimmer aus gesehen hatte. Der Junge geht zu einem anderen Fenster. Das Fenster ist mit Efeu verwachsen und blaue Clematisblüten leuchteten zwischen den dunkelgrünen Blättern. Hinter dem Fenster sitzt Mauritius. Mein ältester Bruder.

»Ich habe ihn gesucht«, sagte Antonino, »ich habe Mauritius gesucht?«
»Mauritius?«
»Den Schutz!«
»Du wolltest beschützt werden?«

»Ja.«
»Von jemandem, der beschützen kann.«

Der Vormittag verging. Der Staatsanwalt wollte kommen. Er wollte mit mir in das Landhaus fahren. Ich hätte es gerne mit ihm gesehen. Die Fenster, das Efeu, den Pavillon, die blauen Clematisblüten. Der Staatsanwalt kam nicht.

69

Ich blieb zwei weitere Tage. Der Staatsanwalt kam nicht. Antonino schlief wieder. Ich starrte ihn an, aber wusste, dass er nicht mehr mich suchte. Sondern dass er Mauritius suchte. Den großen Bruder. Ich liebte sie. Antonino und Mauritius.

Ein Leibwächter brachte eine Zeitung. Darin stand: Ein Staatsanwalt ist verschwunden. Mit großen Buchstaben, auf der ersten Seite.
Auf dem Weg zu Ermittlungen verschwunden. Eine Entführung? Ein Mord? In einem Landhaus. Das Landhaus ist abgesperrt und darf nicht betreten werden. Noch hatte sich niemand zu einer Entführung bekannt. Oder zu einem Mord. Die Polizei sucht nach ihm.

»Ich muss ihn finden.«
Ich wollte fort, aber der Leibwächter ließ mich nicht hinaus. Er hielt etwas in der Hand und gab es mir.
»Signorina! Das ist für Sie abgegeben worden.«
»Für mich?«
»Ein Brief für Sie.«

Ein Kuvert! Es war das gleiche, das in der Aufbahrungshalle gelegen hatte. In dem Kuvert war ein Schlüssel.

»Ein Autoschlüssel, Signorina!«

Es war der Schlüssel zu einer Mercedeslimousine S-Klasse. Der Schlüssel für das Auto des Staatsanwaltes.

Ich nahm den Schlüssel und ging. »Warten Sie!«, rief der Leibwächter.

Ich lief. Vor der Tür des Krankenhauses stand die Limousine. Ich rannte die Treppe hinunter, setzte den Schlüssel im Schloss an. Der Schlüssel passte. Die Leibwächter waren auf den Stufen.

»Warten Sie, Signorina! Sie dürfen alleine nicht fahren.«

Ich drehte den Schlüssel um, der Motor schnurrte. Ich musste ihn suchen. Den Staatsanwalt. Für Antonino! Für mich! »Signorina!«

70

Der Riese Colapesce ging in Riesen-Schritten neben dem Mercedes her und keuchte. Ich fuhr über hundert.

»Warte einen Augenblick, ich muss dir etwas sagen.«

»Ich muss ihn finden, den Staatsanwalt.«

»Ja, ich weiß, aber warte einen Augenblick.«

»Nein, ich habe keine Zeit.«

»Aber es ist wichtig.«

»Was soll noch wichtig sein, ich muss ihn finden, den Staatsanwalt hinter den sieben Bergen. Er muss uns beschützen. Nur ein einziges Mal. Verstehst du denn nicht! Hast du denn nicht begriffen, wer er ist?«

Gleich darauf kratzte etwas abscheulich, ich schlug gegen etwas auf, der Boden des Wagens war getroffen, ich krachte gegen etwas, hart, ein quietschendes Geräusch holte mich zurück in die Realität. Ein harter Aufprall. Mein Kopf angeschlagen am Lenkrad. Es roch nach Gummi. Der Wagen stand.

Der Riese war noch ein paar Schritte hinter mir und keuchte bis zum Wagen vor.
»Wie du fährst!«, sagte er und schüttelte verwundert den Kopf.
Ich hatte einen Unfall verursacht. Das Auto war schwer beschädigt, ich hatte es gegen eine Wand gefahren.
»Das ist es, was ich dir sagen wollte«, der Riese keuchte, »du bist nicht mehr völlig immun.«
»Nicht mehr völlig immun?«
»Ja, siehst du, was du angestellt hast? Oder ist dir das früher passiert?«

Ich hatte das Auto demoliert. 12 Meter an einer Wand entlang zerkratzt und zerbeult.
»Du bist nicht mehr völlig eine von uns.«
»Was redest du da? Was bedeutet das?«
»Die Welt, du hast dich in sie verliebt.«
»Die Welt?«
»Nun ja, das Lebendige ist nicht immun.«
»Was redest du, du verwechselst mich.«

71

Ich stieg in das Auto zurück und bemerkte den Brief, der auf dem Beifahrersitz lag.

»Im Handschuhfach sind die Schlüssel zu seiner Wohnung.«

Wer tut das alles? Schickt mir Briefe und Kuverts in das Krankenhaus? Legt zwei Schlüssel auf den Beifahrersitz des Wagens eines vermissten Staatsanwalts? Wohnungsschlüssel!

Die Limousine fand beinahe von selbst den Weg zu ihrer Garage.

Auf der Konsole innerhalb des Wagens stand eine kleine Funkstation, die mit dem Schranken der Tiefgarage verbunden war. Der Schranken ging auf und ich fuhr in den Palazzo, in dem der Staatsanwalt wohnte.

Der Lift brachte mich nach oben. Ich stand vor der Tür. In der Hand hatte ich die Schlüssel. Es waren zwei. Der Große passte. Ich drehte ihn um, die Tür sprang auf und ich trat ein.

Die Wohnung war leer. In der Kaffeemaschine in der Küche war noch Kaffee. Die Türen offen. Ein paar Bücher aufgeschlagen.

»Und jetzt?«

Ich sah mich um. Eine fast leere Wohnung. Hohe Fenster. Das Licht brach sich an der Wand gegenüber. Es sah schön aus. Ein glänzendes Parkett. Dunkelrote Teppiche.

»Was jetzt? Was soll ich machen!«

Der Riese stand vor dem Fenster und sein großes Auge starrte mich an.

»Keine Ahnung«, sagte der Riese. »Was kenne ich mich mit der Welt aus?«

Mir fiel der zweite Schüssel ein! Ich hielt den Schlüsselbund in der Hand.

»Der zweite Schlüssel«, sagte ich, »wo passt er?« Es gab keine Türen in dieser Wohnung. Doch. Der Abstellraum. Ich lief hin. Ich steckte den Schlüssel in das Schloss. Der Schlüssel passte. Die Tür sprang auf.

72

Der Abstellraum war zwanzig Quadratmeter groß. Ich stand in der offenen Tür. Vor mir stand ein hoher Hocker. Ein kleiner Käfig. Eine alte Nähmaschine, Pedale, mit der man die Maschine manuell antreiben konnte. Ein langer Tisch, Stühle, auch zwei hohe Kinderstühle, eine Schaukel, ein Werkzeugkasten, zwei große Pinsel in einem Lederbecher, ein hoher offener Kasten, darin an Kleiderhaken weiße Leinenhemden.

In einer Schachtel lagen dunkelrote schmale Kerzen, etwa dreißig Stück. Ich nahm eine Kerze heraus. Es war dieselbe Kerze, die Antonino gehalten hatte. In meinem Traum. Unter einer Schicht Staub, ein langer dunkler Tisch. Er war fünf Meter lang. Ich strich mit dem Finger den Staub fort. Es war derselbe Tisch wie der, der in Antoninos Zelle gestanden hatte. An der hinteren Wand ein langer Wandteppich, vergilbtes Rot mit feinem Muster. Nackte barocke Frauen. Der Teppich, der an der Wand von Antoninos Zelle gehangen hatte. Das Eisenbett, die Felle. Alles stand in diesem Abstellraum. Das Licht der Kerzen hatte mich geküsst. Das Bett hatte mich getragen. Was waren das für Möbel?

»Wo bin ich?«

»Du bist hinter den sieben Bergen.«

»Ja, mein Riese, du hast recht.«

Ich nahm das Leinenhemd aus dem Kasten. Ich hatte Antonino die Knöpfe geöffnet.

Vor dem Fenster stand ein Instrumentenkasten. Ich legte ihn auf den Boden und öffnete ihn. Viola da Gamba. Ich sah meine Mutter. Erinnerungen. Sie hatte gespielt, als ich ein Kind war, meine Mutter hatte Gambe gespielt, wenn sie gerade nicht genäht hatte, wenn sie wieder eine Puppe für mich fertig hatte. Eine Puppe. Die Figuren in einem Stück, das sie nicht leben konnte. Die Sehnsüchte und Ängste. In den Puppen verpackt. Ich setzte mich in eine Ecke und ließ mich von den Erinnerungen treiben. Ich war ganz ruhig. Nichts tat mir weh. Ich war glücklich in diesem Abstellraum, alles war hier. Die ganze Geschichte, meine ganze Vergangenheit.

Mauritius folgte meiner Mutter durch den Garten bis zum Pavillon. Ein wunderschönes Bild, ich versank völlig darin und genoss die Poesie sowie die Zärtlichkeit. Der junge Mann Mauritius war zornig, er war konzentriert. Er trug das Instrument. Rita trug in einer Hand den Bogen, in der anderen Hand hatte sie mich. Ich war zwei. Sie setzte sich in den Pavillon, ließ sich von Mauritius die Gambe reichen, setzte den Bogen auf den Saiten auf und spielte. Meine Mutter weinte. Ihr ganzes Gesicht war nass. Es war der Tag, an dem unser Vater uns verflucht hatte. Es war der Tag, an dem unser Vater den Mord begangen hatte. Jener Tag, an dem er der Tradition mehr geglaubt hatte, als sich selbst.

»Ich werde nicht wiederkommen«, sagte Mauritius. Es war der Tag, an dem Mauritius begriffen hatte, dass er nicht bleiben konnte. »Ja«, sagte Rita und spielte, »du wirst gehen müssen. Gehe, Mauritius, kehre nicht wieder zurück, werde glücklich!« Mauritius verschwand. Er kratzte sich an den dornigen Büschen rund um den Pavillon. Rita sah ihm nicht nach. Meine Mutter warf das Instrument weg, zog mich panisch an sich heran, drückte mich, ließ mich nicht mehr los. Ich war zwei Jahre alt. Sie weinte und ich spürte ihre Tränen. Sie drückte mich so fest und herzte mich, und herzte mich. Zwei Wochen später sah ich sie in ihrem Zimmer stehen vor ihrem Gambenkasten. Mit einer Zeitung in der Hand. Sie las diese Zeitung und ihre Hand glitt wie tot nach unten. Auf der Zeitung war ein Bild. Ein Bild von Mauritius. Ein Totenbild. Rita legte die Zeitung in den Gambenkasten und verschloss ihn. Ihr Mauritius war tot.

»Wir reisen ab, nach Florenz«, sagte Salvatore, der in der Tür stand. »Ja«, sagte Rita, und tat, was von ihr verlangt wurde. Ich stand in der Tür und starrte sie mit großen unschuldigen Augen an. Am Tag darauf reisten wir nach Florenz ab.

In dem Instrumentenkasten vor mir war eine Zeitung. Trapani 1973. Das Totenbild von Mauritius. Der Staatsanwalt. Das siebente Leben.

»Ich habe dich gefunden«, sagte ich und lief hinaus.

73

Ich fuhr mit der Limousine zu der alten Kirche. Hier hatten sich Rita und Lorenzo verheiratet. Hier hatte der Samen Lorenzos den Weg in Ritas Schoß gefunden. Hier wollte ich den Staatsanwalt suchen.

Keine Ziegen. Kein Blut. Durch einen Schlitz an der Tür sah ich ins Innere. Es brannte ein schwaches Licht in der Kirche.

Ein Schatten bewegte sich hin und her. Jemand ging auf und ab. Es war der Staatsanwalt.

»Hier bist du!«, sagte ich, ohne dass er es hören konnte.

Der Staatsanwalt ging in der Kirche auf und ab und erinnerte sich. Er dachte an die Zeit, als sich Rita und Lorenzo in dieser Kirche verheiratet hatten. Er war hinter den sieben Bergen. Ich mochte ihn.

Plötzlich spürte ich jemanden hinter mir. Ich hatte keine Angst. Hinter mir stand Camillo.

»Geht es dir gut?«

Er lächelte. Er hatte große Augen und trug seinen karierten Anzug mit dem orangefarbenen Hemd.

»Camillo!«

»Geht es dir gut? Tut dir etwas weh? Giovanna, hörst du mich?«

»Ja, ich höre dich.«

»Hast du ihn gefunden?«

»Ja, und du, hast du mir geholfen? Die Kuverts, und die Zettel, bist du mein Freund, Camillo, du bist mein Freund, jetzt weiß ich es.«

»Ich habe dir die Schlüssel geschickt. Damit du

diese Geschichte beenden kannst.«

»Diese Geschichte? Ja. Du hast recht. Du bist gut, Camillo.«

»Deine Vergangenheit, Giovanna, ich liebe dich, ich möchte dich heiraten.«

»Wie lange weißt du es schon?«

»Ich habe es immer gewusst.«

»Was bedeutet immer?«

»Ich weiß es, seit dir Lorenzo in der Bank die Hand geküsst hat. Ich habe Nachforschungen angestellt.«

»Du spionierst mir nach?«

»Ja.«

»Das war gut.«

»Ja, ich liebe dich.«

Seine Augen waren präzise auf mich gerichtet, stark, zärtlich. »Giovanna!«

Er nahm mich an den Schultern.

»Geht es dir gut, Giovanna?«

»Ja, es geht mir gut.«

»Diese Welt, Giovanna, die dich nicht loslassen will, ist alt. Es sind alte Gedanken, alte Menschen, alte Geschichten.«

Antonino in seiner Gefängniszelle. Ich sah ihn. Aber über ihm kreisten Vögel, die Werkzeug trugen. Es waren mächtige, erhabene Vögel, nicht von dieser Welt. Ich hörte den Baulärm an seinem Tempel, ich hörte wie sie das Dach abhoben und dem Kranfahrer für den Transport der ionischen Säulen Befehle gaben. Er wollte groß sein. Er wollte Gott sein. Ich schlafe mit ihm.

Camillo ließ es nicht zu. Die Fragmente wollten wieder Gestalt annehmen in mir und ich hätte mich wieder darin bewegt.

»Giovanna!«

»Camillo, bist du es?«

»Giovanna! Sieh mich an!«

Ich sah ihn an. Camillo. Der Mann, der mich liebte.

»Ich lebe«, sagte ich, »seit ein paar Stunden erst, Camillo.«

Camillo seufzte.

»Du lebst«, sagte der Riese Colapesce.

»Ist das gefährlich?«

»Aber natürlich!«, sagte der Riese.

»Giovanna!« rief Camillo, »wo bist du wieder, mit wem redest du immer, wach auf!«

»Die Ampel«, sagte ich zu Camillo, um es ihm zu erklären, in seiner Sprache, »wenn ich sie heute bei Rot überfahre, bin ich nicht mehr völlig immun.«

Camillo schwieg. Er fragte sich, wie er darauf antworten könnte.

Eine Träne stand in meinen Augen. Ich spürte ihre Feuchtigkeit auf der Wange. Ich schluchzte. Camillo nahm mich in seine Arme.

»Du weinst?«

Camillo sah mich an und ich begriff, dass er mich liebte, so wie ich Antonino liebte.

»Du wirst nicht aussagen. Du wirst deine Abschrift verbrennen. Du wirst nicht wissen, was es bedeutet. Du ziehst alles zurück.«

Ich ahnte, dass auch ich ihn lieben würde. An Stelle der Liebe zu Antonino.

»Bist du wach?«
»Ja, ich bin wach.«
»Geht es dir gut?«
»Ja, es geht mir gut.«
»Hast du geträumt?«
»Nein.«
»Hast du es absichtlich getan?«
»Was?«
»Nicht geatmet?«
»Ich habe geatmet.«
Ich hatte nicht geatmet.
»Hör auf mit diesen Sachen, Giovanna.«
»Gehen wir.«
»Wohin?«
»Zu Antonino!«
»Zu Antonino?«

74

Camillo brachte mich zu seinem Jaguar. Er fuhr den Waldweg zurück. Die Steilküste entlang. Unten war das Meer. Ich ließ mich von ihm fahren. Er fuhr mich in das Krankenhaus.

»Warum fährst du nach Sizilien, Giovanna, warum hast du mich nicht angerufen, ich habe dich überall gesucht. Warum arbeitest du auf einer Tankstelle, scharrst du Leichen aus, ziehst du dich wie eine Nutte an und warum sagst du gegen das organisierte Verbrechen aus? Weißt du, was ein Zeugenschutzprogramm bedeutet?«

»Ich habe Geschwister!«, sagte ich zu Camillo.
»Ja, vier sind tot, der eine ist ein Krüppel und Schwachkopf, einer sitzt in Untersuchungshaft und der letzte wird dich vorladen.«
»Ich liebe sie.«

»Klingt das nicht banal, mein lieber Riese, dieses: Ich liebe sie.«
»Ja«, sagte der Riese, der in Riesenschritten neben dem Jaguar herging, »es klingt dumm, dieses: Ich liebe sie, wir lachen oft darüber! Aber das ist die Welt«, sagte der Riese. »Die Welt ist tollpatschig, sie ist unzureichend, sie vermag sich nicht zu erklären, die Großen Dinge sind viel zu groß für die kleinen Leben. Mach dir nichts daraus, versuch es weiter.«
»Wirst du mir nicht furchtbar fehlen, mein Riese?«
»Aber was, ich bin doch immer da.«
»Glaubst du wirklich?«
»Du nimmst einen Spiegel, du Leben, und fragst. Du nimmst einen Ring, und erinnerst dich. Du stellst dich an die Klippen der Meere und wirst an mich denken. Ich bin immer da. Ich bin die Legende. Ich werde immer sein.«

»Giovanna?«
»Camillo?«
»Antonino ist ein Krüppel, er kann nicht mehr aufwachen. Sein Gehirn ist tot. Sie werden den Apparat abstellen.«
»Ja, ich weiß.«
»Fahren wir zu ihm?«
»Ja, Camillo, wir fahren zu ihm.«

»Ich werde dich mit Gewalt mitnehmen nach Florenz, auch wenn du nicht willst.«

»Nein, ich werde freiwillig mitkommen, Camillo. Ich kann Regeln brechen.«

Dritter Teil

1

Ich stand auf einem Kai und starrte auf eine Fähre.

Auf einer niederen Mauer saßen Menschen, in Militärdecken eingehüllt. Einige schliefen, die anderen starrten müde in die Luft, ein paar rauchten. Menschen aus Afrika und dem vorderen Orient. Viele Männer. Einige Frauen und Kinder. Auch ein paar Asiaten. Das Haar ihrer Köpfe war feucht oder nass, sie hatten hängende Schultern und gebeugte Rücken. Ich sah keine Gesichter. Ich wusste nicht, worauf sie warteten.

Auf dem Landungspier standen ein Dutzend Polizeiautos, auf dem Ladedeck eines Lasters warteten Schafe. Zwei Schafe waren tot. Die anderen Schafe starrten müde in die Luft. Der Motor eines anderen Lasters schnurrte vor sich hin. In dem anderen Laster saß ein Mann, er hatte das Fenster hintergekurbelt und hielt eine Filmkamera, mit der er die Situationen festhielt. Pietro. Ganz in meiner Nähe, an der Mauer eines alten Befestigungsturms, stand die Limousine von Lorenzo. Sie war vollkommen zu Schrott gefahren.

Hinter mir standen zwei Rettungswagen, ihr Blaulicht blinkte, es flackerte im diesigen Licht, das die Morgensonne warf. Der Nebel verfärbte sich blau. Polizisten tranken Kaffee und ihre Beine stützten sie an den Pfählen ab, an denen eine große Fähre ihr Tau angelegt hatte. Es war dieselbe Fähre, auf deren Rampe ich gesprungen war, vor vielen Tagen.

Leibwächter standen um einen Polizeiwagen, in dem wahrscheinlich ein wichtiger Mann saß. Die Scheiben des Wagens waren getönt und aus Panzerglas. Ein beschützenswerter Mann. Die Leibwächter schlossen ihre Jacken auf Grund der Kälte, hinter ihnen standen Privatfahrzeuge, die Waffen der Männer griffbereit.

Camillo stand mit einigen Polizisten in der Nähe der heruntergelassenen Rampe der Fähre und redete. Die Fähre war leer. Das Loch, in das die Autos fuhren war dunkel. Niemand sprach ein lautes Wort, alle waren müde.

Ich hatte eine Militärdecke um die Schultern. Ich saß in der offenen Tür eines rotbraunen Jaguars, Baujahr 68, mit Schiebedach, und fror.
    Meine Unterarme waren bandagiert, in meinen Ellenbeugen war die Einstichstelle einer Spritze. Ich trug meinen karierten Rock und die weiße Bluse. Die Bluse war nicht mehr weiß, der Rock war nicht mehr glatt.
    Es waren die Sachen, die ich getragen hatte, an dem Tage des Brandes. Es war der Rock und die Bluse, die ich getragen hatte an dem Tage, als ich aufgebrochen war, nach Sizilien.

Ein polizeiliches Absperrband sicherte die Einfahrt zur Fähre ab, die Fähre war ein Tatort.

Camillo stand mit verschränkten Armen und nickte wiederholt. Er konzentrierte sich. Das Telefon eines Polizisten läutete, der Polizist nahm den Anruf entgegen und entfernte sich ein paar Schritte. Camillo wandte sich zu mir. Ich sah ihn an. Er kam zu mir.

»Geht es dir gut?«

Er trug seinen Anzug, den er getragen hat, als er mich abgeholt hat, an dem Sonntag, als ich Lorenzo zum Flughafen gebracht habe.

»Hast du Kopfschmerzen? Ist dein Nacken verspannt? Spürst du dich, Giovanna?«

»Ja.«

Camillo lächelte. Auf meinem Schoß lag meine Tasche, sie war schwer und voll. Ich öffnete sie. In der Tasche fand ich meine Abschrift. Wer hat sie dort zurückgesteckt?

»Meine Tasche, Camillo. Wer hat mir die Tasche gegeben?«

»Was ist, fehlt etwas?"

In der Tasche lagen die Abschrift, der Scheck von Lorenzo. Wer hatte ihn mir zurückgebracht? Ich hatte ihn doch auf die Parkbank gelegt.

»Ich habe den Scheck auf die Parkbank im botanischen Garten gelegt. Und die Abschrift, ich habe sie dem Staatsanwalt gegeben.«

»Beruhige dich, Giovanna, das hast du Gott sei Dank nicht.«

»Aber du warst doch auch da, im Gerichtssaal, Camillo, du wolltest, dass ich aussage, die Realität.«

»Du stehst unter Schock, Giovanna, beruhige dich, in ein paar Minuten können wir nach Hause fahren.«

Ich verstand es nicht. Die Abschrift und der Scheck! Und in der Serviette war der Pfirsichkuchen, der Teig war saftig und gelb, die Pfirsiche bereits ein wenig verblasst, am Rand der Früchte bildete sich ein kleiner, grau-blauer, haariger Schimmel. Wer hat ihn in diesen

Zustand zurückversetzt?

»Dieser Kuchen war ein harter, schwarzer Klumpen! Was ist damit geschehen!«

Das Blaulicht warf ein kaltes Licht auf mich und drehte sich unaufhörlich. Ich griff mir auf den Kopf und beugte mich nach vor.
»Ist dir nicht gut? Willst du dich wieder hinlegen? Giovanna?«
Camillo nahm mein Gesicht zwischen seine Hände.
»Erinnerst du dich wieder, was passiert ist?«
Camillo wollte eine Antwort.
»Du stehst unter Schock.«
Er sah nach der Polizei.
»Sie werden dir ein paar Fragen stellen, dann fahren wir nach Hause.«
Camillo sah nach der Reling der Fähre. Ich folgte seinem Blick. Die Reling war schwer beschädigt, etwas hatte sie auseinandergerissen, etwas Großes, Schweres. Unterhalb der Reling lagen am Pier Scherben. Große Plastikscherben von Blinklichtern und roten Bremslichtern.

»Wir fahren bald nach Hause.«
»Nach Hause?«
»Nach Florenz, du wirst bei mir wohnen, Giovanna, wenn du willst, suchst du dir eine Wohnung, aber es wäre mir lieber, du bleibst bei mir.«
»Bei dir?«
»Es wäre besser, du wohnst bei jemand, und nicht allein, die Ärzte sagen ...«
»Die Ärzte?«

»Sie sagen, es wäre besser, wenn du nicht zu viel allein wärst!«

»Bin ich allein?«

Camillo seufzte. Er sah mich an.

»Du bist völlig allein. Deine Eltern, weißt du es nicht mehr. Sie sind gestern bei einem Brand ums Leben gekommen.«

»Gestern? Nein, vor ein paar Wochen.«

»Ich liebe dich, Giovanna.«

Ich konnte nichts sagen.

»Du musst deine Zeugenaussage unterschreiben, so wie alle anderen, dann können wir fahren.«

»Welche Zeugenaussage, welche anderen?«

»Die Passagiere auf der Fähre, sie haben alle die gleiche Aussage gemacht. Zwei Männer fielen ins Wasser, der Unfall, erinnere dich! Du warst auf einer Fähre! Zwei Männer fielen ins Wasser. Sie sind tot. Du hast es gesehen. Der Mann hat mit dir gesprochen, kurz bevor er ins Wasser sprang, um seinen Bruder zu retten, erinnerst du dich? Die Leute sagen, du hättest mit ihm gesprochen!«

»Mit Antonino? Wovon redest du? Ein Unfall? Welcher Unfall? Du meinst, ein Mann fiel ins Wasser, ein anderer sprang ihm nach, diesen Unfall? Meinst du diesen Unfall?«

»Ja. Diesen Unfall!«

Polizisten vor uns näherten sich der Gruppe Menschen, die in graue Decken eingehüllt am anderen Ende des Piers standen. Die Polizisten hatten Papiere in der Hand und die Menschen unter den Decken unterschrieben dieses Papier und schließlich löste sich diese Gruppe auf. Es waren junge Frauen, Mädchen, Kambodschanerinnen, Asiaten, ein paar Afghanen. Die Menschen stiegen in die Polizeiautos und die Polizeiautos fuhren weg.

»Flüchtlinge«, sagte Camillo, »morgen früh werden sie zurück in ihre Länder geschickt, sie haben umsonst bezahlt.« Camillo starrte mich an. Woran dachte er? An den Menschenhandel. An die Mafia, die ihn organisiert?

»Gleich kommen sie zu dir. Geht es dir besser? Kannst du unterschreiben? Bist du wach!«

Er kam näher, hielt mich mit beiden Armen an den Schultern, sah mir in die Augen.

»Du brauchst diesen Zettel nur zu unterschreiben. Was du getan hast, hast du getan, du brauchst dich nicht zu rechtfertigen. Ich werde nicht zulassen, dass sie dir weh tun.«

Ich wusste nicht, wovon er sprach. »Was habe ich getan, Camillo? Sag es mir, was habe ich getan?«

Rund um den Wagen mit den getönten Scheiben kam Bewegung auf. Zwei Leibwächter stellten sich neben die Türen, ein dritter öffnete die Tür. Ein Mann stieg aus. Der Staatsanwalt. Er hatte eine Decke um die Schultern und sein Kopf war verbunden. Der Staatsanwalt nahm den Kopfverband ab. Die Leibwächter drängten sich dicht an ihn.

Der Staatsanwalt ging auf einen Laster zu. In dem Laster saß Pietro. Der Staatsanwalt stand vor dem heruntergekurbelten Fenster und sprach mit Pietro. Sie diskutierten etwas und Pietro streckte dem Staatsanwalt eine Videokassette und eine Kamera durch das Fenster. Der Staatsanwalt gab die

Kassette den Polizisten. Pietro gab ihnen ein Kabel. Der Staatsanwalt hatte seinen Kopf gesenkt und war konzentriert. Pietro unterschrieb etwas und startete den Laster. Der Staatsanwalt wich einen Schritt zurück, Pietro fuhr los.

Der Staatsanwalt wandte sich um. Ein Polizist gab ihm einen Stift und ich wusste, er würde zu mir kommen und eine Unterschrift verlangen. Der Staatsanwalt legte die Kassette in die Kamera, umringt von seinen Leibwächtern, er spulte zurück und sah sich etwas von diesem Band auf einem Display an.

Camillo drehte sich zu mir.
»Du unterschreibst diesen Zettel!« Er sprach sehr deutlich. Ich starrte den Staatsanwalt an und fragte mich, ob es derselbe Mann war, den ich ein paar Stunden zuvor in der Kirche ... war es eine Kirche gewesen?
»Ich kenne diesen Mann«, sagte ich.
»Das ist Staatsanwalt Leonard. Er ermittelt in einigen Fällen gegen den Menschenhandel. Du hast ihm das Leben gerettet. Erinnerst du dich wieder?«
»Ich habe ihm das Leben gerettet?«
Camillo nahm mich fest bei den Schultern.
»Träume nicht!«»
»Ich erinnere mich nicht, Camillo.«
Camillo klopfte mit dem Fuß nervös auf den Beton und versuchte, ruhig zu werden.
»Ein Mann fiel ins Wasser, Giovanna!« Camillo war sehr eindringlich. »Ein anderer Mann sprang ihm nach, die beiden Männer wurden getötet. Daraufhin kam es auf der Fähre zu einer Schießerei, denn der Staatsanwalt tauchte auf und sie versuchten ihn zu

töten.«

»Sie versuchten ihn zu töten? Den Staatsanwalt? Auf dieser Fähre?«

»Der Steuermann kam aus der Kajüte und begann zu schießen. Hinter ihm und oben auf dem Schornstein waren andere, sie schossen auf den Staatsanwalt. Du hast den Staatsanwalt gepackt und in die Limousine gezerrt.«

»Den Staatsanwalt? In die Limousine? In welche Limousine? In die Limousine des Staatsanwaltes oder in die Limousine Lorenzos?«

Camillo drehte mich um.

»In diese Limousine! In die Limousine unseres Direktors!«

Ich war sprachlos.

Vor mir, in die alte Mauer eines Befestigungsturms aus dem 15. Jahrhundert hineingerammt, stand die Limousine, oder das, was von ihr übrig geblieben war, die Limousine von Lorenzo. Sie war vollkommen zu Schrott gefahren.

»Ich bin nicht mehr völlig immun.«

»Was!«

»Früher wäre mir das nicht passiert.«

»Du hast keinen Unfall verursacht, Giovanna! Du hast den Rückwärtsgang eingelegt, bist haarscharf bis ans hintere Ende der Reling gefahren, hast den Gang gewechselt, Vollgas gegeben und bist über achtzehn Meter über das Meer hier auf den Pier gesprungen.«

»Ich kann so was.« Ich nickte. Ja, wenn er so mit mir sprach, dann verstand ich es. »Ja, Camillo, ich kann so was!«

Die vordere Achse der Limousine lag einige Meter rückwärts fortgeschleudert zwischen alten Fässern. Ein Strommast war geknickt. Die Achse hatte die Fässer auseinandergeschossen, wie Kegel, einer der Kegel hatte einen Strommast geknickt.

Ich versuchte es zu erklären:

»Ein Mann fiel ins Wasser, Camillo, und ein anderer Mann sprang ihm nach. Die Männer starben.«

»Genauso. Genau das wirst du unterschreiben. Nach dem Tod der Männer tauchte der Staatsanwalt auf der Fähre auf, es kam zu einer Schießerei. Er ermittelt gegen den Menschenhandel, verstehst du? Du hast nichts anderes getan, als ihm das Leben gerettet. Im Affekt! Versuche nicht, es zu erklären. Hörst du! Sage nicht, du könntest so etwas, und du könntest Ampeln bei Rot überfahren, solche Dinge, dass du manchmal nicht mehr sicher bist, ob du nicht auch durch Mauern fahren könntest, diese Dinge sagst du jetzt nicht. Hörst du mich, Giovanna?«

Ich nickte. »Ja, ich werde nichts von alledem sagen, ich bin in der Welt, Camillo, nicht wahr, das hier, ist das Leben.«

»Ja.«

Ich hatte alles geträumt. Nun wusste ich es. Ich war nie in Sizilien angekommen. Es war alles in mir geschehen. Mein Gott! Was alles? Ab wann?

Der Staatsanwalt schaltete die Kamera ab. Er sah zu mir herüber. Er gab die Kamera einem Beamten neben ihm und kam auf mich zu. Ich starrte den Staatsanwalt an. Er hatte kurzes, gewelltes Haar und irgendein Mittel hielt es streng am Kopf.

»Signorina Calvaruso?«

Ich stand auf. »Ja?«

»Wir möchten, dass Sie Ihre Aussage unterschreiben.«

»Sie bewegen sich in Zeitlupe, Camillo, und ihre Stimmen sind so verzerrt, so tief, so schaurig, warum tun sie das, Camillo, warum tun sie das?«

»Ist dir nicht gut? Ist dir wieder schwindelig, setz dich Giovanna, es tut mir leid, Dottore«, Camillo entschuldigte sich für mich bei dem Staatsanwalt, »ich lasse einen Arzt holen.«

»Holen Sie einen Arzt«, sagte der Staatsanwalt, seine Stimme war tief.

»Geht es Ihnen gut, Signorina?« Er hielt mich an der Schulter und sah in meine Augen.

»Das war ungeheuerlich, Signorina. Ich frage mich, woher Sie den Mut genommen haben. Sie haben mir das Leben gerettet.«

»Name und Adresse bitte", sagte ein Beamter, Camillo antwortete, der Beamte setzte den Namen Calvaruso in ein Formular ein.

»Und die Straße?«

»Via Albanese 58, Florenz, sie wird bei mir wohnen«, sagte Camillo.

»Und Sie, wer sind Sie?«

»Camillo Fragante, ich bin ihr Verlobter.«

»Ihr Verlobter?«

»Reisen Sie öfters allein, Signorina.« Das war wieder der Staatsanwalt. »Sie hatten kein Gepäck bei sich. Wohin wollten Sie? Wer sind Sie? Entschuldigen Sie, Signorina, aber Sie haben mir mit einem ungeheuerlichen Sprung das Leben gerettet. Ich stehe, wie man so sagt, in Ihrer Schuld?«

Ich konnte nicht antworten.

»Ihre Eltern hatten einen Unfall«, Camillo erklärte es. »Sie starben gestern früh, in Florenz, Signorina Calvaruso ist nun völlig allein, sie ist verwirrt, sie ist durcheinander, verstehen Sie?«

»Gestern früh?« Der Staatsanwalt horcht auf. »Wie heißen Sie?«

»Sie wollte nach dem Tod ihrer Eltern verreisen. Die Geschehnisse verarbeiten. Sie wurde Zeugin eines weiteren Unfalls. Die Männer auf der Fähre. Sie braucht Ruhe, melden Sie sich bitte später bei uns, die Adresse haben Sie.«

»Ihr Name ist Calvaruso? Ihre Eltern starben gestern früh in Florenz? Was sind das für Bandagen an ihren Unterarmen, hat man Sie verletzt, hat Sie irgendjemand verletzt auf der Fähre.«

»Alte Verletzungen«, sagte Camillo.

Der Staatsanwalt rieb sich den Nacken.

»Signorina Calvaruso?«

Ich konnte ihn nicht ansehen.

»Ihre Eltern starben gestern früh in Florenz durch einen Brand, Signorina?«

Woher wusste er es?

»Woher wissen Sie das? Ja!«, sagte Camillo, »lesen Sie Zeitungen aus Florenz?«

Der Staatsanwalt ignorierte die Frage.

»Haben Sie Papiere?«, fragte er.

»Was soll das«, Camillo wurde schroff, »ihr Haus ist verbrannt! Wie soll sie Papiere haben, sie steht unter Schock, ist Ihnen das nicht klar!«

»Natürlich, Signor Fragante, es ist alles in Ordnung, es gibt noch ein paar Dinge, die wir klären müssen. Wir haben den Sprung mit der Limousine auf Band, jemand hat es gefilmt.«

Der Staatsanwalt reichte mir die Kamera.

»Ich habe es mir gerade auf dieser Kamera angesehen. Nach dem Aufprall, nach diesem ungeheuerlichem Aufprall sind Sie ausgestiegen, haben sich die Kappe zurechtgeschoben, sind um den rauchenden Wagen gegangen, haben mir die Türe geöffnet und mir aus der Limousine geholfen. Das ist unglaublich! Als wäre das ganz normal für Sie.«

»Ich bin Chauffeur, das einzige wo ich mich wirklich auskenne, sind Autos, Dottore.«

Der Staatsanwalt nahm mich bei der Hand und ging mit mir nach vor an die Kante zum Pier. An den zerfetzten Kanten klebte das schwarze Öl des Unterbodens der Limousine.

Mir war nicht gut. Ich setzte mich auf einen Landungspfosten.

»Habe ich ihn in eine Limousine gezerrt, habe ich ihn tatsächlich berührt, Camillo?«

»Sie haben sich auf mich geworfen, Signorina. Sie haben mich vor den Kugeln beschützt und ich begreife nicht, warum Sie noch leben.«

Ich versuchte, mich zu erinnern.

»Es war umgekehrt, Dottore, Sie haben mich in das Auto gezerrt, irgendjemand hat mich in Ihre Limousine gezerrt, überall waren Schüsse, Antonino war in der Pizzeria, er hat alles niedergemetzelt, er hat die Gäste getötet, ein Mann wurde an der Schulter verletzt, er wollte für seine Freundin und sich Pizza holen, der Koch lag angeschossen im Hinterhof.«

Der Staatsanwalt wurde still.

»Antonino Marza?«, der Staatsanwalt überkreuzte die Arme.

»Ich bin zum Hinterausgang gerannt, der Koch lag in

einer Lache aus Blut, Pietro riss ihm das Mobiltelefon aus der Hand, er sagte, bringe dich in Sicherheit, aber in der Gasse vor mir schossen sie. Plötzlich war Pietro weg!«

»Hör auf damit, Giovanna, sie träumt, sie steht unter Schock, sie erfindet das.«

»Pietro!« Der Staatsanwalt wiederholte auch diesen Namen.

»Killer hatten Maschinengewehre und schossen. Vor mir war Antonino, die Polizei wollte ihn abführen, hinter ihm war Karatsch.«

»Karatsch!« Der Staatsanwalt konnte nicht glauben, was er gehört hatte. »Woher kennen Sie all diese Namen, Signorina! Sergei, Mikkalewitsch Karatsch, der Autohändler?« Ein Beamter schrieb alles auf.

»Sie steht unter Schock!«

»Nein, sie sieht völlig klar, ich kenne diese Namen. Antonino ist der Mann, der auf der Fähre gestorben ist. Pietro, der Mann in dem Laster, der zufällig alles gefilmt hat und Karatsch ist der Kopf einer Schlepperbande, gegen die wir seit Jahren ermitteln. Wer sind sie, Signorina?«

»In Ihrem Wagen, Dottore, war ein Bild.«

»Ein Bild? In meinem Wagen?«

»Ein Aquarell.«

»Ich besitze keine Aquarelle.«

»Das Motiv ist ein Fenster, rundherum verwachsen mit blauen Clematis.«

»Auf meiner Terrasse wachsen tatsächlich blaue Clematis. Ich habe eine starke Zuneigung zu diesen Pflanzen. Wer sind Sie, Signorina?«

2

Also gut. Ein Traum. Ein sehr ausführlicher Traum. Ich musste wissen, wo er angefangen hat. Aber der Staatsanwalt ist echt. Pietro und Antonino auch. Karatsch kannte ich von der Abschrift. Der Staatsanwalt kennt ihn auch.

Weit draußen am Meer ging die Sonne auf.
»Auf welcher Seite Italiens sind wir, Camillo? Warum geht heute die Sonne im Westen auf?«
»Wir sind zwischen Brindisi und Bari, Giovanna, die Sonne geht immer im Osten auf.«
»Ja«, sagte ich und atmete tief durch, ich dachte, wir wären in Messina, »die Sonne geht im Osten auf. Wir sind nicht in Messina, lassen wir die Sonne wie sie war. Wir sind zwischen Brindisi und Bari und die Sonne geht im Osten auf.«

Der Staatsanwalt nahm seine Hände vor den Mund und strich mit dem Zeigefinger langsam seinen Lippen nach. Er dachte darüber nach, was ich gesagt hatte. Es berührte ihn. »Lassen wir die Sonne wie sie war.« Ich beachtete ihn nicht und versuchte, die Realität vom Traum auseinander zu pflücken.
»Die Limousine war gegen einen alten Befestigungsturm gekracht. Auf dem Turm war ein Wetterhahn. An dem Wetterhahn hingen Fahnen, die wehten im Wind.« Ich dachte darüber nach, ob man sie für Därme hätte halten können. Der Pier stank nach altem Öl, Urin und Kot und ich fragte mich, ob man diesen Gestank für den von Ziegenkadavern halten könnte. Die Kirche. Der Befestigungsturm war mir zur Kirche

geworden. Weiter hinten stand ein kleiner Laster. Der hatte Schafe geladen. Die Schafe blökten. Ein paar Schafe waren tot. Die Limousine von Lorenzo, die Limousine des Staatsanwaltes.

»Ich bin mit der Limousine gefahren, Camillo?«

»Ja, wir können sie hier lassen, wir holen sie später.«

»Bin ich auf der Fähre gewesen?«

»Ja«, sagte der Staatsanwalt, »sie haben am Schornstein gelehnt und ich fragte mich, warum ihnen nicht heiß war.«

»Aber vorher bin ich an der Reling gestanden.«

»Ich habe dich gesehen und nach dir gerufen, Giovanna, komm zurück!«, sagte Camillo.

»Du sagtest: Es sind alte Gedanken, alte Menschen, alte Geschichten.«

»Ja, das sagte ich, Giovanna!«

Ein paar kleine, helle Blitze warfen mich zurück in die Realität. Ein Mann hing an einem Seil an einem Strommast und reparierte ihn. Es war der Strommast, der von den Fässern geknickt worden war. Der Mann sah zu uns herunter und seilte sich von dem Mast ab, langsam. Er starrte mich an.

Ich schrie auf! Eine enorme Welle an Panik stieg in mir auf. Ich randalierte und schlug um mich.

»Die Stromleitung, Giovanna, es ist nur die Stromleitung.«

Ich rannte nach rückwärts, fiel, schlug mit dem Kopf gegen den Asphalt. »Was ist passiert!« Der Staatsanwalt lief zu uns. »Ich weiß es nicht, der Blitz hat sie erschreckt«, antwortete Camillo.

»Nein!« schrie ich, »Der Mann, der Mann, dieser

Mann!« Ich schlug mit den Fäusten gegen den Beton, rieb die Bandagen von den Armen, um meine Haut auf dem Beton ordentlich misshandeln zu können.

»Ich habe Angst, Camillo.«

Ich suchte etwas, mit dem ich mich verletzen konnte. Ich fand nichts und so rieb ich meinen Arm am nackten Asphalt, bis die Wunden schwarz waren.

Der Staatsanwalt starrte mich fassungslos an. Camillo riss mich zurück. Ein Sanitäter packte mich und brachte mich zum Krankenwagen, ich fuchtelte mit den Armen, der Sanitäter verband mich, Camillo redete auf mich ein.

»Es war nur ein Blitz!«
»Der Mann, Camillo, der Mann!«

Auf einem Strommast am Rande des Piers arbeitete ein Mann. Die Beine waren stark, der ganze Mann, ein Gigant. Er seilte sich mit einem dicken Seil vom Strommasten ab und sah zu mir herüber. Als er unten war, nahm er seinen Werkzeugkoffer und kam auf mich zu.

»Nein!«

Ich wurde völlig hysterisch. Die Beamten hielten mich, der Staatsanwalt zündete sich eine Zigarette an und lehnte sich gelassen gegen das Auto, ich biss mich. Camillo riss meinen Kopf zurück, hielt ihn fest mit beiden Händen. Der Mann vom Strommast ging an uns vorbei, neugierig, er wollte wissen, was hier vorhing. Der Mann starrte mich mit riesigen, gigantischen Augen an:

Es war der Riese Colapesce.

3

»Gehen Sie bitte«, sagte der Staatsanwalt zu dem Elektriker.

Der Mann ging. Er ging direkt auf das Meer zu. Und während er ging, wurde er immer größer. Ich atmete nicht.

Als er beim Meer angelangt war, war er wieder der Riese.

»Hast du es nicht gewusst?«, sagte der Riese, »dass ich kleiner werde, umso näher man mich betrachtet, aber größer werde, umso weiter weg ich bin.«

»Ja, du hast recht, warum habe ich nicht daran gedacht!«

»Geht es dir besser, Giovanna.«

Der Staatsanwalt warf seine Zigarette auf den Boden und drückte sie mit dem Schuh aus.

Ich sah, wie der Riese verschwand.

»Ich möchte fahren, Camillo.«

Camillo holte den Zettel. »Unterschreibe hier.«
»Wo?« Camillo legte mir den Zettel vor.

»Lesen Sie zuerst, Signorina, was Sie hier unterschreiben, kommt einem Eid gleich.« Der Staatsanwalt wollte mich nicht fahren lassen.

»Ein Mann fiel ins Wasser«, sagte ich, »ein anderer sprang ihm nach, dann wurde es laut. Die Männer starben.«

»Hier ... »

Camillo zeigte mir die Stelle wo ich unterschreiben musste. Ein Beamter gab mir einen Stift. Ich unterschrieb.

Und war frei.

4

Camillo setzte mich in seinen Wagen.

Ich saß am Beifahrersitz und lehnte den Kopf auf das Leder. Nun wusste ich es wieder: Ich war in der Aufbahrungshalle gewesen, dann in die Bank gegangen, hatte die Limousine geholt und war nach Brindisi gefahren. Der Rest stand in der Abschrift. Ich hatte daraus einen Traum gemacht.

»Wohin fahren wir?«

»Nach Florenz.«

»Und wir stehen jeden Morgen um Acht Uhr auf?«

»Ja, ich denke, das wird genügen.«

Camillo startete.

»Ich liebe dich. Ich bin froh, dass alles gut ausgegangen ist.«

»Danke, Camillo.«

»Giovanna.« Das war mild, zärtlich und voller Hoffnung.

Camillo nahm seine Hände vom Lenkrad. Er suchte meine Hand. Er küsste sie. »Gut, dass du da bist, Camillo«, sagte ich. Camillo lächelte. Er legte den Rückwärtsgang ein. Als er wenden wollte, stand der Staatsanwalt hinter dem Auto.

»Signorina Calvaruso? Verzeihen Sie«, er kam zu meinem Fenster nach vor, »verzeihen Sie, aber was ist das für ein Name?« Der Staatsanwalt drückte das Papier gegen das Fenster des Jaguars.

»Würden Sie bitte mit mir kommen!«

»Was ist passiert, hat sie nicht unterschrieben?«

Camillo ließ das Fenster hinunter, er beugte sich über mich und nahm das Papier, das ich unterschrieben habe und las die Unterschrift. Ich hatte mit Savariella unterschrieben!

5

Der Staatsanwalt brachte mich in seinen Polizeiwagen. Ich setzte mich auf die Hinterbank, er setzte sich neben mich. Camillo war dagegen. Er erklärte, dass ich verwirrt wäre, dass ich nach Hause müsste, dass man mich endlich in Ruhe lassen sollte, unschuldig wäre. Ein Beamter hielt Camillo vom Wagen zurück. Der Staatsanwalt wollte mir etwas zeigen. Allein. Er legte ein Band in die Kamera und richtete das Display so, dass ich es sehen konnten. Der Staatsanwalt setzte sich so, dass er mich beobachten konnte. Camillo sah es durch das Fenster. Das Band lief ab.

Wir sahen die Fähre.
Das Deck voller aufgebrachter Menschen. Schreie! Jemand ist ins Wasser gefallen. Die Menschenmenge erstarrt an der Reling. »Jemand muss ihn retten.« Getümmel. Antonino zwängt sich durch die Menge, mit zwei Rettungsringen. Er wirft einen ins Meer, will springen. Ich lehne an der Reling. Antonino sieht mich. Er zögert.
»Wer bist du?«
»Ich bin niemand.«
Antonino springt. Die Menschenmenge hält den Atem an. Antonino landet auf der Wasseroberfläche. Er taucht unter, Wellen, er taucht auf, er holt Luft, er taucht unter, Wellen, Stille, er taucht auf, mit Peppo,

Begeisterung. Ein Schuss. Peppo stirbt. Ein weiterer Schuss. Das war sehr laut. Antonino stirbt. Die Menge erstarrt. Die Kamera wackelt. Die Kamera sucht. Die Kamera auf mich gerichtet. Ich starre in den Himmel. Verzweiflung. Die Hände vor dem Gesicht. Möwen. Die Kamera wackelt. Möwen im Gegenlicht. Ein weiterer Schuss. Der Schornstein der Fähre. Auf dem Schornstein zwei Killer. Leibwächter schießen. Ein Staatsanwalt. Ein Leibwächter ist getroffen. Killer laden Waffen neu. Leibwächter werfen sich über einen Staatsanwalt. Die Kamera wackelt. Die Limousine von Lorenzo. Ein Leibwächter ist getroffen. Er liegt verletzt auf dem Staatsanwalt. Ein anderer wirft sich auf den Staatsanwalt. Auch der wird getroffen. Ich laufe. Ein Killer stürzt vom Schornstein. Ich kann nicht weiterlaufen. Ich falle über den Killer. Der Staatsanwalt unter dem verletzten Leibwächter. Ein Schuss trifft den Leibwächter am Rücken. Ich stehe auf. Ich strecke dem Staatsanwalt die Hand hin. Der Staatsanwalt nimmt sie. Ich ziehe ihn mit mir. Ich öffne die Tür der Limousine. Der Staatsanwalt steigt ein. Der Killer springt vom Schornstein. Er richtet sein Gewehr auf uns. Ich starte. Ich fahre rückwärts. Ich komme an der hinteren Reling an. Eine Gewehrsalve, ich lege den Vorwärtsgang ein. Ich gebe Gas. Ich gebe sehr viel Gas. Die Reifen quietschen. Die Limousine rast über das Deck. Sie durchstößt die Reling. Sie fliegt. Es ist eine große Limousine. Sie landet am Kai. Die Achse löst sich, mit rasender Geschwindigkeit rammt die Achse einen Strommast, die Limousine kracht gegen die Mauern des Befestigungsturms. Die Limousine steht. Ich steige aus. Blitze vom geknickten Strommast. Ich streife meinen Rock zu Recht. Ich gehe um das Auto. Meine Kappe sitzt korrekt auf meinem

Kopf. Ich öffne dem Staatsanwalt die Tür.

Der Staatsanwalt stellte das Band ab. Camillo wollte herein, »Lassen Sie sie endlich in Ruhe.« »Nur einen Augenblick, Signor Fragente, es wird ihr nichts geschehen«, sagte der Staatsanwalt. Camillo wollte durch: Das ist unglaublich, es ist unerhört. Ein Beamter drängte Camillo zurück, der Staatsanwalt verschloss die Tür und tönte die Scheiben.

Wir waren allein. Ich war mit diesem Mann in einem Auto. Keine Bilderrahmen. Keine Leibwächter. Ich hatte nicht das Kleid einer Nutte an. Ich trug einen zerrissenen, karierten Rock und eine weiße Bluse, die nicht mehr weiß war. Mein Haar war wirr. Der Staatsanwalt nahm meine Hände.

»Ich habe nie an dich geglaubt.«
»An mich?«
»Bis ich diesen Namen las: Savariella.«
Er hielt mir das Papier hin.
»Mein Name ist ...«
»Sch ...«, sagte der Staatsanwalt und schüttelte ungläubig den Kopf.
»Was muss ich tun?«, fragte ich, »noch einmal unterschreiben, ich kann das machen, es tut mir Leid ...«
Der Staatsanwalt ließ meine Hand los und strich über mein wirres Haar. »Es kann uns hier niemand sehen und niemand hören, ich weiß, wer du bist.«
»Mein Name ist ...«
»Vor dem Fenster meiner Terrasse wachsen blaue Clematis. Als junger Mann habe ich sie mit Aquarell gemalt.«
»Ich träume.«

»Nein. Du bist wach. Du bringst es zu Ende. Ich bin dein Bruder.«

»Ist das ein Traum, sage es mir, träume ich wieder, bin ich wieder in einem Märchen.«
»Nein, Giovanna, bist du nicht.«
Ich begann zu weinen.
»Ich bin in keinem Traum. In keiner Waschstraße, dieses Auto ist ein gepanzerter Polizeiwagen? Vier mal so schwer wie die üblichen?«
»Ja, ich habe mir das Band angesehen. Den Sprung mit der Limousine. Es ist beinahe unmöglich. Als ich den Namen Savariella las, wusste ich, dass es dich gibt.«
»Ich existiere also?«
»Ja.«

Langes Schweigen. Als ob nichts existieren würde. So hell und weiß war alles. So berichtigt.

Dann sagte ich: »Ich habe es immer gewusst, dass alles eines Tages vorbei sein wird. Ich hatte immer Angst. Ich konnte nicht leben.«
»Ja.«
»Du bist mein Bruder.«
»Ich bin dein Bruder.«
»Du bist der Sohn von Rita und Lorenzo?«
»Ich habe das Bild gemalt, das Aquarell, es hing in meinem Zimmer, du hast es angesehen, wenn du zu mir kamst. Du warst zwei Jahre alt. Du bist zu mir in das Zimmer gekommen und bist dagestanden, wie ein Engel. Ich habe zu lesen aufgehört, zu studieren, ich habe dich auf meinen Hocker gesetzt und manchmal habe ich geweint.«

»Mauritius.«
»Sch...«

Es war wahr.

»Du hattest Bücher und du hast ferngesehen: Die Grausamkeiten, die Lügen, die Eitelkeit, und die große Frechheit. Vor allem aber, Mauritius, hast du dir Grausamkeiten angesehen.«

»Ja.«

»Ich habe mich auf das Dach des Stalles gegenüber deinem Fenster gesetzt und habe dir ein paar Sonnenstrahlen ins Zimmer geschickt.«

»Ich weiß.«

»Zu dieser Zeit, Mauritius, war ich noch völlig immun.«

Ich weinte.

Der Staatsanwalt hielt immer noch meine Hände. Sie waren warm und groß.

»Mein Name ist Mauritius Scopello. Und aus irgendeinem Grund bist du nicht in Florenz verbrannt. Jemand muss eine dritte Leiche in das Haus gebracht haben, bevor Antonino es angezündet hat.«

»Mauritius.«

»Du darfst niemandem davon erzählen.«

»Nein.«

»Ich habe einen anderen Namen angenommen, im Ausland studiert, meinen Tod inszeniert. Ich musste tot sein. Ich konnte nicht länger zu dieser Familie gehören. Ich floh. Aber ich bin zurückgekommen.«

»Ja«, sagte ich, »ich verstehe.«

Der Staatsanwalt drückte meine Hände.

»Es hat mich bereits sehr lange nichts mehr gerührt«, sagte er. »Sie erzählten von dir. Ich habe nie an dich geglaubt.« Er war still.

»18. November«, sagte ich.

»18. November 1995«, sagte der Staatsanwalt. »Du hast es gewusst. Du hast alles aufgeschrieben. Nun wolltest du es sehen. Wie viel weißt du?«

»Ich weiß alles.«

Ich kramte in meiner Tasche, holte die Abschrift heraus und gab sie ihm.

»Hier«, sagte ich.

Der Staatsanwalt nahm die Abschrift, blätterte sie durch und gab sie mir zurück.

»Behalte sie.«

»Brauchst du sie nicht?«

»Doch, ich brauche sie.«

»Warum behältst du sie nicht?«

»Sie würde dich belasten.«

»Willst du Karatsch nicht festnehmen?«

»Ich werde dir einen Pass besorgen.«

Ich nahm die Hände vor den Mund, weinte, legte den Kopf an seine Beine und weinte.

»Antonino ist tot", sagte ich.

»Ja.«

»Peppo ist tot. Luigi und Mara, sie sind vor ein paar Tagen ermordet worden.«

»Ja.«

»Mimmo starb, als er noch ein Kind war. Pietro wird nach Sizilien zurückgehen. Er wird Marionetten bauen.«

»Du wirst nach England gehen. Ich werde es regeln. Camillo Fragante wird dir helfen.«

»Ja.«

»Ich werde hier bleiben und die Schlepper verhaften lassen.«

»Mauritius!«

»Die Fragen werden immer offen bleiben.«

»Welche Fragen?«

Der Staatsanwalt wurde ernst.

»Wer ist die dritte Leiche aus dem Mafia-Haus Calvaruso.«

»Es ist Mara.«

»Wahrscheinlich.«

»Pietro hat sie in das Haus gelegt, kurz nachdem ich das Haus verlassen hatte.«

»So wird es gewesen sein. Aber wer hat dir die Fahrkarte geschickt? In die Karibik?«

»Camillo! Er hat mich nicht gefunden, er wusste, dass ich ins Leichenschauhaus gehen würde, er wollte fort mit mir. Auf eine andere Erde.«

»Ich werde dir Papiere besorgen.«

»Ja.«

»Welchen Namen willst du haben."

»Jeden Tag einen anderen.«

Ich trocknete meine Tränen mit der bloßen Hand.

»Warum weinst du?«

Ich schob den schmutzigen, blutenden Ärmel meiner Bluse zurück, ich wickelte sie langsam hinauf. Der Staatsanwalt sah mir zu. Unter der Bluse war Mull, der deckte die tiefen Wunden ab. Ich löste den Mull von der Kruste und betrachtete die Schnitte.

Der Staatsanwalt starrte es an.

»Tut es dir weh?«

»Ja«, sagte ich, »es tut weh.«

Der Staatsanwalt berührte die Wunde mit seiner Fingerkuppe. Ich legte meine Arme auf seine Beine und drückte mich an ihn. Ich weinte. Dort. Auf dem Schoß, auf dem Hocker, hinter der Sonne, im Norden.

»Was tut weh, Giovanna?«

»Das Leben, das sie nicht gelebt haben. Es tut sieben Mal weh.«

Draußen vor dem Auto war Lärm. Es standen viele Polizisten herum, die versuchten Journalisten zurückzuhalten, alle wollten eine Erklärung. Zwei Fernsehteams standen da, die hatten ihre Satellitenwagen positioniert, um sofort senden zu können. Sie wollten mich befragen, nach dem Sprung. Sie wollten die Bänder von Pietro, damit sie sie übertragen könnten.

Der Staatsanwalt sah aus dem Fenster. Die Journalisten versuchten, hinter der getönten Scheibe etwas zu erkennen. »Warum sucht ein Staatsanwalt einen Tatort auf! Um welchen Fall handelt es sich?«

»Ich werde aussteigen, Giovanna.«

»Ja«, sagte ich.

»Gib ihnen keine Antworten, sprich nicht über das, was du bist. Sie würden es nicht verstehen.«

»Ich weiß.«

»Wo wirst du hingehen?«

»Ins Meer.«

»Für immer?«

»Nein, nur für ein paar Minuten, ich werde dem Riesen die Abschrift geben, dann fahre ich mit Camillo fort.«

»Ja«, sagte der Staatsanwalt, »ich schicke dir die Papiere. Ich werde mir einen Namen ausdenken.«

Der Staatsanwalt öffnete die Tür und stieg aus. Er schloss das Auto, die Scheiben waren getönt, niemand konnte hereinsehen. Sofort stürzten sich die

Journalisten auf den Staatsanwalt: Warum er hier wäre, selbst am Tatort, welche neuen Gesetze ein solches Massaker verlangen würde, wie und wann Italien zur Ruhe kommen könnte, wie viele Menschen getötet worden wären und welche Konsequenzen das hätte.

»Wer hat auf Sie geschossen? Haben Sie jemanden erkannt. Wer hat Sie gerettet, Dottore? Sind Sie tatsächlich über 20 Meter durch die Luft gesegelt, wie war das Gefühl, hatten Sie Angst? Wer hat die Rechte auf die Videobänder, wann dürfen sie veröffentlicht werden?«

Der Staatsanwalt bahnte sich einen Weg durch die Journalisten und die Leibwächter bahnten sich ungeduldig ihren Weg zu dem Staatsanwalt.
»Wo ist die Fahrerin? Ist sie hier in ihrem Wagen? Wir haben gehört, sie haben sie verhört. Wer ist es? Wie viele Menschen starben? Wurden die Mörder festgenommen?«

Der Staatsanwalt beantwortete die Fragen. In einer Sprache, die ich nicht begriff. Der Beamte kam, der die Kamera gehalten hatte, im Wagen, vor zwanzig Minuten, er hatte einen Schweif Journalisten hinter sich. Die stellten alle die gleiche Frage: Wo ist diese Frau?
Der Beamte sperrte das Auto auf. Die Journalisten fotografierten und die Kameramänner stellten ihre Linsen scharf.
»Signorina, würden Sie uns ein paar Fragen beantworten?«
Der Beamte öffnete die Tür des Wagens.

Das Auto war leer.

Johanna Tschautscher, geb. 1968

1988 bis 1993, Schauspielausbildung in Wien und Studium der Philosophie und Theaterwissenschaften

1990 bis 1993 Engagements in der freien Szene Wien

1993 Uraufführung von »HÖLLE IN DER KRISE«, Graumannstudio

Seit 1993 wohnhaft in Linz

Autorentätigkeit:
Bühnenstücke, Romane, Drehbücher

2000 Drehbuchseminar, Hilde Berger/Drehbuchforum Wien, Reisestipendium Bundeskanzleramt nach Palermo für das Drehbuch »DIE SIEBEN RABEN«

2001, Uraufführung: »DIE MUTTER DIE ES NICHT GAB« in Wien, Kosmos Theater, Regie: Anna Hauer

März 2002 »DER GARTEN IN DER WÜSTE«, Roman bei Arovell

April 2002 Teilnahme an SOURCES 2, creative documentary in Finnland

Seither freischaffende Regisseurin:
2004 50-minütiger Kino-Dokumentarfilm »NIEMAND VERMISCHT MIT DEM NICHTS«, Identität und Organisierte Kriminalität

2004-2005 Arbeit an Reportagen, Kurzfilmen und als Dramaturgin

2005 »IDENTITÄT«, Bucherscheinung bei Arovell

2005 »FRANCO ACCURSIO GULINO«, 52-minütiges Künstlerportait, damit 2. Platz beim internationalen »Arts&Film« Kunstfilmfestival in Prag

2006 »BENI ALTMÜLLER«, 58-minütiges
Künstlerportrait. Teilnahme an Filmfestivals in Tschechien,
Italien, Österreich.
Eine Vielzahl an Arbeits- und Reisestipendien von BKA
Wien, Land OÖ und Stadt Linz.

Thomas Duschlbauer

Letztling

Lyrik, Albatros 2007
Paperback, ca.100 Seiten
ISBN 978-3-85219-033-4
EUR 12,90

Wahnsinn braucht kein Messer keine Gabel, keine Schere und schon gar kein Licht

Der vorliegende Gedichtband »Letzling« ist das lyrische Abschlusswerk des Autors, der die Verdichtung des Ausdrucks nur noch bis in den Abgrund der Sprachlosigkeit treiben könnte. Dieses Werk markiert einen Wendepunkt zwischen der Schwere des Nichts und der Leichtigkeit eines blonden Dosenproseccopartygirls.

ALBATROS

Hannes Höttl

Roadbook

Kurzgeschichten, Gedichte,
Aphorismen und Songtexte
Albatros 2007
Paperback, ca. 111 Seiten
ISBN 978-3-85219-034-1
EUR 12,90

»**Mit dem Quälen habe ich ja schon als Kind angefangen, den ersten Menschen habe ich aber erst mit 16 umgebracht.**«

»*So spät?*«

Poetisches Lachmuskelentertainment. Die meist böshumorigen Miniaturen sind das unheilschwangere Landpartiepicknick unter den literarischen Reiseprovianten. Sortenrein ist das nicht, diese Zusammenrottung verschiedenster Wortcluster. Da stehen Kurzgeschichten neben Gedichten und Songtexte neben Aphorismen. Warum? Weil »Roadbook« die Buch gewordene Multimedia-Literaturshow von Hannes Höttl ist, nur eben ohne Multimedia und, seien wir ehrlich, die Show fehlt auch. Während man beim Zahnarzt auf die Wurzelbehandlung wartet, geht sich vielleicht eine längere Geschichte aus, als Begleitlektüre zum Flugzeugabsturz dürfte ein kurzes Gedicht reichen.

ALBATROS

Lisa Krojer

Seelenrot

Roman, Albatros 2007
Paperback, ca. 177 Seiten
ISBN 978-3-85219-032-7
EUR 12,90

Sex
&Crime
&Psycho

Packend und geradlinig, ohne Schnörksel erzählt. Der Debüt-Roman von Lisa Krojer besticht durch eine wie mit einem Seziermesser scharf gezeichnete Milieustudie über ein Kind, das in eine eigene, geheime, dunkle Welt des Quälens und Tötens abtaucht. Ein unangenehmes, schockierendes Buch, das den Zusammenhang zwischen Kindheits-Ich und späteren Erwachsenen-Aggressionen in beängstigender Weise deutlich macht. Sind wir alle Mörder? Aufrüttelnd, verstörend. Eltern, die nicht genau wissen, warum sich ihr Kind seltsam verhält, sollten dieses Buch lesen. Und wenn der bisher sanfte (Ehe-) Partner plötzlich flackernd unruhig wird, erst recht. Denn vielleicht ist auch er schon *seelenrot*.

ALBATROS

Andrea Cagan

Frieden ist möglich

Prem Rawat
Sein Leben, sein Weg

Biografie, Albatros 2007
ca. 400 Seiten
Orig. Peace is Possible,
Mighty River Press, USA
dt. Übers. von Petra Thoms
EUR 19,80
ISBN 978-3-85219-031-0

... er hat Millionen Menschen in aller Welt inspiriert

Die amerikanische Bestseller-Autorin Andrea Cagan legt die erste umfassende Biografie von Prem Rawat vor, der Millionen Menschen in aller Welt zu innerem Frieden inspiriert: die Kindheit in Indien, geprägt durch einen Vater, der als spiritueller Lehrer hohes Ansehen genoss, seine ersten öffentlichen Ansprachen im Alter von drei Jahren, die Begegnung mit europäischen und amerikanischen Hippies auf Indienreise, die ihn als kleinen Jungen in seinem Heimatort am Fuße des Himalaja kennenlernten, die aufsehenerregende Ankunft des Dreizehnjährigen im Westen und sein weiteres Leben und Wirken bis heute. Noch immer scheint seine Botschaft ein wohl gehütetes Geheimnis zu sein, das sich hauptsächlich durch Mundpropaganda verbreitet. Dieses Buch lüftet den Schleier und stellt Prem Rawat vor – den Menschen, sein Leben, seinen Weg.

ALBATROS

Walter Baco

Charisma

Hörbuch/Soundtrack
ca. 70 min
Sprecherin: Andrea Bergmann
EUR 12,90
ISBN 978-3-85219-023-5

Literatur? Musik? Hörbuch?
Keine Geschichten. Nur: Atmosphäre

**»Ich wohne neben der Autobahn,
denn mein Arzt sagt,
ich brauche Bewegung.«**

Eine CD mit magischer Sogkraft

»… in fremde Welten entführende,
flächige elektronische Klangstrukturen,
nachdenkliche, manchmal träumerisch rätselhafte Texte …«

ALBATROS

Peter Bosch

Der Spurenzeichner

Wie man auf der Suche nach der velorenen Zeit den Heiligen Gral finde

Roman, Albatros 2005
Softcover, ca. 714 Seiten
Illustrationen von M. Oppeneiger
EUR 24,90
ISBN 978-3-85219-024-2

»Kultbuchverdächtig!«

Paul Kersten im Kulturjournal, NDR

Ein bizarr verwegener, religiös stolpernder und geisterhaft träumerischer Parforce-Ritt auf der Suche nach dem Heiligen Gral und der seit Proust verlorenen Zeit. Von Hallstatt aus segeln die modernen Gralsritter durch die Weltmeere, kämpfen sich durch Steinwüsten und Philosophenstädte, durch Katakomben und 50er-Jahre-Wohnhöhlen, begleitet von Fischlaichenschändern, nekrophilen Sodomiten, kokainsüchtigen Poeten, Nagellackentfernerinnen, pädophilen Buchhändlern und syphilitischen Rattenfängern, die in Tausendundeiner-Nacht-Manier Geschichte schreiben, Geschichten erfinden, vergessen, weiterspinnen, verleitet von einem namenlos strauchelnden Ich-Erzähler, der die Gefährten und den Roman mit beißender Ironie und gnadenlosem Optimismus vorantreibt.

ALBATROS

Thomas Duschlbauer

Moskwa Blues

Satire, Albatros 2006
Paperback, ca. 90 Seiten
ISBN 978-3-85219-027-3
EUR 12,90

Herzlich willkommen im Kommunismuserlebnispark™

Igor stammt aus Georgien, aber dort wollte ihn eigentlich niemand mehr haben, weil er arm war und in Georgien zur Welt gekommen war. Keiner hielt es dort länger als ein Menschenleben aus, und so wurde Georgien bald zu einem klassischen Auswanderungsland. Jeder, der auswandern wollte, ging nach Georgien und wurde arm. So erging es auch Igor, bis er eines Tages nach Amerika kam, um dort den großen Kommunismuserlebnispark™ in der Mohawe-Wüste zu besuchen.

Ausgezeichnet mit einer Nominierung für ein Einreiseverbot in die Russische Föderation.

ALBATROS